图变

地方国企改革发展思行录

DIFANG GUOQI GAIGE FAZHAN SIXINGLU

◎ 邵念荣 著

广东旅游出版社
GUANGDONG TRAVEL & TOURISM PRESS

悦读书·悦旅行·悦享人生

中国·广州

图书在版编目（ＣＩＰ）数据

图变：地方国企改革发展思行录/邵念荣著. —广州：广东旅游出版社，2020.12

ISBN 978-7-5570-2381-2

Ⅰ．①图… Ⅱ．①邵… Ⅲ．①国有企业－企业改革－研究－中国 Ⅳ．①F279.241

中国版本图书馆CIP数据核字(2020)第237993号

出 版 人：刘志松
策划编辑：蔡　璇
责任编辑：贾小娇　蔡　璇
装帧设计：谢晓丹
责任校对：李瑞苑
责任技编：冼志良

图　变：地方国企改革发展思行录
TUBIAN：DIFANG GUOQI GAIGE FAZHAN SIXINGLU

出版发行：广东旅游出版社
社　　址：广州市荔湾区沙面北街71号首、二层
邮　　编：510130
联系电话：020-87347732
印　　刷：深圳市希望印务有限公司
（深圳市坂田吉华路505号大丹工业园二楼）
开　　本：787毫米×1092毫米　　1/16
印　　张：17
字　　数：260千字
版　　次：2020年12月第1版
印　　次：2020年12月第1次印刷
定　　价：75.00元

目录
CONTENTS

第二辑：旁拓　　　/109

第三辑：躬行　/165

附录 /225

序 言

谁说国有企业搞不好?

谁说国企搞不好?要搞好就一定要改革,抱残守缺不行,改革能成功,就能变成现代企业。

——习近平,2019年6月13日在山东考察企业时的讲话

《公司的力量》一书中这样写道,"国富民强"是千百年来仁人志士的救国主张。近代以来,国家的弱,就是公司的弱。在市场经济条件下,"民强"更多表现为作为微观主体公司的强大,而公司的强大又是现代社会中一个国家经济实力乃至整体国力的基础和象征。习近平总书记指出,国有企业是"国民经济发展的中坚力量",是"推进现代化、保障人民共同利益的重要力量",是"壮大国家综合实力的重要力量",必须"不断增强活力、影响力、抗风险能力,实现国有资本保值增值"。

—

美国诺贝尔经济学奖得主迈克尔·斯宾塞说,公司是创造社会财富的主要工具。公司是企业的一种组织形态,公司制企业是现代企业中最主要的最典型的组织形式。现代经济学理论认为,企业是"一种资源配置的机制",其本质在于"盈利"。国有企业,首先是企业。国有企业的"自然属性"市场微观经济主体,是"盈利性"组织。其次,国有企业还有重要的"社会属性",或者说身份界定,即"国有",要担负"国有"应当承担的更重要使命。

为什么需要国有企业？这是凯恩斯主义分析"经济危机"与"公司"关系绕不开的话题。"罗斯福新政"期间，"国有企业"以及私营企业"国有化"便是应对危机的重要手段之一。二战之后的"国有化浪潮"一度造就了欧美二十年的重建繁荣。在我国，探讨国有企业的必要性和重要性，要从国有企业诞生、发展、改革的历史逻辑、理论逻辑和实践逻辑等多个维度去分析。国有企业是实现国家所有制性质的重要特征，体制改革的逐步完善是实现公有制与市场经济结合的关键路径。市场不是万能的，"失灵"时有发生。以国有企业为主体的国有经济是国家发展壮大的"定海神针""压舱石"，也是提高主权国家经济国际竞争力的主力军。实践已经证明，即便是发达国家，也需要和离不开国有企业，西欧一些国家让原本已经私有化改革的公用事业公司重新收归国有就是一个明证。

在解决必要性和重要性的前提下，再来讨论国有企业能不能搞好？"能不能搞好"，其中已经包含了"搞不好"的现实疑虑和问题假设。原格力电器董事长朱江洪曾经这样感慨道，国企难，难在一个"国"字，国企老总与民企老板最大的区别是，国企老总是红头文件任命的。有些事你不做，企业上不去，只能"等死"，但是做，弄不好就会"找死"。如果不能改变环境，只能先去适应环境……毋庸讳言，国有企业在很多方面饱受质疑和诟病：比如所有权缺位、政企不分、人浮于事、效率低下、机制僵化、活力不足；比如凭借政府背景和垄断资源，挤占私人企业的发展空间；比如利益输送、贪污受贿，是滋生腐败的温床，等等。

问题是清楚的，问题产生的原因也有普遍的共识。概言之，问题产生的根源就是所谓的体制和机制问题。所谓的体制问题，就是产权、产权结构和监管体制问题。机制问题决定于体制问题，但又不完全。现在讲"竞争中性"，就是说企业的经营管理机制与所有制成分没有必然的联系。只要是市场化运营主体，就应该尊崇市场规律和企业自身运行规律。

能不能搞好国有企业？无论从理论层面，还是实践层面，答案都是肯定的。经过放权让利、两权分离、产权多元化、"抓大放小"、优化所有权约束机制和分类改革、发展混合所有制经济，每一步改革都积累了丰富的实践经验。从理论上讲，时至今日，国资国企改革已经找到了公有制与市场经济有机结合的现实可行路径。美国哥伦比亚大学教授理查德·纳尔逊指出，现代经济主要是混合经济，而不是简单的市场导向的经济，或者公司导向的经济。"体制问题"似乎已经可以解决，"机制问题"也可以通过市场化和准市场化的方式解决。比起非公企业，国有企业除了具有强大的组织保障优势、制度化规范化优势和立体监督风控优势之外，还有一个"保底"的优势，那就是股东背景的强大资源整合能力和让企业起死回生的能力。曾经掌管两个世界500强企业的央企掌门人宋志平就此也有一个精辟的表述，那就是在"混改"中发挥国有企业的优势：国企实力＋民企活力＝市场竞争力。

二

如何搞好国有企业？关键是要改革。国有企业的改革没有一劳永逸，只有进行时，没有完成时。回顾过去40年的改革，其特征主要包括政府主导、渐进、增量突破、竞争倒逼、试点推广等。其中贯穿的一条红线是，提高企业的经营活力。国有企业改革的成绩有目共睹的：国有企业的市场主体地位已经确立，经营体制转变为企业行使独立的法人财产所有权，产权结构逐步转向多元化，企业大比例地从行政垄断向竞争性市场结构转变，监管体制也逐步转向了"管资本"，"有所为有所不为"，国有经济布局更加合理、更具有开放性。

据国务院国资委网站相关统计资料显示，在全国国有资产（不含金融资产）总量中，央企约占40%，在利润贡献中，央企约占60%。在省一级地方国有资产总量中，排名前三的省份之和约占地方国有资产总量的30%。可见，同样是国有企业，横向和纵向的不平衡性还是很明显的。首先，央企和地方企业差距明显。"地方队"明显弱于"国家队"，特别是地市级及以下层面的国有企业，搞得好的很少。其次，地方企业横向之间的不平衡十分突出，情况也颇为复杂。可以说，近年来，央企的改革发展已经卓有成效。全面深化国企改革的重点和难点，应该下沉到地方国有企业。就目前观察，地方国有企业改革依然存在一系列突出问题，包括：观念保守僵化、对改革的重要性和紧迫性认识不到位；对改革的顶层设计和政策体系理解不够、执行不力；在国有资本的布局、国有企业分类改革、发展混合所有制等重点领域缺乏实质性突破；在国有企业的监管体制上，没有真正发挥以"管资本为主"的功能，在放权和保障行权的问题上处理不到位；国有企业市场主体地位不够突出，发展内生动力不足，市场化意识缺乏，用人机制、激励机制等一系列"机制问题"仍然没有得到根本解决。

国资国企改革是一个问题的两个方面。国企改革不同于国资改革，又必须以其为前提条件和重要支撑。没有国资监管体制改革，永远解决不了"政企不分"问题。国资监管体制改革的关键是"管资本"，而不是管企业。国资监管机构只有真正回到"出资人"的定位和地位，国有企业才能扛起"自我革命"全部责任。多年的改革实践反复证明，国有改革是有"政策依赖"和路径依赖的，国有企业改革的主要动力来源来自政府推动和市场触动。如果不是市场化竞争企业，其主要外部动力就是政府推动。国资监管机构对国有企业的改革应当承担的推动和督导责任不言而喻。改革是手段，发展是目的。没有改革的动力，很难有发展的活力。因此，衡量国资监管机构的行政绩效，就是衡量其履行出资人所监管企业的经营发展绩效。然而，就目前的情况看，监管机构基本把焦点都放在防范风险和规避责任上，一定程度上出现了本末倒置。其实，企业不发展或者发展得不够好，才是最大的股东缺位风险和监管责任。

单从搞好地方国有企业的现实可能性来看，地方政府的作为和作用应该首当其冲。国有经济是地方经济的主导力量，国有企业是地方国有经济的主体和生力军。地方国有资本的影响力，不是体现在量上，而是体现在控制力和引导力上。国有企业改革曾经的"转制"有深刻的时代背景，但纯粹的"一退了之"已经被证明，错失了发展机遇，形成了一种"历史欠账"。国民共进，"做强做优做大国有资本"的改革发展目标，要求各级政府必须重视国有企业改革发展。发挥市场在资源配置中的决定性作用，更好发挥政府的作用。地方政府要做"有为政府"，让"有形的手"发挥作用，必须充分重视国有企业的抓手、载体和平台作用。

三

国有企业改革的目标如何选择？如何有效推进改革直至成功？问题的答案其实并不复杂。用习近平总书记的话说，"改革能成功，就能变成现代企业"。反过来说，能否成为现代企业，是国有企业改革衡量成功是否的标准。换一种说法，国有企业改革的目标，就是要成为"现代企业"。

2015年8月24日，中共中央、国务院颁布《关于深化国有企业改革的指导意见》，对国有企业的全面深化改革做了总体框架性的安排。这是国有企业改革"顶层设计"的"1"，此后，陆续出台了"N"项政策文件，对"功能界定与分类""改革授权经营体制""发展混合所有制经济"等进行全面系统的制度指引。应当说，有了"1+N"，国资国企改革的"大政方针"已定，框架图、任务书都出来了，就看如何结合实际具体"施工"了。就地方国资国企而言，广东、上海、重庆等地的国有企业改革如火如荼，成绩斐然，且亮点纷呈，"双百企业"以及深圳等城市在国企综合改革方面都提供了很多可以借鉴的基层创新案例和样本。发展是硬道理，发展的目的，则要通过改革的手段来实现。对地方政府和国资国企而言，已经不是"如何改"的问题，而是"想不想改"的问题和"要不要改"的问题。

就地方政府而言，有没有把国资国企改革纳入地方五年规划和全面深化改革计划？有没有国资国企深化改革的方案提交深化改革领导小组会议审议？有没有专门为国有企业的改革发展出台激励政策和文件？有没有专门为国有企业家和职业经理人的培养和激励出台文件，或者落实中央有关文件精神在国有企业领导干部交流使用上形成积极的导向？有没有对转变国资监管体制和落实"做强做优做大国有资本"出台导向明确的有效考核措施？

国资国企改革，国资改革是放在前面的。就国资监管部门而言，是不是把所监管国有企业的"发展"作为第一要务？在推动国有资本优化布局、机构调整和总体效益提升方面有无成效？如何把分类改革、分类监管、改革国有资本授权经营体制真正落到实处？在推动存量企业"混改"和建立国有资本"两类公司"方面有无实际举措和成效？在改革国企关系导向的人事积弊方面、在推行规范法人治理和职业经理人制度方面是否有所作为？在规范监督、管控和追责制度的基础上，是否落实了"三个区分"，建立了容错机制？在提升国有企业党建引领力的基础上，是否促进了现代企业文化建设的提升？

就国有企业自身而言，是否围绕功能定位和行业特点制定了中长期战略规划并定期评估修编？是否从企业愿景和使命出发，规范法人治理，建立了业务发展优先的经营机制？是否在"混改"和股权结构优化上达到了符合企业特点的治理基础？是否建立了"干部能上能下、薪酬能增能减、人员能进能出"的用人机制和对标市场的薪酬激励机制？是否在投资发展、管理效能等方面具备了市场竞争力、抗风险能力和"走出去"的能力？是否还是固守一种圈子文化、码头文化和好人主义盛行的封闭、保守、不思进取、浑浑噩噩的企业文化？

问题导向是深化改革的题中之义和必然选择。大树底下好乘凉，大树底下也不长草。国有企业的"温水煮青蛙"环境，是一定要改的，也一定是可以改的。没有不景气的事业，只有不争气的人。正如宋志平所说，真正的改革者是不会听到责难就停止脚步的，他会通过实践来证明一切。谁说国有企业搞不好？搞好的关键在改革。改革的关键在人。"兵熊熊一个，将熊熊一窝。""一将无能，累死三军。"企业家是有眼光，能担当，敢冒风险，并有能力实现情怀和梦想的人。国有企业家是政府和市场共同的稀缺资源和社会的宝贵财富。国有企业呼唤具有改革、实干和创新精神的企业家，时代也同时呼唤大力弘扬企业家精神和竭力打造国有企业家和经理人群体的政府各级领导者！

邵念荣

2020年2月20日

1

第一辑

深耕

　　国有企业是壮大国家综合实力、保障人民共同利益的重要力量，必须理直气壮做强做优做大，坚决防止国有资产流失。"深化国有企业改革，发展混合所有制经济，培育具有全球竞争力的世界一流企业"，要坚持"两个毫不动摇"（毫不动摇地巩固和发展公有制经济，毫不动摇地鼓励、支持、引导非公有制经济发展）原则，坚持"三个有利于"（推进国有企业改革，要有利于国有资本保值增值，有利于提高国有经济竞争力，有利于放大国有资本功能）价值判断标准。同时，国有企业要把握"一个本质"（市场盈利主体）、遵循"两个规律"（市场经济规律和企业自身运行规律），提高国有经济"五力"（竞争力、创新力、控制力、影响力、抗风险能力）。

国有企业改革40年：回顾与展望

党的十九大报告中指出"深化国有企业改革，发展混合所有制经济，培育具有全球竞争力的世界一流企业"，这为国企改革指明了方向以及提出了更高的要求。改革只有进行时，没有完成时。随着我国经济已白高速增长阶段转向高质量发展阶段，国企改革依然任重道远。

一、改革开放40年国企改革历程及特点

（一）国企改革历程划分

参照学界对国企改革的阶段划分，以及结合各次重大会议对改革进程产生的深远影响，梳理相关的政策文件，国企改革的历程大致分为以下四个阶段。

1.初步探索阶段：1978—1992

国务院先后颁发了相关文件：1979年《关于扩大国营企业经营管理自主权的若干规定》、1984年《关于进一步扩大国有工业企业自主权的暂行规定》、1988年《全民所有制工业企业承包经营责任制暂行条例》、1992年《全民所有制工业企业转换经营机制条例》等，此阶段改革的最大的特点是放权让利，扩大企业自主权，开始实行政企分开，所有权与经营权分离，探索承包责任制、股份制、租赁制等灵活的企业组织形式和经营方式。

2.制度创新阶段：1993—2002

1992年十四大提出建立及完善社会主义市场经济体制，1993年召开的十四届三中全会提出建设产权清晰、权责明确、政企分开、管理科学的现代企业制度，此阶段的重点是建立现代企业制度。1992年国务院颁布了《股份制企业试点办法》等11个法规，一批企业开始实行公司制度试点，取得了较大的成效。

另一个重点是调整国有经济布局，1995年十四届五中全会、1997年十五

大报告、1999年十五届四中全会都强调从战略上调整国有经济布局和坚持抓大放小的方针，发挥国有经济的主导作用，提升控制力。通过实施兼并重组、主辅分离及债转股等政策措施，初步解决了国有企业适应市场竞争优胜劣汰的问题，改变了国有经济量大面广、经营质量良莠不齐和国家财政负担过重的局面。

3.纵深推进阶段：2003—2012

2002年十六大召开，提出了改革国有资产管理体制。2003年《企业国有资产监督管理暂行条例》和2006年《地方国有资产监管工作指导监督暂行办法》发布，各级国资委建立，解决了以往的国有企业多头管理、权责不清、监管效率低下的问题。

2003年十六届三中全会提出"建立健全现代产权制度"，2003年《企业国有产权转让管理暂行办法》、2006年《关于推进国有资本调整和国有企业重组的指导意见》、2012年《关于国有企业改制重组中积极引入民间投资的指导意见》等文件，通过发展多元化产权，发展混合所有制经济，使股份制成为公有制的主要实现形式。十七大进一步提出通过深化国有企业公司制股份制改革，优化国有经济布局和结构。

4.深化改革阶段：2013—至今

2013年十八届三中全会提出全面深化改革的战略，国企改革也步入全面深化改革的新时期。国企改革的纲领性文件《关于深化国有企业改革的指导意见》于2015年正式出台，此后，中央和地方又陆续出台了系列配套政策，形成"1+N"政策体系。

相比前三个阶段，有两个重大创新和改革突破口，一是对国有企业进行功能界定和分类改革，将国有企业界定为商业类和公益类，实行分类改革、分类监管、分类定责考核等；二是以"管资本为主"推进国有资产管理体制改革，从以管企业为主的国资监管体制向以"管资本为主"的国资监管体制转变。

（二）国企改革历程的主要特点

1.国企改革与宏观经济体制改革协同推进

在国企改革的每一个历史阶段，基本都会与宏观经济体制改革协同推进，这些改革措施的实施也助推了国企改革向纵深发展。如1930年初的"利改税"改革，建立国家与企业之间以法律为依据的、稳定的利润分配关系，促使国有企业逐步走上自主经营、自负盈亏的道路。又如90年代的"债转股"改革，为国有企业解困、减轻债务负担提供了良好契机，也有利于国有资本发展多元产权结构和实施战略性重组。

2.注重试点先行，以点带面推进改革

国企改革各个阶段推进的政策措施，基本都是首先在部分企业进行试点，总结经验，进而以政策文件等形式落实并全面推广，体现了明显渐进式改革的特征。例如1978年国务院批准6家地方国营工业企业率先实行扩大企业自主权试点；1994年批准2343家地方企业作为建立现代企业制度试点；2017年在中央企业推进落实董事会职权等"十项改革试点"等。（数据来源：国家统计局网论文集《国有企业改革稳步推进》）

3.理论研究与实践探索相互促进

理论研究为实践探索指明了方向，实践探索为理论优化提供了现实依据，二者相互促进，使国企改革的方向和措施更加精准有力。如1979年"企业本位论"思想的提出，为企业扩权让利改革提供了学术依据；20世纪90年代对所有制理论等探讨，为建设现代企业制度做了准备等。

二、国企改革的国际经验及启示

这过去几十年，国企改革在全世界范围内都有推行，并形成了各具特色的路径和模式，可为我国的国企改革提供参考和借鉴。

（一）苏联及东欧主要国家的国企改革及启示

赫鲁晓夫针对"斯大林模式"开始启动改革，但是修补式的改革没有挽救苏联经济的颓势。苏联解体后，叶利钦推行激进的"休克疗法"，致使一些战略性质的企业落入少数财阀手中，形成寡头企业。普京就任后，将部分战略性企业收归国有，进行战略整合，俄罗斯经济开始企稳。

东欧主要国家如波兰、匈牙利、捷克从1990年开始一是小企业的"小私有化"，将其公开拍卖给国外投资者；二是大企业的"大私有化"，变为股份公司，上市交易。这些改革使国有经济中国民经济总的比重显著下降，财政收入有所增长，但在金融等战略性领域导致了普遍的外资控股现象。

苏联及东欧国家国企改革的启示是，大规模私有化并不必然促进经济改善，国有企业在战略性领域仍需保持主导地位。国有企业产权改革应以发展成熟资本市场以及充足私人资本为前提，否则容易造成股份集中在少数人手中或外资控股关键领域。先易后难的策略有益于市场化的顺利推进，有力的社会保障可以减少国企改革的阻力。

（二）西欧主要国家及美国国企改革及启示

英、法、意、德等私有化改革均是按照先竞争性部门和盈利企业、后垄断性部门和亏损企业等顺序进行。改革使得政府财政收入大幅增长，国有经济占比显著下降，但法、意、德仍然保留了国有资本对能源、公用事业等战略领域的控股地位。美国的国企改革是私有化和放松管制相结合。20世纪70年代逐步放松能源、金融、公用事业等领域的价格管制和市场准入。

西欧及美国等发达国家国企改革的启示是，即使是市场经济十分发达的国家，国有企业也是政府进行宏观调控、弥补市场失灵的有效媒介；由竞争性领域到垄断性领域先易后难的方式有利于市场化顺利推进；国有资产布局应与总体经济发展状况相适应，在市场成熟、私人资本实力雄厚的情况下，公共产品的供给可采取国有企业与私营部门合作的非所有权转让方式。

（三）东亚主要国家的国企改革及启示

新加坡实行淡马锡公司控股模式，国有股份在退出一些领域的同时，也进入一些高新技术领域，政联企业对国民经济的影响没有因市场化而减弱。日本主要对"三公社"（电信电话公社、专卖公社、国有铁道公社）进行股份化改组，政府减持股份，但仍保持控股地位。韩国的国有企业主要进行私有化改革，但改革进程不连贯、政策目标不够明确，国企效率没有得到提高。

上述国家和地区改革的启示是，明确的政企分开以及有效的监督机制可以克服国企的弊端，增强竞争力；国企改革并不意味着一律私有化，国有资本应"有进有退"；国企的市场化运作需要有健全的社保制度配合，妥善处理人员安置、企业债务等问题。

三、十八大以来国企改革的基本方略与成效

党的十八大以来，以习近平为核心的党中央设计了一条顶层设计与基层实践相结合的全新改革道路，更加注重改革的系统性、整体性和协同性。

（一）国企改革"1+N"政策体系基本形成，搭建起顶层设计和四梁八柱大框架

2015年8月，中共中央、国务院印发了《关于深化国有企业改革的指导意见》，这是新一轮推进国企改革的纲领性文件。此后，国企改革形成了以《指导意见》为统领、以若干文件为配套的国企改革"1+N"政策体系，中央部委层面出台了102个配套文件，各个地方为落实"1+N"文件出台了926个配套文件，改革广度和深度均超越以往。这一政策体系的搭建，是国企改革的根基，由此衍生的一系列措施也深刻地影响了国企改革的走向。

（二）国有资产监管体制改革不断深入，国企法人治理结构日趋完善

十八大以来，为加快推进以"管资本为主"的职能转变，国资委取消下放各项职能43项，各地国资委下放职能563项。在放权的同时加强监管，国有资产监管方向也更加明确，并为之后围绕以"管资本为主"的体制改革打下了基础。

2014年国资委选择了18家中央企业推行"十项改革试点"，新兴际华集团有限公司被确定为董事会职权试点，实现了央企董事会聘任总经理；国投电力控股股份有限公司作为第一家国有资本投资公司授权试点单位，董事会得到了70多项授权，审批决策效率大幅提高。2016年，18家试点央企利润同比增长33.2%，均高于中央企业同期水平。（数据来源：2017年9月《国资报告》杂志的文章《攻坚克难 浴火重生——国企国资5年改革掠影》）

（三）供给侧结构性改革深入推进，国有企业综合实力显著增强

党的十八大以来，国有企业深入推进供给侧结构性改革，落实"三去一降一补"五大任务，开展瘦身健体、提质增效，进行重组整合，发展战略

性新兴产业，化解过剩产能、处置"僵尸企业"。改革力度可谓"伤筋动骨"，但其取得的成绩也是以往各个阶段所不能比拟的。

据国务院国资委网站的数据显示，截至2017年底，中央企业资产总额达到54.5万亿元，较2012年底增长73.8％。2013年至2017年央企累计实现利润6.5万亿元、上缴税费10万亿元，分别比上一个五年增长27％和41.4％。2017年，有48家中央企业入围了世界500强，占了中央企业总数的一半以上。

（四）建立灵活高效的市场化经营机制

建立灵活高效的市场化经营机制，是增强企业活力的"牛鼻子"，其核心是深化企业劳动、人事、分配等内部三项制度改革。随着改革的不断深入，企业市场化运行机制更加完善，企业运行质量和效率、发展活力和动力不断提升。据国务院国资委网站的数据显示，2017年中央企业实现营业收入26.4万亿元、同比增长13.3％，利润总额首次突破1.4万亿元，15.2％的增速也创下五年来最好水平。

（五）积极稳妥推进混合所有制改革

混合所有制改革是深化国有企业改革的重要突破口。目前（2018年底到2019年初），中央企业所属企业中，超过三分之二的企业实现了国有资本和社会资本在产权层面的混合。据国务院国资委网站的数据显示，2017年央企新增混合所有制企业超过700户，中央企业及其下属企业混合所有制企业占比超过70%。2018年前7个月，中央企业及央企控股上市公司利用股票市场实施增发、资产重组18项，融资618.78亿元，注入资产476.39亿元；利用产权市场开展转让部分股权、增资扩股项目100项，引入社会资本319.34亿元。

四、国企改革的策略分析与展望

党的十九大报告及贯彻落实报告精神的会议部署，对国企改革、国有资本调整、国有资产完善等做出了进一步规划，新一轮国企改革的脉络也逐步清晰。

（一）推进中国特色现代国有企业制度建设

推进中国特色国有企业制度建设，要以加强党的领导和建设为根本，以完善企业法人治理结构为着力点。

1.以强化党的建设为引领，筑牢国有企业的"根"和"魂"

习近平总书记在2016年全国国有企业党的建设工作会议上指出，中国特色现代国有企业制度，"特"就特在把党的领导融入公司治理各环节，把企业党组织内嵌到公司治理结构之中；坚持党的领导、加强党的建设，是我国国有企业的光荣传统，是国有企业的"根"和"魂"。

强化国有企业党的领导和建设，包括以下几个方面：在党建责任的问题上，企业党组织要在提高企业效益、增强企业竞争实力、实现国有资产保值增值中发挥领导核心和政治核心作用；在选人用人上，以对党忠诚、勇于创新、治企有方、兴企有为、清正廉洁作为标准；在基层党建上，严格抓好基本组织、基本队伍、基本制度三大核心要素；在党风廉政建设上，将纪律规矩摆在前，形成常态化的纪检、巡视、审计、监察"大监督"格局。

2.持续完善国有企业法人治理结构

国有企业法人治理结构的完善是一个系统工程，需要多方面共同发力，重点是要规范各主体权责：一是依照法律法规和公司章程，严格规范履行出资人职责，以"管资本为主"转变监管方式；二是维护公司董事会作为决策机构的地位，优化董事会组成结构，规范议事规则，加强董事队伍建设；三是维护经营自主权，激发经理层活力，经理层授权管理制度，有序推进差异化薪酬分配、职业经理人等制度；四是完善监督机制，强化监事会监督的独立性和权威性，健全职工代表大会等民主管理形式。

（二）明确国有企业定位方向和战略布局

1.把握国有企业的定位和方向

关于国有企业的定位和方向，在"两个毫不动摇"（毫不动摇地巩固和发展公有制经济，毫不动摇地鼓励、支持、引导非公有制经济发展）的基础上，把握习近平总书记关于国有企业地位和发展方向的"两个不动摇"，即坚持国有企业在国家发展中的重要地位不动摇，坚持把国有企业搞好、把国有企业做大做强做优不动摇。二是坚持"三个有利于"，即习近平总书记2015年7月在吉林省考察调研期间，对国企改革提出的重要论断——"推进国有企业改革，要有利于国有资本保值增值，有利于提高国有经济竞争力，有利于放大国有资本功能"。国有企业应在关系国家安全、国民经济命脉的重要行业和关键领域发挥主导和支柱作用，提升影响力、控制力。

2.持续优化国有企业战略布局

经过40年的改革，国有资本在国民经济中的布局已趋于集中，在重要行业、关键领域的主导地位已基本形成。未来，应重点从以下方面着手进一步优化其战略布局：一是对国有企业进行明确的功能界定，目前主要分为商业类和公益类；二是在明确功能的前提下，加快实现优胜劣汰、有序进退，加大重组整合力度，突出主业，提升整体竞争力；三是坚持创新驱动，加大研发投入，持续推动转型升级，力争在基础科技领域、关键的核心技术领域实现重大突破，从而带动一批产业的快速发展。

（三）加快实施国有企业分类改革

分类改革是国资国企各项改革的前提和基础，也是改革进入深水区的方略创新和突破。实施分类改革，包括以下几个方面。

1.分类发展，明确内容和路径

一是对主业处于充分竞争行业和领域的商业类国有企业，要支持和鼓励发展有竞争优势的产业，优化国有资本投向，推动国有产权流转，及时处置低效、无效及不良资产，提高市场竞争能力。二是对主业处于关系国家安全、国民经济命脉的重要行业和关键领域、主要承担重大专项任务的商业类国有企业，要合理确定主业范围，根据不同行业特点，加大国有资本投入，在服务国家宏观调控、保障国家安全和国民经济运行、完成特殊任务等方面发挥更大作用。三是对公益类国有企业，要根据承担的任务和社会发展要求，加大国有资本投入，提高公共服务的质量和效率。严格限定主业范围，加强主业管理，重点在提供公共产品和服务方面有所作为。

2.分类监管，强化针对性

一是对主业处于充分竞争行业和领域的商业类国有企业，重点加强对集团公司层面的监管，落实和维护董事会依法行使重大决策、选人用人、薪酬分配等权利，保障经理层经营自主权，积极推行职业经理制度。二是对主业处于关系国家安全、国民经济命脉的重要行业和关键领域、主要承担重大专项任务的商业类国有企业，重点加强对国有资本布局的监管，引导企业突出主业，更好地服务国家重大战略和宏观调控政策。三是对公益类国有企业，则把提供的公共产品、公共服务的质量和效率作为主要监管内容，加大信息公开力度，接受社会监督。

3.分类考核，提升导向性

一是对主业处于充分竞争行业和领域的商业类国有企业，重点考核经营业绩指标、国有资产保值增值和市场竞争能力。二是对主业处于关系国家安全、国民经济命脉的重要行业和关键领域、主要承担重大专项任务的商业类国有企业，合理确定经营业绩和国有资产保值增值指标的考核权重，加强对服务国家战略、保障国家安全和国民经济运行、发展前瞻性战略性产业以及完成特殊任务情况的考核。三是对公益类国有企业，重点考核成本控制、产品质量、服务水平、营运效率和保障能力，根据企业不同特点有区别地考核经营业绩和国有资产保值增值情况，同时，在考核中引入公允的社会评价。

（四）大力推进混合所有制改革

党的十八届三中全会决定中指出，混合所有制是我国基本经济制度的重要实现形式。发展混合所有制企业，应以股份说话，按市场规则办事，本着"宜独则独，宜控则控，宜参则参"的原则推进。

一是在关系国家安全、国民经济命脉的重要行业和关键领域，可以继续保持国有资本的绝对控股；二是在重要领域如石油、石化、电力、电信等，可以适度引入非公有资本而实现国有资本的相对控股；三是在一般领域如钢铁、煤炭、设备制造等，可以更多地引入非公有资本，只保留国有资本参股甚至国有资本全部退出。对于少数不向非公有资本开放的国企垄断或相对垄断经营领域，应以"负面清单"的方式进行公示。没有列入"负面清单"的领域或行业，原则上都应该允许非公有资本自由进入。

（五）以"管资本为主"推动国有资产监管和运营机制改革

国资委要实现以"管资本为主"，关键是转变职能、简政放权，回到国有资本出资人代表位置上来要实现从企业管理转向资本管理大转变。同时，要搭建国有资本运营的市场化平台，塑造国有资本运营的市场化主体。构建起由国有资产管理行政层、国有资本运营层、国有企业经营层三个层次构成的新的国有资产管理及国有资本运营体制。

国有资本投资公司和运营公司的市场化运营主要体现在几方面：一是国有资本投资公司和运营公司取消行政级别，从而彻底避免行政力量对公司经营的干预；二是国有资本投资公司和运营公司从公司治理到高管人员聘用等完全按照市场化的方式经营管理；三是国有资本投资公司和运营公司必须履行信息公开透明的义务，定期披露公司经营的重大事项，以接受社会舆论的监督；四是国有资本投资公司和运营公司还要落实国有资本布局结构优化提升的政策要求，实现国有股权部分退出甚至全部退出。

（六）坚持生产力标准，培育具备全球竞争力的世界一流企业

对于中央企业来说，培育世界一流要形成一批在国际资源配置中能够逐步占据主导地位的领军企业，以及在全球产业发展中有话语权和影响力的企业。当前，国家推进"一带一路"建设，自贸区、自贸港的建设促进全面开放新格局的形成等，中央企业都在其中发挥不可替代的作用，为其打造品牌，走向世界，扩大影响力提供了绝佳契机。

对于地方国企来说，培育一流企业主要是在地方经济发展中发挥引领示范作用，一是在重点行业和关键领域发挥主导作用，起到地方经济发展"压舱石"和"稳定器"的作用；二是率先优化产业结构，推动地方经济转型升级，形成"头雁效应"；三是完善内部法人治理体系，切实履行社会责任，为地方企业规范化管理提供经验借鉴。

（本文获"庆祝中国改革开放40周年暨广东省体制改革研究会成立30周年优秀改革论文"）

以国有资本布局优化推动地区经济发展

党的十九大报告指出，要加快国有经济布局优化、结构调整、战略性重组，促进国有资产保值增值，推动国有资本做强做优做大，有效防止国有资产流失。国有经济的布局实质是国有资本布局。所谓国有资本布局，是指国有资本在地方经济中的比重、在关键产业领域分布、企业的区域和行业格局，以及企业的组织规模选择等。国有资本布局优化包括外部调整和内部调整，重点是内部调整，即产业布局向事关全局的重要行业和关键领域集中，是"该做什么"和"不该做什么"的问题。地区国有资本布局优化的目标，既是做强做优做大国有资本的动力使然，也是更好地服务和推动地方经济高质量发展的形势所需。

一、国有资本布局优化的方向和目标选择

当前，国有资本布局仍然存在一些突出问题。比如，建筑业和房地产业国有资产比例仍在上升；内部产业布局集中度不够，公共服务等关键领域国有资本投入不足；一些垄断行业存在市场壁垒，市场化运作方式欠缺等。深入推进国有资本布局优化，必须以贯彻落实十九大精神为指导思想，以科学分类为前提，以混合所有制企业为载体，以增强国有经济的活力、控制力和影响力为目标，坚持有所为有所不为，向公益性领域回归，向基础性、战略性、前瞻性产业和领域集中，实现布局优化、结构合理，更加健康有活力。

国有资本布局优化调整应分为两个方向：一是公益性方向，国有资本以落实政府公共政策、提供公共服务、保障国家安全为目标；二是竞争性方向，国有资本以混合所有制形式存在于国民经济命脉的重要行业和关键领域，通过国有资本、集体资本、非公资本等交叉持股，形成相互融合的混合

所有制经济，国有资本通过微观组织发挥引导力、控制力、影响力。国有资本布局优化的三个具体路径包括：少数承担公共政策功能的国企回归公益性，弥补市场失灵；垄断行业国企垄断性和竞争性功能分拆；多数国企的竞争属性以"混改"实现，强化市场配置资源的决定性作用。

国有资本布局优化应当设定的目标，在特定的时间节点，实现国有资本在地区经济中所占比重趋于合理，行业布局更为合理，国有资本绝大部分集中于地区经济社会发展的关键领域以及公益性行业的优势企业，并形成控制力和影响力。在定量目标方面，应就国有资本占社会总资本等外部性指标做出明确设定，对国有资本的行业布局设定有清晰的结构性量化指标。

二、推进地区国有资本布局优化调整的关键举措

根据以"管资本为主"推进国资监管职能转变的要求，重点做好国有资本投资方向、优化资本布局、规范资本运作、提高资本回报、维护资本安全。其关键举措包括以下几个方面。

（一）厘清国有资本布局优化调整的定位和方向，做好顶层设计和战略管理

建立国有资本有序进退的动态调整机制，不求"大而全"，不舍"小而精"，不是简单地追求国有资本总量的扩张，关键是重点关注引导力、控制力和影响力提升。改革是手段，发展是目标，国有资本必须在地区经济发展中有所作为。要根据国家产业政策、省市重点产业发展的总体要求，清晰界定企业主业，引导功能类企业聚焦于承担政府重大专项任务；引导公共服务类企业聚焦于提供公共服务和公共产品，提升公共服务效率和能力；引导竞争类企业聚焦于发展战略新兴产业和现代服务业，发挥产业引领和带动作用。

（二）推动区域内国有资产和资源重组，国有资本存量调整优化

着力打破国有资本分割 "小而散"的状况，切实减少国资监管部门监管一级企业的数量，推动国有资本集聚发展，深度完成国企重组整合。立足于

总体效益、规模效益和整合效益，促进成本内部化和资本结构、财务结构优化。围绕城市运营、产业引领，对行业、业态相同或相近、资产同质，以及同处产业链关联的企业，按市场化原则，实施战略性重组整合，以提升国资整体运营效益和竞争力。同时，以聚焦优势产业板块为目标，通过重组、置换、划拨、联合开发等方式，推动优质资源向关键领域和主业突出的企业集团集中，提高产业集中度，形成业务协同发展效应。

（三）立足于地区经济高质量发展，扩大增量布局，发挥国资引领作用

把握粤港澳大湾区建设重大战略发展机遇，通过加大国有资本经营预算，加强对国资布局结构的引导，鼓励国有资本聚焦于发展实体经济。重点支持国有资本主动承接城市基础设施建设运营、重大功能型区域开发建设等重大任务，引导国有资本向基础领域集聚；同时，推动国有资本高起点、高标准布局先进制造业、战略新兴产业和高端服务业，做大高端增量。鼓励和推动国有资本平台承担政府引导基金管理，积极设立产业发展基金、科技创投基金、并购基金、基础设施基金等，共同推动地区产业转型升级、招商引资项目落地和重大基础设施项目建设。

（四）组建国有资本投资运营平台，加大资本运作力度

切实推进地区国有资本投资运营平台新建组建，打造国有资本结构布局优化调整载体。利用国有资本投资平台，聚焦地方重大产业布局和城市功能建设，推动产业集聚和转型升级，提高城市运营水准；利用国有资本运营平台，通过股权运作、价值管理、有序进退等方式，实现国有资本合理流动。着力推进国有资产资本化、国有资本证券化，持续推进企业通过IPO或借壳等渠道进入资本市场。充分发挥已有上市公司的作用，通过重组整合和投资并购，加强系统内外资源整合，强化产业链、价值链协同，打造具有竞争力的产业体系。

（五）推动混合所有制改革，规范法人治理，提高国资运营效率和效益

对地区范围内公有企业进行全面梳理，对不符合地区产业发展导向、不符合企业主业发展方向，以及盈利能力差、资产规模小、产业层次低的企

业，通过市场化方式，做到应退尽退。限期彻底处置和出清"僵尸企业"。结合企业功能分类，积极推动国有企业混合所有制改革，进一步规范法人治理，通过压缩管理层级、成本费用对标控制等方式，切实提高国有资本的运营效率和投入产出效益。

（原载2019年9月20日中宏网）

构建具有活力和创新力的国企激励机制

2018年5月，《国务院关于改革国有企业工资决定机制的意见》出台，旨在"充分调动国有企业职工的积极性、主动性、创造性，进一步激发国有企业创造力和提高市场竞争力，推动国有资本做强做优做大"，为改革国有企业工资决定机制提供了政策指引。但是，如何改变现行国有企业工资决定机制存在的市场化分配程度不高、分配秩序不够规范等问题，在学习贯彻政策文件的实践过程中，还需要厘清和回答一些问题，以更精准有效的激励措施推动国有企业新一轮改革发展。

一、国有企业工资总额决定机制的逻辑前提、
设定依据与运行监督

工资总额是指企业支付给全部职工的劳动报酬总额，包括工资、奖金、津补贴、加班加点工资、特殊情况下支付的工资等。国有企业虽然具备市场主体地位，但不能完全照搬市场化的薪酬激励模式，要"既符合企业一般规律又体现国有企业特点"。因此，国有企业的工资决定机制，必须坚持"效益导向与维护公平的统一"和"市场决定与政府监管的结合"。为什么要确定工资总额？民营企业或许不存在工资总额限定问题，一切取决于老板（股东）的意愿和对企业治理安排。国有企业则不同，一方面，国有企业的"出生"和"禀赋"与管理层并无根本关联，另一方面，企业的经营业绩绝大多数并非来自市场竞争。企业所有制的性质决定了国有企业的激励机制，必须考虑外部环境因素。

在必须要有工资总额的前提下，其额度确实不能想当然和"拍脑袋"，要综合考虑企业的功能性质定位、行业特点，完善工资与效益联动机制，充

分考虑企业的发展战略、经营目标和市场对标。简单地说，就是既要科学合理，又要动态管理。工资总额的浮动应该是常态，应该剔除非经营性因素，结合企业经济效益的升降，还要考虑国有资产的保值增值、企业劳动生产率、人力成本投入产出率的同比变化。

工资总额由谁来决定？谁是出资人谁定，这一点应该无可争议。在实际操作层面，要区别直接出资和代政府履行出资，结合改革国有授权体系的要求，分为备案或核准执行。出资人确定所属企业的工资总额，又由谁来监督呢？对于地方国有企业的工资总额，主要由人社部门协同财政、国资结合地方工资指导线开展监督检查，并提出整改和惩戒意见，但所有的过程和结论都应当充分尊重出资人意见。值得一提的是，政府参与确定和监督企业工资总额，还要结合经济发展因素和其他行业的薪资变化，实施及时和必要的动态调整。

二、工资总额的分层分类管理、结构性调整分配和如何体现市场竞争性

在经过备案或核准的工资总额预算内，应该给予企业充分的自主分配权。就现实情况看，国有企业的工资问题主要是内部结构性问题。应当开展岗位价值评估，并依此为依据，以业绩为导向，运用绩效考核手段，参照劳动力市场对标价位，通过集体协商等形式确定不同岗位的工资水平。就具体的岗位而言，应与工作业绩和实际贡献紧密挂钩，真正做到能增能减。在分配方式上，必须将所有工资性收入一律纳入工资总额管理，堵住"福利工资"的漏洞，实现收入工资化、工资货币化、发放透明化。

总额的"蛋糕"定了，关键还在于如何切分。"切蛋糕"的基本原则是"效率优先、兼顾公平"。在企业内部，首先是高层和中基层的区分。全员共享企业发展成果，可以突出管理层的贡献，但不能用高层的额度挤占中基层的额度。其次，是集团总部与下属企业的区分，要体现业务优先和重点倾斜。再次，不同岗位之间，基于岗位价值评估和职位分析，结合实际工作业绩，适度拉开差距。在工资的结构上，一般采取"基薪+绩效+任期（预算周

期）"的方式，还要为专项和动态调整预留空间。通常所说国企薪酬"大锅饭"原因，应该是由绩效考核缺失和工资体系内部结构性问题所致。

在如此"刚性"和透明的工资体系下，如何体现薪资水平的市场竞争性？首先，内部公平性是基础。公平性的含义，不是简单的"一碗水端平"。业绩导向、效率优先是更合理的公平，向关键岗位、生产一线和紧缺急需的高层次、高技能人才倾斜也是一种公平。以此类推，在推行职业经理人制度过程中，同样可以根据企业的实际需要，对完全市场化身份的职业经理人实行契约化和任期制，突破一些"框框"，个别的协议工资可以绑定业绩单独做出约定。

三、基于长短结合的激励效应，构建具有活力和创新力的激励机制的措施

无论是基于经济人假设、需求理论、还是现实生活诉求，付出劳动获取报酬，天经地义，毋庸置疑。激励是一切管理的核心和关键。"重赏之下必有勇夫"是激励效应，"士为知己者死"的舍生取义也是激励效应。物质、精神、文化、行为、情感、目标，在众多的激励的手段中，物质激励无疑是最直接和管用的。收入工资化和工资货币化之后，工资基本就是物质激励的代名词。工资产生激励效应与被激励对象对工资需求的敏感度关联，且有一定的边际效应。工资产生的激励效应的影响因素可能包括被激励对象的个体需求与心理预期，也取决于工资方案的具体设计，包括工资结构、增长机制和动态调整等。

一般意义上理解，工资只能产生短期激励，属于"在手之鸟"的选择。长期相对稳定的工作岗位工资，本身也包含了长期激励的效应。但是，对于市场化职业取向的职业经理人群体来说，单纯的工资收入似乎难以产生长期激励效应。因此，需要采用延期支付和持股、期股、增值权奖励等长期激励手段。就国有企业而言，工资的长期激励效应一方面与职业的稳定性相关，另一方面，与工资的支付方式（是否延期支付）有关。

国有企业"激励不足"是普遍现象。理直气壮做强做优做大国有企业，

不突破"温水青蛙"效应是难以做到的。在构建和完善国有企业激励机制方面，不妨在以下几个方面着力：

一是在工资总额的总体框架下，实现工资分配结构和支付方式的优化。同时，用"例外管理"思维，在个别协议薪资方面有突破性安排。

二是以工资激励为主，探索增量奖励和股权期权激励。在商业类竞争性企业和智力创新型企业推行员工持股制度。

三是多措并举，注重激励措施的针对性，发挥国有企业的"特色"和"优势"，强化精神激励。

四是加强绩效管理，以科学、公正、合理的绩效考核，为工资激励机制和其他激励方式提供依据和基础。

五是建设独具特色的现代企业文化。以愿景吸引人，以使命凝聚人、以事业成就人，提升认同感归属感，增强吸引力和凝聚力，实现共享发展的共同目标。

（原载2019年7月29日《中山日报》）

国有企业推行职业经理人制度的
困境和现实选择

党的十八届三中全会指出："建立职业经理人制度，更好发挥企业家作用，国有企业要合理增加市场化选聘比例"。2015年8月颁布的《中共中央、国务院关于深化国有企业改革的指导意见》明确提出："推行职业经理人制度，实行内部培养和外部引进相结合，畅通现有经营管理者与职业经理人身份转换通道，董事会按市场化方式选聘和管理职业经理人，合理增加市场化选聘比例，加快建立退出机制"。2016年3月，中共中央印发《关于深化人才发展体制机制改革的意见》进一步强调，要研究制定在国有企业建立职业经理人制度的指导意见。当前，一些央企和地方国有企业开展了职业经理人制度建设试点。但是，比起国有企业改革顶层设计1+N政策体系的有效推进和"施工"，推行职业经理人制度似乎还是困难重重，一直处于"探索"和试行状态，效果不尽如人意。

一、对国有企业推行职业经理人制度的基本认识

一般认为，职业经理人就是具备良好的品德和职业素养，能够运用现代企业经营管理知识并具有综合领导能力和丰富实践经验，为企业提供经营管理服务并承担企业资产保值增值责任的职业化企业中高层经营管理人员。职业经理人最早产生于西方，是公司制发展的产物。在现代企业制度下，企业所有权和经营权分离，基于委托—代理关系，职业经理人应运而生。20世纪90年代末，随着我国民营企业的发展壮大，产生了聘请专业管理人员协助管理企业的需求。后来，股份制企业和国有企业也开始了引进职业经理人的尝

试和探索，尽管磕磕绊绊，但也为国有企业完善公司法人治理结构和人事改革积累了宝贵经验。

一般而言，职业经理人的专业素质应当包括：较强的市场应变和决策能力、良好的职业道德和操守、具备团队精神和带团队的能力、优秀的学习、沟通和组织能力。职业经理人作为特殊的人力资本，应当具有一定的任职资格条件和客观公允的评判标准。但遗憾的是，我国目前还未形成发育成熟的职业经理人市场，缺少权威的职业资格认证和公认的职业经理人胜任力模型。信息不对称导致供需之间缺乏有效匹配，行业诚信体系也没有有效建立等。

就国有企业而言，建立职业经理人制度，有利于推进现代企业制度，健全法人治理结构；有利于进一步深化改革，激活经营层活力，促进企业开拓创新；有利于打造企业家队伍，弘扬企业家精神，提升国有企业核心竞争力。可以认为，国有企业推行职业经理人制度，既是深化改革转型发展的现实需求，也是国有企业实现保值增值做强做优做大的目标要求。

二、国有企业推行职业经理人制度面临的困境和现实难题

从民营企业到股份制企业，再到国有全资控股企业，虽然在引进职业经理人方面有过很多尝试和探索，但在实践中也出现了很多问题，陷入了进退两难。面临的困境主要表现在：

一是对引进职业经理人的功能认识不足。国有企业"官本位"和行政思维惯性，不能完全接受契约化、职业化、市场化的规则安排。不能够突出职业素质和业绩承诺，产生目标和结果的分离。

二是缺乏明确的绩效合同，班子"混搭"产生矛盾。没有明确和清晰的绩效合同，或者是合同约定不合理不到位，权责利难以有效落实。薪酬差异和身份差异，导致新老人员之间难以配合和协同，产生利益冲突。

三是激励手段单一简单，缺乏约束机制，诱发急功近利。职业经理人的协议薪酬是对现有"限薪"的突破。但是，考虑市场竞争性的同时，也要考虑内部公平性。尤其是要考虑国有企业隐性"非货币福利"，比如市场化压力较小和职业稳定性较高等。单纯的薪酬激励具有局限性，易造成急功近利

和短期行为。

四是职业经理人难以融合组织文化，易产生"水土不服"。你不能既要甲方的舒适，又要对标乙方的高薪。很多职业经理人缺乏沟通和调适的能力，"一根筋"地强调个人作用发挥和报酬奖励，缺乏团队精神和共享意识，与和谐包容的文化氛围产生罅隙，一旦刚性业绩难以达成，必然导致黯然离场。

国有企业在推行职业经理人制度过程中，还存在几个现实难题：一是政府层面尚未出台针对国有企业职业经理人的指导意见和相关指引。二是行业协会和相关主管部门尚未有统一权威的职业资格认证，职业经理人缺乏市场准入标准和退出条件。三是职业经理人市场还不成熟，诚信体系建设尚未构建，全国性和区域性的职业经理人信息网络和人员交流平台有待建设。

三、国有企业推行职业经理人制度的策略和措施

尽管在实践中还存在一些问题和困难，但是，推进职业经理人制度是国有企业导入市场化机制的迫切要求，在国有企业进一步深化改革的实践中，应大力鼓励地方国资国企发挥基层创新精神，抓好试点，大力推进，勇于突破。

（一）落实分类分层改革，完善法人治理结构，为推行职业经理人制度奠定制度前提和架构基础

分类改革解决了国有企业价值目标二元冲突问题，为不同类型的国有企业功能定位、目标取向、绩效考核和人员配置提供了切实可行的依据。市场化和准市场化的商业类企业，更需要和适合推行职业经理人制度。同时，只有产权多元基础上的规范法人治理结构，才可以清晰界定决策、执行和监督的权责。委托—代理关系到位，推行职业经理人制度就是要把执行权落实到经理层，以契约的形式确认责权利，充分发挥专业人才的作用，并将业绩和报酬紧密关联。对集团企业而言，基于分类改革和完善治理，结合国有资本授权体系的变化，集团二三级子公司更适宜在导入职业经理人制度方面先行先试，成熟一个推进一个，不搞一刀切。

（二）坚持党管干部原则，采用市场化方式，落实董事会选聘经理层，重点解决好内外平衡问题

党管干部原则必须"一以贯之"。国有企业"党管干部"的重点是确定选聘标准、程序，实施前置审议过程监督。坚持党管干部与公司法人治理的有机结合，要落实董事会选聘经理层。落实董事会选聘经理层，还要依照公司章程，建立授权体系，打造人才梯队，保障经营层对整个执行团队的调配和使用权。在合理合规清晰的权责体系和考核体系之下，要让职业经理人充分施展拳脚，释放经营活力和企业发展的内生动力。

要结合企业的特点，决定选聘职业经理人的内外急缓和孰轻孰重。要充分发掘现有人才资源，同等条件（不能降低标准）下，内部优先。通过内部竞聘或遴选，让内部人"转换身份"，加入职业经理人队伍。对于内部缺乏、急需的管理和技术人才，通过市场化外聘合适的职业经理人。"身份转换"不是单向的，职业经理人也可以进入组织选任的视野，转换为组织委任的企业领导者。

（三）实行职业经理人契约化管理和任期制，真正实现"能奖能罚""能上能下"和"能进能出"

契约化管理是以聘用协议形式约定职业经理人任职期间的工作目标、考核指标和奖惩措施，是职业经理人履职和获取报酬的源动力、指挥棒和紧箍咒。任期制是打破企业管理人员"能上不能下""能进不能出"的制度安排。契约化和任期制的结合，一方面可以解决职位调整问题，另一方面解决身份转换问题。从用人主体来说，你达不到我的事先约定，要么"退位"，要么"退出"（解除劳动合同）。推行职业经理人制度，既要考虑外部竞争性，又要考虑内部公平性，而内部公平性和一致性往往更为重要。是聘用一个人，还是一个团队；是从事专业工作，还是从事管理工作；是直接任职使用，还是观察培养后使用，都关系到该项制度的推行效果。

（四）建立科学的选任、考评和激励约束机制，形成市场化导向的长效机制和文化氛围

在建立健全职业经理人选聘办法、程序和薪酬、考核、退出等配套制度的基础上，如何选任人岗适配的"理想中人"，是职业经理人制度落地的最重要内容和关键所在。要严把"入口关"，采用企业内部"转换身份"、公开招聘、猎头猎聘等方式，运用基于组织战略的胜任力模型和评价中心技术，强调背景调查和档案审查，严格按人力资源管理规范流程办理入职手续。"没有稳赚不赔的买卖"，要综合运用物质、精神等多种手段和长短期结合的模式，防止单纯的短期的酬薪激励带来急功近利和短期行为。要通过非现金激励、延期支付和股权激励等方式形成利益捆绑和共襄组织发展成果的"金手铐"，防止"干得好就干、干不好拍拍屁股走人"。

必须强调的是，国有企业推行职业经理人制度，要体现从严治党、担当有为、严防经营渎职和国有资产流失。国有企业不能因为曾经引进"空降兵"的失败而因噎废食，对推行职业经理人制度抱有偏见和怀疑。打造市场化导向的国有企业职业经理人制度，既要有开放的胸襟，又要有严明的纪律；既要有科学的机制，又要有柔性的手段；既要有勇敢的引进，又要有果断的退出；既要有充分的激励，又要有充分的约束；既要有改革的突破，又要有创新的融合。总之，推行职业经理人制度，不是短期的应急，不是局部的点缀，而是基于团队建设、提升经营管理水平，乃至实现企业做大做强做优战略目标的长期制度安排和重大发展举措。

（原载2019年7月15日《中山日报》）

完善地方国有企业法人治理结构的认识和路径

完善国有企业法人治理结构是全面推进依法治企、推进国家治理体系和治理能力现代化的内在要求，是新一轮国有企业改革的重要任务。2017年4月24日，国务院办公厅印发《关于进一步完善国有企业法人治理结构的指导意见》，明确了工作目标和具体措施，为国有企业特别是地方国有企业建立和完善企业法人治理结构提供了清晰的路径和指引。

一、明确治理主体的职责权限，构建完整的责任体系，突出"法"的规矩，体现"特"的优势

中国特色现代企业制度，"特"就特在把企业党组织内嵌到公司治理结构之中。如何体现中国特色之"特"？要在章程修订的基础上，让"内嵌"有组织化、制度化和具体化规定，即要相应修改决策、执行、监督各环节议事规则，以保障"前置审议"程序和发挥领导核心和政治核心作用。要保证党组织"把方向、管大局、保落实"，但不能简单化和庸俗化。用联席会议替代前置审议不行，凡事不论大小都由党组织包办也不行。"先党内、后提交"，明确了程序，强调了定位。但是，不能简单认为党组织审议过的议题，董事会必须保证百分百通过。问题不在于合理的分歧，而在于议题是否过硬和成熟。这里，还有不同决策主体的功能职责区分和工作内容侧重问题，对议题的重新检讨才是下一步重点。前置审议与审议应有区分。要防止简单化的"大包大揽"，又要防止走形式、走过场和"关键人控制"。解决问题的关键在于，"规范主体权责"，明晰职责定位和权责边界，构建完整清晰的责任体系。首先，是董事会建设和职权落实问题。国有企业董事会建

设的主要问题，是董事会的独立性和权威性不足。这与董事会组成结构不合理、议事规则不具体和外部董事选聘履职不到位都有关联。其次，是经理层缺乏自主权和能力不足问题。地方国有企业的经理层由董事会聘任和选聘往往只是一个程序，难以真正接受董事会管理和监事会监督。经理层人员与党组织、董事会高度重叠，授权边界不清晰，"执行机构"的履职在缺位和越位中摇摆。再次，是监事会的监督不规范不到位。地方政府所属企业的监事会负责人由"政府"派出天经地义，但监事会职责始终不够清晰，监督重点和"不参与、不干预"也缺乏清单管理。专职监事比例较低，监事会、纪检和内审部门"三位一体"的监督体系一直处于探索阶段。

二、以分类改革为基础，结合以"管资本为主"的授权体系变化，实行差异化治理结构模式

没有一套固定的规则和制度适用于所有类型的企业。根据国务院办公厅颁布的《关于推进国有资本投资、运营公司改革试点的实施意见》文件要求，国有资本投资、运营公司法人治理结构要"一企一策"在公司章程中予以细化。要切实推进完善地方国有企业的法人治理，就要在顶层设计的文件指引下，因地制宜，因企施策。要区别国有独资、全资和控股公司，也要区别集团公司、资本投资、运营公司和下属子公司，不同的企业属性、功能定位，不同的股权结构，甚至企业的不同规模和所处的不同发展阶段，其治理结构都会有差别，切忌"一刀切"。比如，对于商业类企业和公益类企业，可以采取不同的人事安排，形成适应企业特点的治理结构。对于公益类国有企业，以按照传统的国有独资企业的治理路径，厘清党组织和"三会一层"（即股东大会、董事会、监事会和经理层，下同）的职责，实现由出资人机构外派财务总监制度。对于主业处于竞争行业和领域的商业类国有企业，要积极推进外部董事占多数的董事会建设，同时强化董事会专委会的功能。要从市场化导向出发，建立任期制契约化人事管理机制。除了党组织书记董事长（出资人代表）、监事会主席和党组织副书记、纪委书记明确采用委任制之外，其他的董监高职位都可以采用选任制和聘任制，实行任期制契约化管

理。不能总是处于"探索"和"逐步推进"阶段，加强经理层建设，要下决心推进建立职业经理人制度，重点落实好内外结合的选聘、身份转换和退出机制。可以说，不管是什么类型的企业，在企业法人治理中，没有过硬的经理层团队，就不可能有企业良好的经营发展。必须提出的是，就目前情况来看，完善地方国有企业法人治理结构，重点似乎在一级企业，但关键和难点在二三级企业。二三级企业也是发展混合所有制的重点。可以认为，越是市场化的企业，越容易规范法人治理。对于一些新组建的规模比较小的企业，不能简单强求"三会一层"，应根据企业的规模和发展阶段决定是否设立董事会和监事会，并结合实际发挥党组织、执行董事、监事和经理的作用。

三、协同融合"新老三会"，强化企业职工民主管理和现代企业文化建设，形成完善法人治理结构的良好氛围

法人治理结构的核心要义是分权、制衡和协调运转，其根本目的是促进企业良性健康发展，实现企业价值最大化。在各个治理主体中，企业发展的战略目标和共享发展成果是"最大公约数"。党建为什么会与经营管理"两张皮"？原因是愿景和目标没有统一。委托—代理为什么会有严重的分歧？原因也是愿景和目标没有统一。加强国有企业民主管理，将"新老三会"协同融入法人治理结构，才能产生较高的劳动生产率和持久的效率和效益。如何将职工民主监督融入企业法人治理结构？主要措施包括两个方面：一是完善职工董事、职工监事制度。职工董事和职工监事不是摆设，要把懂经营、精业务、熟法规且有强烈参与决策愿望的员工选为职工董监事。二是健全职工代表大会为基本形式的企业民主管理制度，支持和保证职工代表大会依法行使职权。同时，建立国有企业重大事项公开和对外披露制度，协同打造"阳光国企"。文化是企业的灵魂，完善地方国有企业法人治理结构必须要有良好的治理文化。比如：国有企业强调社会责任，做强做优做大本身就是最大的社会责任；国有企业强调以人为本，但不能以不担当、不作为、不干事的人为本；国有企业强调廉洁安全和风险防控，但是不鼓励做"老好人"和"太平官"；国有企业强化责权利的统一，但是不能忽略责任担当和奉

献的情怀。如果完全按照所谓的市场游戏规则，成天在授权和放权、付出和回报上计较纠缠，就不可能形成良好向上的企业文化氛围。完善公司治理结构的出发点和归属是为了企业的发展。因此，国有企业既需要规范的治理安排、完善的制度体系和科学运营机制，也需要恪尽职守、勇于担当、善于作为、勇于开拓创新的新时代国有企业家精神。

（原载2019年7月8日《中山日报》）

以"管资本为主"，着力改组组建"两类公司"

党的十八届三中全会指出，"完善国有资产管理体制，以'管资本为主'加强国有资产监管，改革国有资本授权经营体制，组建若干国有资本运营公司，支持有条件的国有企业改组为国有资本投资公司"。十九大和十九届二中全会进一步强调，"完善各类国有资产管理体制，改革国有资本授权经营体制"，要继续深化国企国资改革，加快推动国有资本投资、运营公司改革（下简称"两类公司"）试点。2018年7月30日，国务院发布了《关于推进国有资本投资、运营公司改革试点的实施意见》，标志着这一改革措施有了全面的路线图和实施方案。2019年3月13日，广东省政府印发《推进国有资本投资、运营公司改革试点实施方案》，要求省和各地级以上市结合实际情况贯彻落实。

一、改组组建"两类公司"，是以"管资本为主"、改革国有资本授权经营体制的重要举措

自2015年开始，国务院国资委已在中央企业中开展改组组建"两类公司"试点。2016年中央经济工作会议明确提出，要在2017年加快国有资本投资运营公司试点。此后，国务院国资委和地方国资委不断扩大改革试点主体，取得了显著成效。但是，时至当前，仍有很多地方国资监管部门对改组组建"两类公司"的重要意义认识不足；对以"管资本为主"与改组组建"两类公司"、改革国有资本授权经营体制的关系认识不足；对"两类公司"与国资监管机构的权责关系，以及"两类公司"的功能定位、管理模式等认识不足。由于认识不足和理解偏差导致此项改革举措迟迟不能推动、踌躇不前，或是已启动的改革方案难以落地。从改革的目的意义出发，国有企

业监管从"管企业"到"管资产"再到"管资本"为主的转变，就是要不断给企业注入经营活力，推动国有资本做强做优做大。落实以"管资本为主"的转变，一方面，要改革国有资本授权经营体制，实施清单管理，落实授权和放权。另一方面，要厘清受权和承接的主体且功能定位清晰，明确为国有资本市场化运作的专业平台。尽管"两类公司"的治理结构和运营机制，与原先"国资委—集团公司—实体公司"的"三层架构"有相似之处，但区别还是非常明显的。首先，"两类公司"的功能定位明确为国有独资公司，这是授权的前提和基础。其次，"两类公司"之间是有严格区分的，其功能设置、投资对象、运营模式和建立方式都不同。再次，在"两类公司"中，国有资本投资公司的目标主要是服务战略引领、优化资本布局，侧重产业投资，而国有资本运营公司的目标主要是提升资本效率、提高资本回报，侧重资本流动。

二、改组组建"两类公司"，应在监管机构和企业层面双向发力，改变"要我做"，实现"我要做"

长期以来，国资监管机构与被监管企业似乎是一对矛盾的存在。一个要掌控，一个要放权。一个偏好安全，一个强调发展。看上去是"屁股指挥脑袋"，其实是"一家人说两家话"。殊不知，没有出资人，就没有企业；企业整没了，出资人和监管机构也没有存在的必要。推进"两类公司"改组和组建，明确功能定位，完善授权机制，规范治理结构，其根本的目的，就是让以"管资本为主"改革国有资本授权经营体制落到实处，让企业焕发市场竞争的活力。从国资监管机构来说，制定监管清单和责任清单，发挥"两类公司"的作用，有利于促进国有资本合理流动，有利于优化国有资本投向，有利于推动国有经济布局优化和结构调整，有利于提高国有资本配置和运营效率，更好地服务国家和地方发展战略需要。从被监管企业来说，改组组建为"两类公司"后，企业功能定位更清晰，治理结构更合理，运营模式更规范高效，激励约束机制更明确。企业轻装上阵，发挥内生动力，着力提升国有资本控制力、影响力，实现国有资本合理流动和保值增值。因此，推进"两类公司"的改建和组建，在政府的大力支持下，国资监管部门和国有企业两个层面要双向发力，上下联动，协同推进，改变"要我做"，实现"我要做"，以抓住改革政策机遇，实现新一轮快速发展。

三、以"两类公司"为载体，落实以"管资本为主"，改革要有实质性转变，既要"换汤"，又要"换药"，最终以"疗效"来检验

改革开放以来，近40年的国有企业改革始终围绕"企业所有权与经营权分离"进行，经历了放权让利、两权分立、股份制改革，到出资人监管从"管资产"到"管资本"的转变，改革的主要目标一直指向"政企分开、政资分开"。国企分类改革具有里程碑意义，解决了国有企业长期存在的定位模糊和二元目标冲突问题。习近平总书记关于全面加强国有企业党的建设、理直气壮做强做优做大国有企业以及国企改革"三个有利于"判断标准的重要论断，是国资国企改革发展举旗定向的"定海神针"和重要指引。国资国企改革的顶层设计1+N政策体系非常完备，并具有实践指导意义。问题的关键在于，地方尤其是地市级层面的国资国企，迫切需要深化改革的战略思维、路径共识和行动自觉。既要强调主动担当、积极作为，又要强调科学研判、精准发力。在"两类公司"改革试点探索过程中，央企和各地国资监管部门已经形成了许多可以借鉴的经验。实践证明，放权越早越多的省市，"两类公司"的市场化运作越成熟，国有企业改革效果越好。发展的问题只有通过发展来解决，发展始终是第一要务。发展是监管主体与客体目标管理的"最大公约数"。在改革过程中，既要"监督与约束机制"，更要"实施绩效评价"。要把贯彻实施国家和地方发展战略、落实国有资本布局和结构优化目标，提升国有资本运营效率、实现国有资本保值增值、推动国有企业做强做优做大，作为绩效评价的主要内容。概言之，改革需要实质性突破，结果导向，即改组组建"两类公司"既要"换汤"，又要"换药"，最终通过"疗效"检验。

（原载2019年5月20日《中山日报》）

改革国有资本授权经营体制的价值判断

党的十八届三中全会指出，以"管资本为主"加强国有资产监管，改革国有资本授权经营体制。党的十九大再次强调，要完善各类国有资产管理体制，改革国有资本授权经营体制。2019年4月28日，国务院印发了《改革国有资本授权经营体制方案》（下简称《方案》），这标志着国有授权经营正式进入全面实施阶段。《方案》做出了实现授权与监管相结合、放活与管好相统一等系列部署安排，对加快国有经济布局结构调整，推动国有资本做强做优做大具有重要意义。

一、国资管理授权放权的逻辑起点：
厘清市场主体定位，激发国企创新发展活力

从放权让利、承包经营，到产权改革、股份制改革，再到建立现代企业制度、发展混合所有制经济，国有企业改革40年的历程基本围绕一条主线，就是如何推进政企分开，厘清市场主体定位，激发国有企业的活力。"管人管事管资产"相结合的初衷是好的，目的是如何切实履行好出资人职责，防止国有资产流失。但是，在实践过程中走偏了，带来了"老板加婆婆"和"越位"、"错位"和"缺位"等问题。这一次，从"管人管事管资产"到清单管理，出资人机构回归股东身份，坚持"三归位一不干预"：将依法应由企业自主决策的事项归位于企业；将延伸到子企业的管理事项归位于一级企业；将配合承担的公共管理职能归位于相关政府部门和单位；原则上不干预企业经理层和职能部门的管理工作。基于"管资本"的职能转变，重点面向国有资本投资、运营公司实施放权授权，主要放权内容包括"战略规划和主业管理"、"选人用人和股权激励""工资总额和重大财务事项"。应当

搞清楚的是，尽管导向正确，但放权、授权和权力归位是有明显区别的。按照现代企业制度和公司法人治理，原本属于企业的权力，只有归位的问题，不存在所谓的放权问题。至于国有独资企业，将股东会的部分权限授予董事会，才属于真正的放权。为什么要放权？因为责权利不对等，因为原来的监管模式绑住了企业的手脚，影响了企业的决策运营，从而削弱了企业活力、发展力和竞争力，所以，该归位的一定要归位，该放权的一定要放权。以前有过放与收的几度反复，还是因为定位不清晰。"皮之不存毛将焉附"，从激发企业发展活力的角度出发，必须真放权、放真权。

二、国有资本监管的根本目标： 既要保障国有资产安全，更要实现国有资本保值增值

毋庸置疑，国资国企的改革过程，一直将"加强监管，防止国有资产流失"作为核心要义。应该说，加强监管的效果是明显的。伴随着国资国企领域党风廉政建设和反腐败斗争的逐步深入，侵吞、侵占、利益输送等受到查处和惩治，一些沉疴积弊也得到治理。从长远来看，国有企业的规范运营和国有资本的保值增值，还要靠改革体制和转换机制。《方案》坚持"放管结合"的原则，强调该放的放到位，该管的管住管好。包括将国资监管事项纳入公司章程；区别分类放权，对放权效果评估和动态调整；整合监管力量，升级监管方式；落实责任追究机制和建立健全容错纠错机制。放与管可以结合，但有没有侧重呢？就如同国有资本的安全与发展，孰轻孰重？这关系到实际工作的导向问题。必须强调的是，出资人机构和监管部门不仅仅是国资安全的守护者，更是国有企业发挥引领和主导作用的服务者、促进者和考核者。习近平总书记指出，要理直气壮地做强做优做大国有企业。就国资国企的职责使命来说，保值是基础，增值是目标。没有保值，缺乏可持续性，隐匿滋生腐败；同样，没有增值，就是裹足不前，是机会成本的付出，是动态中的变相贬损，是缺乏担当、无所作为的表现和结果。因此，"该管的管住管好"的侧重点在于"管好"。什么叫"管好"？管好就是管出活力，管出效益提升，就是企业的"做强做优做大"。

三、国有企业行权能力的实现：
有效治理、高效管理和打造核心竞争力

放权和行权，看似简单，但如果功能模糊，处理不善，很容易陷入"一放就乱，一管就死"的怪圈。《方案》提出，要界定权责边界，明确"谁来授、授给谁"，要分类开展授权放权，确保"授得准"。同时，要加强企业行权能力建设，确保"接得住"。"打铁还需自身硬"，否则，就是"扶不起的阿斗"。加强国企业行权能力建设的主要措施，必须完善公司治理，夯实管理基础，优化母公司管控能力，提升资本运作水平。

首先，在完善公司治理方面，重点是加强董事会和经理层建设。就目前而言，董事会和经理层建设的突出问题是选人用人问题和考核机制问题。

其次，在经营管理方面，要实施"企业内部三项制度改革"和"内控体系建设"。但是，能力不匹配，考核不到位，经营团队缺乏担当作为，高效管理和业绩提升无从谈起。

再次，是优化母子公司管控。要按照"管资本"的模式，区分国有资本投资、运营公司和其他商业类企业和公益类企业，逐层逐级分类授权。

最后，是要高度重视国企资本运作能力。改革授权经营体制后的国有企业，特别是国有资本投资、运营公司，要"以资本为纽带、以产权为基础开展国有资本运作""放大国有资本功能"。

必须强调的是，改革国有资本授权经营体制，要始终坚持和加强党的全面领导。最终，要以习近平总书记"三个有利于"重要论断，作为改革的价值判断标准，即"推进国有企业改革，要有利于国有资本保值增值，有利于提高国有经济竞争力，有利于放大国有资本功能。"

（原载2019年5月13日《中山日报》）

深化地方国有企业改革的方向和任务

党的十九大报告指出："要完善各类国有资产管理体制，改革国有资本授权经营体制，加快国有经济布局优化、结构调整、战略性重组，促进国有资产保值增值，推动国有资本做强做优做大，有效防止国有资产流失。深化国有企业改革，发展混合所有制经济，培育具有全球竞争力的世界一流企业。"深化国有企业改革，做强做优做大国有资本，对坚持和发展中国特色社会主义、实现"两个一百年"奋斗目标具有十分重大的意义。面对新时代、迈向新征程，按照国有企业改革的顶层设计和总体布局，地方国资监管部门和国有企业应当秉承新使命，体现新担当、寻求改革新突破、努力实现发展新作为。

一、地方国有企业的基本经营情况

我国国有企业按照其所处行业及承担的社会功能不同，可以分为公益类国有企业、商业类国有企业，按照层级不同，可以分为中央管理企业和地方国有企业。地方国有企业是指地方政府机构出资创办的国有企业，包括省、市、县三级政府出资所属企业，是相对中央政府出资设立的国有企业（央企）而言。一般来说，中央管理企业大多从事关系国家安全和国民经济命脉的行业，许多省属企业在资源掌控型关键领域占据支配地位，市县国有企业则被赋予保障民生、提供公共产品和服务等支撑功能。近年来，地方国有企业改革全面推进、重点突破、亮点纷呈、不断向纵深发展，成效十分显著。据国务院国资委网站相关统计数据，2016年，地方国有企业营业收入18.22万亿元，占全国国企总量的40%。地方国有企业利润总额0.79万亿元，占全国国企总量的34%。地方国有企业资产总额62.24万亿元，所有者权益合计22.85万亿元，分别占比全国国企总量的47%和51%。2017年1~9月，地方国有企业营业总收入15.1万亿元，同比增长18.8%；实现利润0.77万亿元，同比增长40.3%。

二、地方国有企业深化改革的正确方向

在党的十九大精神的指引下，深入推进国有企业改革的重大部署，关键是要进一步学习领会习近平总书记关于国有企业改革发展的重要思想，正确把握深化改革的目标与方向。

（一）坚持"两个毫不动摇"

登高望远，正本清源，摒弃无谓的争论和杂音，不纠缠所谓的"国民进退"问题。必须毫不动摇巩固和发展公有制经济，毫不动摇鼓励、支持、引导非公有制经济发展。坚持公有制主体地位，发挥国有经济主导作用，做强做优做大国有企业。积极促进国有资本、集体资本、非公有资本等交叉持股、相互融合、发展混合所有制经济，推动各种所有制资本取长补短、相互促进、共同发展。

（二）坚持"一个方向""一条标准"和"一个结合"

坚持的"一个方向"是社会主义市场经济改革方向，遵循市场经济规律和企业发展"两个规律"，坚持政企、政资"两个分开"、所有权与经营权分离和权力、义务与责任"三统一"，促使国有企业真正成为独立市场主体，加快建设中国特色现代企业制度。坚持的"一条标准"就是以解放和发展生产力为标准，具体体现为"三个有利于"，即是否"有利于国有资产的保值增值、有利于提高国有经济竞争力、有利于放大国有资本功能。""一个结合"是指"增强活力和强化监管的结合"。增强活力是搞好国有企业的本质要求，强化监管是重要保障，二者的关系有机统一的关系。把企业管死不行，疏于监管导致国有资产流失也不行，应当寓监管于服务，共同指向国有企业的发展壮大。

（三）坚持"两个一以贯之"

坚持党对国有企业的领导是重大政治原则，必须一以贯之；建立现代企业制度是国有企业改革的方向，也必须一以贯之。中国特色现代企业制度的

"特色"和优势是把企业党组织内嵌到公司治理结构之中，党组织发挥领导作用，"把方向、管大局、保落实"。

三、地方国有企业深化改革的主要任务

（一）完善各类国有资产管理体制，改革国有资本授权经营体制

新时代的地方国企改革必须立足国有资本的战略定位和发展目标，结合不同国有企业在经济社会发展中的作用、现状和发展需要，建立健全各类国有资产监督法律法规体系，实现国有资产监督的制度化、规范化和系统化。改革国有资本授权经营体制，加快推进经营性国有资产集中统一监管。

地方国资监管部门应围绕"管资本"转变机构职能，改变行政化监管方式，改进考核体系和办法，创新监管方式和手段，制定科学的考核和评价机制，监督落实保值增值责任；全面盘活国有资产，增强国企参与市场运作的造血功能；在分类管理的层面、根据资本运作方式，推动组建由政府主导、市场经营为辅的国有资本运营公司和处于完全竞争市场的国有资本投资公司，结合功能属性，明确重点领域，确保国有资本的合理流动，充分发挥国有资本市场化运作的专业平台作用，提高国有资源配置效率。

（二）以供给侧结构性改革为主线，优化国资布局，实施结构调整和战略性重组

迈入新时代，地方国有企业要在供给侧结构性改革中发挥带动作用，通过合理优化国有资产和国有企业布局，深入实施结构调整和战略性重组，提高国有资本对社会资本的引导能力，提高国有资本整体运作效率和重点企业发展活力。

按照"有所为有所不为"的原则和 "清退一批、重组一批、创新和发展一批"的要求，实施国有经济结构布局的战略性调整。通过推动存量资产兼并重组、创新合作、淘汰落后产能、化解过剩产能、处置低效无效资产，切实改变零星分散的状况。按类别性质、产业链协同等原则进行归边整理；坚

持重点发展增量，促进国有资本向战略新兴产业、公用事业和基础设施等领域重点布局，形成国有资本有进有退、合理流动的机制，实现国有企业发展质量更高、经济效益更好、产业结构更优的目标。

（三）结合分类改革精准施策，有序实施混合所有制改革

分类推进国企改革，为改革完善国有资本授权经营体制，准确把握依法履行出资人职责的定位，科学界定国有资本所有权和经营权边界，解决国有资本功能不清、定位不准、目标多元等问题提供了新思路。分类推进国有企业改革是提高改革针对性、监管有效性、考核评价科学性的重要基础和前提，有利于形成国有资本配置监管和国有企业运行的新的格局。

国有资本、集体资本、非公有资本等交叉持股、相互融合的混合所有制经济，是我国基本经济制度的重要实现形式，混合所有制改革是本轮国企改革的重要突破口。地方国有企业在推进混合所有制改革的过程中，应进一步明确重点和方向：首先，应优先选择主业处于充分竞争行业和领域的商业类国有企业，积极推进混合所有制改革。其次，应按照国有企业分类的不同采取相应措施，在引导子公司层面改革的同时探索在集团公司层面推进混合所有制改革。再次，应从国有企业战略定位出发，"一企一策"有序实施混改，妥善处理好绝对控股、相对控股和参股的关系。

（四）健全公司法人治理结构，形成灵活高效的市场化经营机制

当前，尽管多数地方国有企业已初步建立现代企业制度，但部分企业仍未形成有效的法人治理结构，权责不清、约束不够、缺乏制衡等问题较为突出。新时代的地方国有企业，要主动适应和引领经济发展新常态，增强国有经济活力、控制力、影响力和抗风险能力，就必须进一步健全公司治理机制、完善市场化经营机制、优化用人机制和激励机制。

一是要健全公司法人治理机制。建立中国特色现代企业制度，关键是把党组织内嵌到公司治理结构之中，使党组织发挥作用组织化、制度化、具体化。地方国有企业要充分发挥党组织的领导核心和政治核心作用、董事会的决策作用、监事会的监督作用和经理层经营自主权，保障和提高国有资本配

置和运行效率。

二是完善市场化经营机制。加快推进公司制股份制改革，是深化国企改革、依法落实企业自主权、强化国有企业独立市场主体地位的迫切需要。要积极推进混合所有制改革、推进国有资本证券化和国有企业改制上市，形成股权结构多元、股东行为规范、内部约束有效、运行高效灵活的市场化经营机制。

三是优化选人用人机制和激励机制。地方国有企业要结合企业分类分层，以市场为导向建立选人用人和激励约束机制，科学推行职业经理人制度，建立完善公开招聘、内部竞聘、经营绩效考核等制度，实现员工"能上能下、能进能出"，建立中长期激励机制，增强企业的活力和竞争力。

（五）完善国资监管和企业内控体系，有效防止国有资产流失

防止国有资产流失是新一轮国企改革发展必须面对的现实问题。为此，地方国有企业必须从内外两方面着力完善国有资产的监管体系和企业内部控制体系，尽可能实现多元监管、立体监管、合力监管，以规范健康和保障改革发展的顺利推进。

一方面是完善国资监管机构的监管。国有资本监管机构应紧紧围绕"管资本"这条主线，建立健全国有资本投资运营管理体系，有效防范国有企业在改革进程中的产权管理、重组整合、财务测评、绩效考核、甄选与使用人才以及薪酬设计等方面的风险，并通过加强和改进监事会工作、健全企业审计监督体系、强化党规党纪约束等措施，保障企业科学决策规范运营管理。

另一方面是加强企业内部控制体系建设。应强化独立公允的内部审计机构建设，健全财务审计监督管理制度，将财会处理、资产评估、对外投资等关键环节和领域作为内控监督的重点。同时，通过纪检监察、监事会建设，加强对企业中高层管理人员的监督与管理。统筹调动监事会、纪检监察、审计监督"三位一体"资源，构建全面覆盖、分工明确、协同配合、制约有力的国有资产监督体系。

（六）实施"走出去"战略，培育具有核心竞争力和持续发展力的"一流企业"

对中央企业而言，要大力实施"走出去"战略，打造世界一流企业。对地方国有企业而言，也要有"走出去"的勇气，打造具有核心竞争力和持续发展力的区域性或行业性"一流企业"。

地方国有企业要制定符合自身实际的"走出去"战略，明确自我定位，科学规划和论证发展路径；要构建科学、完整、高效的业务流程，提高决策效率，抢占发展先机；要从战略层面做好人才梯队建设，做好各种资源储备，在项目实践中积累经验、锤炼团队；要建立科学有效的风险防范机制，巩固发展成果，防范"走出去"风险。

地方国有监管部门在履行监督责任的同时，一定要为企业投资拓展和"走出去"鼓与呼。要建立更为科学的投资绩效评价机制，对国企"走出去"决策做出公正客观评判，探索建立符合行业实际的"容错机制"，促进国有企业在"走出去"过程中充满信心，行稳走远。

（七）搭建国有企业创新体系，培育和弘扬企业家精神

活力不足，缺乏创新动力、缺少有效竞争环境，是制约国企提升自主创新能力、核心竞争力的突出问题。国企领导中虽不乏精英人员，但很难出现真正意义上的企业家，容易陷入"企业家困境"。地方国有企业最缺乏的资源就是创新，创新动力不足是企业缺乏发展能力和核心竞争力的根本原因。地方国有企业要借助信息化手段，从理念创新、制度创新、技术创新、管理创新、文化创新等方面，全方位多层面搭建企业创新体系。

培育和激发新时代国有企业企业家精神，可以为深化国企改革创新提供强大动力。要营造良好的制度和机制环境，为国企领导人员干事创业提供有效保障。要建设激发保护企业家精神的良好外部环境，国有企业领导人员放心大胆做事；要建立和完善"容错机制"，形成国企领导决策担当的风险保护机制；要完善激励约束机制，优化国企领导人员发现、评价、培养、筛选机制和职业经理人选聘机制，建立与企业实际相适应的中长期激励机制。

（八）坚持党对国有企业的领导，将政治优势转化为发展优势

加强和改进党对国有企业的领导，是以习近平总书记为核心的党中央，针对新常态背景下国有企业改革发展做出的重大部署。要充分发挥党组织的领导核心和政治核心作用。把加强党的领导和完善公司治理统一起来，创新国有企业党组织发挥领导核心和政治核心作用的途径和方式。落实"双向进入，交叉任职""先党内后提交"，切实解决党组织与企业治理结构分离的状态，扭转嵌入但不能主导的局面，增强国有企业的凝聚力、向心力、发展力。

要充分发挥党员的模范带头作用。通过优化考核方式、创新党建工作方法，激发国有企业党员的创造力。将党建考核融入企业绩效考核，建立一体化考核机制，实现党建工作的动态管理，确保党员成为所在岗位的模范带头人，成为理论与实践、务实与创新的引领者。

坚持党对国有企业的领导，强"根"和铸"魂"，是国有企业的使命所使，事业所需。企业党组织主要是"把方向、管大局、保落实"，要切实把党的政治优势、组织优势和群众工作优势，转化为企业的竞争优势、创新优势和科学发展优势，以扎实的党建工作推动企业发展工作，同时，以企业改革发展的成果检验党建工作的最终成效。

（原载2018年第3期《中山社会科学》）

资源优化配置与国有企业改革

党的十九大报告明确指出，"经济体制改革必须以完善产权制度和要素市场化配置为重点，实现产权有效激励、要素自由流动、价格反应灵活、竞争公平有序、企业优胜劣汰"。学习贯彻习近平总书记对广东提出的"四个走在前列"的新要求，要完善市场在资源配置中的决定作用，更好发挥政府作用，推动资源向优质企业和产品集中，推动企业优胜劣汰。促进市场化有效配置资源，是深化经济体制改革的重点，也是国有企业深化改革的方向和目标。

一、国有企业的资源配置不合理是抑制经济活力的重要因素，也是企业自身运营效率和经营效益难以提高的主要原因

国有经济资源配置不合理，是制约经济发展的重要因素。主要体现在：其一，有些国有企业杠杆率较高，非主营业务扩展过度，靠"铺摊子""扩业务"等实现的"大"，是以数量扩张为特征的"大"，"大"而不强，"大"而不优，降低了国有资源使用效率。其二，长期存在的"僵尸企业"和特困企业"沉淀"了大量的国有经济资源，不仅造成了资源的浪费和低效使用，拖慢了企业改革发展的步伐，也容易形成呆坏账，积聚财政金融风险。其三，地方投融资平台迅速扩张，财政资源通过国有企业的刚性投入占据了大量国有资源，对民营企业、中小企业的融资产生"挤出效应"，不利于培育经济新动能。

国有企业的资源配置受行政惯性的支配，影响了国有企业作为微观经济主体市场运作和规范法人治理。其自身运营效率和经营效率难以提升，主要原因是"人财物"都不是市场选择和配置的结果。一是人力资源配置问题。国有企业的高级管理人员主要由上级组织任命产生，职业经理人制度缺乏相应的环境土壤和落地措施。二是财务资源配置问题。财务资源的配置，绝大

多数不是基于组织的战略需要，而是听从于行政惯性力量的功利性安排。三是物（项目资源）的配置问题。公益类项目属于企业"一笔账"往往不能算清楚，商业类项目受到各种非企业化和非市场化因素制约，使得项目资源偏离了市场优化配置的轨道。

二、以市场化为导向的资源优化配置，既是国有企业改革的目标，也是国有企业提升核心竞争力做强做优做大的路径

深化重点领域改革攻坚，加快形成高质量发展的体制机制。在国资国企领域，要切实推进分类改革，大力推动国资系统内资源整合，优化重组准公共类国有企业，新设或改组商业类资本运营公司和资本投资公司。

（一）功能分类改革，精准施策，存量改革，增量融合，有序推进发展混合所有制

国有企业功能分类整合是资源优化整合的基础性工作。通过功能界定、划分类别，实行分类改革、分类发展、分类监管、分类定责、分类考核。分类推进国有企业改革，提高改革针对性、监管有效性、考核评价科学性，有利于形成国有资本配置监管和国有企业运行的新格局。

混合所有制经济，是我国基本经济制度的重要实现形式，混合所有制改革是本轮国企改革的重要突破口。国有企业在推进混合所有制改革的过程中，应进一步明确重点和方向：首先，应优先选择主业处于充分竞争行业和领域的商业类国有企业，积极推进混合所有制改革。其次，应按照国有企业分类的不同采取相应措施，在引导子公司层面改革的同时探索在集团公司层面推进混合所有制改革。再次，从国有企业战略定位出发，"一企一策"有序实施"混改"，妥善处理好绝对控股、相对控股和参股的关系。"混改"是针对存量部分，对于增量部分，通过股权投资合作等方式，实现公有资本与非公资本的融合发展、共赢。

（二）以供给侧结构性改革为主线，优化国资布局，实施结构调整和战略性重组

经营性资产集中管理，可以促进资源配置的有效实现。国有企业要在供

给侧结构性改革中发挥带动作用，通过合理优化国有资产和国有企业布局，深入实施结构调整和战略性重组，提高国有资本对社会资本的引导能力，提高国有资本整体运作效率和重点企业发展活力。

按照"有所为有所不为"的原则和"清退一批、重组一批、创新和发展一批"的要求，实施国有经济结构布局的优化调整。按照"突出主业""合并同类"和"深度融合"等原则，通过推动存量资产兼并重组、创新合作、淘汰落后产能、化解过剩产能、处置低效无效资产。坚持重点发展增量，促进国有资本向战略新兴产业、公用事业和基础设施等领域重点布局，形成国有资本有进有退、合理流动，实现发展质量更高、经济效益更好、产业结构更优的目标。

（三）改革国有资本授权经营体制，构建"管资本为主"的国有资本监管机制

建立"管资本为主"的国有资本监管体制机制，是优化资源配置的根本机制。必须立足国有资本的战略定位和发展目标，结合不同国有企业在经济社会发展中的作用、现状和发展需要，建立健全法规监管体系，实现国有资产监督的制度化、规范化和系统化。改革国有资本授权经营体制机制，让国有企业回归市场主体地位，完善法人治理规范，按市场规律和企业规律选人用人，弘扬企业家精神，打造职业经理人团队。

国资监管部门应围绕"管资本"转变机构职能，改进考核体系和办法，创新监管方式和手段，制定科学的考核和评价机制，监督落实保值增值责任；根据资本运作方式，组建国有资本运营公司和国有资本投资公司，结合功能属性，明确重点领域，确保国有资本的合理流动，充分发挥国有资本市场化运作的专业平台作用，提高国有资源配置效率。具有资源配置和整合功能的政府引导基金，可以在国有资本合理流动和优化配置中起积极作用，要充分发挥其撬动、放大和引导效应。

（原载2018年10月15日《中山日报》，2018年10月24日共产党员网）

大力培育弘扬新时代企业家精神

党的十九大报告中指出："激发和保护企业家精神，鼓励更多社会主体投身创新创业。"在中国特色社会主义进入新时代全新历史起点上，企业家精神被赋予了时代内涵和崇高使命。营造企业家健康成长环境，培育与弘扬优秀企业家精神，对建设现代化经济体系、深化供给侧结构性改革、实施创新驱动发展战略、促进经济社会持续健康发展具有重要意义。

一、新时代赋予企业家精神全新的内涵

"企业家"一词源于法文，原意是中间人或中介，带有"冒险家"之意。将"企业家"一词推广使用的法国经济学家萨伊认为，企业家是"将资源从生产力和产出较低的领域转移到生产力和产出较高的领域"。被誉为"创新之父"的美籍奥地利经济学家约瑟夫·熊彼特指出，企业家是"经济发展的带头人"，是能够"实现生产要素的重新组合"的创新者。被有"现代管理学之父"之誉的美国管理学大师彼得·德鲁克进一步发展了熊彼特企业家理论。他认为，"企业家"（或"企业家精神"）的本质就是有目的、有组织的系统创新。企业家（或企业家精神）与企业的规模和性质无关。无论企业大小，无论是否科技企业，无论私人企业和还是公共部门（包括政府），都可以产生企业家，都可以具备企业家精神。企业家（或企业家精神）与所有权无关。无论是企业老板，还是职业经理人，甚至是一个普通职员，都可以成为企业家，也都可以具备企业家精神。创新与企业家精神天然关联，创新是企业家的标志，是企业家精神的内核，企业家精神就是创新实践的精神。

　　改革开放以来，一大批优秀企业家在市场竞争中迅速成长，一大批具有核心竞争力的企业不断涌现，为积累社会财富，促进经济社会发展做出了重要贡献。在新的历史条件和时代背景下，"企业家精神"逐步注入了丰富的内涵，被赋予了与时俱进的崭新使命。2014年11月，习近平总书记在出席亚太经合组织工商领导人峰会演讲中明确指出："我们全面深化改革，就要激发市场蕴藏的活力。市场活力来自于人，特别是来自于企业家，来自于企业家精神。" 2016年3月，习总书记寄语广大非公有制经济人士，要准确把握我国经济发展大势，提升自身综合素质，完善企业经营管理制度，激发企业家精神，发挥企业家才能，增强企业内在活力和创造力，推动企业不断取得更新更好发展。2016年7月，习近平总书记在年度经济形势专家座谈会上提出，要加快培养造就国际一流的经济学家、具有国际视野的企业家。2016年12月，习近平总书记在中央经济工作会议上强调指出，要"保护企业家精神，支持企业家专心创新创业"。 2018年1月22日，习近平总书记在给全国个体劳动者第五次代表大会的贺信中强调，"广大个体私营企业经营者要认真学习贯彻党的十九大精神，弘扬企业家精神，发挥企业家作用，坚守实体经济，落实高质量发展，在全面建成小康社会、全面建设社会主义现代化国家新征程中做出新的更大贡献。"

　　根据德鲁克的观点，在某种意义上来说，企业家精神与企业家可以同义替代。一般而言，传统认为的企业家精神包含了创业、创新、学习、担当、进取和奉献等核心要素和价值取向，如同创新是企业家精神的灵魂一样，企业家精神的含义也应该开放和不断获得拓展。那么，新时代的企业家精神应当包含哪些全新的内涵？2017年9月25日，中共中央国务院印发《关于营造企业家健康成长环境弘扬优秀企业家精神更好发挥企业家作用的意见》，这是党中央首次以专门文件明确企业家精神的重要地位和重大价值，文件回应企业家关切，引导企业家预期，规范企业家行为，激励企业家创新，并提出了具体方案和要求。文件明确指出，要弘扬企业家爱国敬业遵纪守法艰苦奋斗的精神，弘扬企业家创新发展专注品质追求卓越的精神，弘扬企业家履行责任敢于担当服务社会的精神，其中，"爱国敬业、遵纪守法、艰苦奋斗、创新发展、专注品质、追求卓越、履行责任、敢于担当、服务社会"集中体现了企业家精神的新时代内涵，是新时代企业家所应当具备和不断追求的素质和境界。

二、营造企业家精神健康孕育成长的优良土壤

德鲁克在其经典著作《创新和企业家精神》的结论部分，展望了构建"企业家社会"的美好期待："我们需要的是一个企业家社会。在这个社会中，创新和企业家精神是一种平常、稳定和持续的活动"，"企业家社会的出现，可能是历史上的一个重要转折点"。企业家和企业家精神不是独立的社会存在，其发育和成长需要阳光、雨露和土壤。历史经验表明，企业家是最具有创新活力，最为锐意进取的群体。这一群体特性就决定了在经济发展过程中，企业家要承担重要历史使命并发挥重大作用，而企业家精神作为一种能够主导其他资源要素配置的创新资源要素，是最为重要的"催化剂"。反之，在任何历史阶段，企业家成长和企业家精神孕育都需要健康良好的外部环境，外因通过内因发挥作用，并促进量变引起质变。

企业家精神是一种行动，它的基础在于观念、理论和赖以养成的土壤。如何营造企业家精神健康孕育成长的环境和土壤呢？

一是营造依法保护企业家合法权益的法治环境。要依法保护企业家财产权，增添企业家不断创造社会财富的信心和恒心；依法保护企业家的创新权益，让创新获得持久的正向激励；依法保护企业家自主经营权，最大限度地减轻企业的显性负担和隐性负担，最大限度地发挥企业家的动能和才智。

二是营造促进企业家公平竞争诚信经营的市场环境。要强化企业家公平竞争权益保障，建设公开公平公正的市场环境，防止"良汰效应"；健全企业家诚信经营激励约束机制，具备诚信品质的企业家才是行稳致远的企业家；持续提高监管的公平性规范性简约性，寓监管于服务，发展监管的出发点和落脚点。

三是营造尊重和激励企业家干事创业的社会氛围。要构建"亲""清"新型政商关系，让企业家干净创业，轻松干事；树立对企业家的正向激励导向，让企业家讲大局，知进退，有敬畏，有所为有所不为；营造积极向上的舆论氛围，发挥榜样力量，形成尊重企业家价值、鼓励企业家创新、发挥企

业家作用的舆论氛围。

构建企业家社会，离不开新时代企业家精神的提炼和阐释，离不开对企业家精神的大力弘扬。

一是弘扬企业家爱国敬业遵纪守法艰苦奋斗的精神。要引导企业家树立崇高理想信念，树立正确的义利观，把个人理想融入民族复兴的伟大实践；强化企业家自觉遵纪守法意识，做模范公民；鼓励企业家保持艰苦奋斗的精神风貌，保持健康向上的生活情趣和居安思危不忘初心的情怀。

二是弘扬企业家创新发展专注品质追求卓越的精神。要支持企业家创新发展，将创新作为核心元素和终身追求；引导企业家弘扬工匠精神，以扎实的品质和精细化的要求拥抱新一轮技术革命；支持企业家追求卓越，以永不停顿的脚步打造行业领先、勇立潮头的领军企业和标杆企业。

三是弘扬企业家履行责任敢于担当服务社会的精神。要引导企业家主动履行社会责任，鼓励企业家干事担当。尤其是国有企业家，要自觉做政治责任、经济责任、社会责任的模范，要特别激发国有企业家的担当精神，在其位、有其为。

三、加强对企业家服务、优秀企业家培育和企业家队伍的领导

企业家是经济活动的重要主体，是市场经济的"关键少数"、特殊人才和稀缺人才。企业家精神不仅是企业家的精神，而是企业的精神，城市的精神，乃至社会的精神。服务企业家就是服务社会。培育优秀企业家，关键在于培育企业家精神，培育企业家精神就是培育优秀企业家。加强对企业家队伍的领导，就是要培育更多的企业家群体。

要在实现"两个百年目标"、实现中华民族伟大复兴中国梦的宏伟蓝图和美好愿景指引下，坚定不移把发展作为第一要务，着力打造企业家工程，锻造企业家队伍，推动经济持续健康发展。

一是对企业家提供优质高效和务实的服务。要以市场主体需求出发，以问题为导向，深化"放管服"改革。以雪中送炭之诚之实，加大对企业家的

帮扶力度，确保帮扶成效。

二是加强优秀企业家培育。从企业家成长规律的角度出发，加强企业家队伍建设的规划引领；建立健全企业家教育培训体系，让企业家群体保持终身学习能力和持续核心竞争力；发挥优秀企业家示范带动作用，以优秀企业家精神引领社会风尚，形成企业家社会氛围。

三是加强党对企业家队伍建设的领导。在国有企业中，出资人代表可以是企业家，职业经理人可以是企业家，普通员工也可以成为企业家。企业家精神无处不在，广泛融入企业的方方面面。从某种程度上说，国有企业更欠缺企业家精神，更需要企业家精神，更需要企业家经营管理团队。国有企业家是企业的核心资源，是国家经济领域的骨干精英，也是党和国家治国理政复合型人才的重要来源。

"党政军民学，东西南北中，党是领导一切的。"加强党对企业家队伍的领导，不仅要建好、用好、管好一支对党忠诚、勇于创新、治企有方、兴企有为、清正廉洁的国有企业家队伍，还要教育引导民营企业家拥护党的领导，支持企业党建工作。非公领域的优秀企业家应当胸怀大局，情怀高远，在所在企业积极建立党组织并充分发挥其政治核心和政治引领作用。加强党对企业家队伍建设的领导，还要十分注重发挥党员企业家的先锋模范作用。党员企业家要牢固树立"四个意识"，把爱党、忧党、兴党、护党落实到经营管理各项工作中去，率先垂范，以实际行动彰显自身的独特风采。

（原载2018年2月5日《南方日报》，2017年11月16日共产党员网）

以大湾区意识推进国资国企改革重组

2018年1月12日，中共中山市委第十四届三次全会强调，"以更加积极主动的姿态多层次、多维度参与湾区一体化建设，不断提升城市宜居品质、服务功能和现代化国际化水平"，再一次吹响了中山市加快融入粤港澳大湾区建设的号角。

中山市作为珠江东西两岸区域交通枢纽，在大湾区的区位优势日益显著，树立大湾区意识，融入大湾区建设，已成为中山市社会各界的广泛共识。作为中山市社会经济发展的重要力量，中山市国资系统应当深入贯彻市委全会"协同推进粤港澳大湾区城市群建设"的要求，以更宽广的视野、更长远的眼光在更大的格局、更大的空间来谋划和推动国资国企的改革与发展。

2017年11月17日，国务院国资委主任肖亚庆接受人民日报专访，就如何贯彻落实十九大报告对国有企业改革的重大部署，做出了权威解读。肖亚庆强调，"做强做优做大"，说的是国有资本。做强做优做大国有资本的核心是"放活、管好、优化、放大"。国有企业改革不能停，也不会停，一篙松劲退千寻。

2018年1月4日，广东省国资委主任李成接受南方日报专访时表示，为加快推进省属国有企业改革重组，省国资委专门研究制定了《广东省属国有经济战略性重组整体方案》，总的考虑，就是要进一步明确省属国有企业整体功能定位，紧紧围绕经济社会发展战略，着力优化配置省属国有资源，切实发挥好省属国有企业综合性、区域性、系统性、带动性功能和作用。

国有企业改革的方向已定，按照顶层设计和路径，深化改革正全面进入"施工期"。地市一级的国资监管部门和国有企业，应当牢牢把握改革的总体方向，在顶层设计的指引下，立足于本地区本部门实际，充分发挥基层首创精神，充分发挥市场主体的主观能动性，创新进取，担当作为。坚持问题导向和结果导向，科学规划，分步实施，破解一些深层次的难题，在重点和关键领域寻求突破。结合党的十九大报告提出的"布局优化、结构调整、战略性重组和推动国有资本做强做优做大"要求，结合广东省国资委加快推进省属国有企业战略性重组的示范作用，结合中山市积极融入大湾区建设的发展契机，中山市国资国企只要改革目标明确，路径清晰，完全可以重塑新形象，取得新突破，实现新作为。在力推国有资本证券化已取得初步成效的基础上，中山市国资委将市属国有企业改革着力点定位于"两个深度"，即深度重组和深度改革，可谓切中肯綮，抓住了全方位工作的关键和要害。

"深度重组"包含两层含义：一是"合并同类项"，推动中山市属国有企业战略性重组，按横向联合、纵向整合和专业化重组方法深度整合。这一点，广东省属企业已有成功案例。例如2017年10月，广东省交通集团整合广东省属高速公路板块企业，重组后省交通集团的资产规模和运营的高速公路里程在全国省属交通企业排名第一。二是"化学式重组"，企业之间不是简单的物理性加减，而是通过业态关联、协同、融合，产生裂变和聚变，实现能量倍增。同样以省属企业为例，2017年12月，广东省建筑工程集团和广东省水电集团合并，重组后升级业务发展模式，发挥业务协同作用，计划在5年内成为千亿级大型建筑专业化产业集团。

因此，中山市属企业的此次整合是国企改革进入"深水区"的整合，应当充分吸取之前改革重组"分分合合"的教训，充分学习借鉴省属国企重组及其他先进地区市属国企重组的成功经验，排除本位主义和各种人为干扰，统筹大局，立足长远，业绩导向，让改革的成效经得起历史的考验。这一次的深度重组还要结合国企改革的三个方向：一是要改革国有资本授权经营体制，有利于实现从"管企业"到"管资本"转变，真正释放主体活力。二是要实现"出资人—国有资本投资公司或运营公司—实体企业"的三层治理架构，防止大而全和小而散。三是重组的过程要厘清企业功能属性，明确企业分类，为分类改革预留足够的空间。

"深度改革"主要是要还原国有企业作为"企业"的本来面目，归位本质属性，以"真正市场主体"作为关键衡量。要把握改革的正确方向，聚焦于改革的重点领域和关键环节。"深度改革"的"深度"要重点实现"两个突破一个保障"。"两个突破"首先是体制的突破。以"管资本"为方向，积极推进主业处于充分竞争行业和领域的商业性国企"混改"。让国有资本和非国有资本"双向进入"，以实现对接市场的混合所有制企业治理机制。实施"混改"，一定要积极稳妥，区分企业功能属性，解决 "谁来混""与谁混"和"混到什么程度"的问题。借助中山市积极融入粤港澳大湾区建设的东风，将"混改"合作对象的选择范围扩大至整个大湾区中的非公资本，真正提升"混改"质量。

其次是机制的突破。机制的突破要基于分类经营、分类监管、分类考核。没有功能区分和分类改革，单纯强调国有企业的特点和单纯强调导入市场化机制都是不现实的。对于主业处于充分竞争行业和领域的商业性国企，应以"市场的归市场"为原则，充分学习借鉴粤港澳大湾区中的标杆国有企业构建市场化运营机制的经验，实现治理结构设计到位、资源优化配置到位，让地市级商业性国企在"软环境"方面与先进地区标杆企业回到同一起跑线。"深度改革"的"一个保障"，就是在大力推进国有企业改革重组过程中，始终坚持党对国有企业的领导，按两个"一以贯之"的原则，发挥企业党组织"把方向、管大局、保落实"的领导作用，切实将国有企业的党建优势转化为经营发展的中坚力量。

（原载2018年1月15日《南方日报》，网易、新浪、中金在线、企业观察网等转载）

功能界定与分类：
因企施策全面深化改革的基本前提

中共中央、国务院印发的《关于深化国有企业改革的指导意见》，是新时期指导和推进国有企业改革的纲领性文件。文件全面提出了当前和今后一段时期国有企业改革的目标任务和重大举措。在八章三十条全覆盖所有范畴的文件统领中，"推进国企分类改革"放在首要位置。为准确界定不同国有企业功能，有针对性地推进改革深入，国务院国资委等三部委又联合印发《关于国有企业功能界定与分类的指导意见》。作为国资国企改革1+N重要配套文件，该文件为国有企业全面深化改革，完善法人治理结构，优化国有资本布局，加强国有资产监管提供了方法和指引。

一、功能界定分类的实践要求与目的意义

国有企业改革实践告诉我们，不能准确界定国有企业的功能，就难以解决国有企业的使命共识，也就难以协调 "经济效益和社会效益孰重"的价值目标冲突；没有功能界定和分类，就不能区别发展重点，所谓的体制问题就会形成企业市场化发展的掣肘；没有清晰的功能分类，就难以实现有针对性的考核和激励，也难以利用市场的手段进行资源优化配置，最终难以实现"两个效益"的统一和实现国资国企做强做优做大的目标。因此，分类改革是国资国企各项改革的前提和基础，也是改革进入深水区的方略创新和突破。其目的和意义具体表现在四个方面。

一是有利于分类推进国有企业改革。准确界定不同国有企业功能并进行科学分类，是全面深化国有企业改革的重要前置性工作。完善现代企业制度，构建科学的法人治理结构，发展混合所有制经济，改组或组建国有资本

投资运营公司等重大改革举措的完善和落地，都需要以清晰界定国有企业功能与类别为前提。对国有企业一概而论、不加区分地推行改革，将会"眉毛胡子一把抓"，使改革措施缺乏针对性，实施效果也一定会大打折扣，甚至会出现实际工作推不动的境况。

二是有利于促进国有企业科学发展。由于各种原因，国有企业承担着多重责任和使命。许多企业经济和社会双重使命并存，政府与企业承担基础设施和公益事业的职责界限模糊，阻碍了企业市场化体制机制的发展和完善。区分不同企业在国民经济中的功能定位并科学分类，有利于明确不同企业的战略定位和发展目标，形成差异化发展路径，激发企业的活力与内驱动力。

三是有利于优化国资布局和明确产业发展方向。由于国有企业功能定位不清晰、国有资本布局和结构调整方向不够明确，导致很多国有企业在产业发展方向上要么找不着北，要么是盲目追随和低效投资，引来很多诟病。对国有企业进行功能界定与分类，有利于进一步明确国有资本投向，优化国有资本配置，真正做到"有所为有所不为"，并有助于从整体上提升国有资本的质量和效率。

四是有利于加强国有资产监管。国务院国资委成立以来，各级国资监管机构进行了一系列监管方法的尝试和创新。但是，由于没有明确的国有企业功能界定和分类，在监管内容、监管措施、监管方式等方面仍存在力度不足和角色错位的现象。对国有企业进行功能界定与分类，有利于推进分类监管、分类定责、分类考核，增强国有资产监管的科学性、针对性和有效性。

二、功能界定分类的划分依据和目标定位

自1998年中国人民大学对国有企业的分类改革战略开展课题研究以来，学术界不断进行探讨。国企分类，一直是共识，但怎么分，有着不同的理解和认识。有的主张按照企业市场化程度，划分为垄断性和竞争性；有的主张按照国有资本职能，划分为收益性和公益性；有的主张按照企业的产品服务，划分为一般竞争性、特定功能性、公共服务性等等。2013年，党的十八

届三中全会通过了《中共中央关于全面深化改革若干重大问题的决定》，明确提出要准确界定不同国有企业的功能，对不同类型的国有企业进行分类改革分类监管的重要理念。同年12月，上海等城市作为试点，启动了国有企业分类监管的改革程序。地方与基层的探索的丰富实践，为国企分类改革方案的出台做了很好的理论、政策和实践上的铺垫。

2015年12月7日由国资委、财政部、发展改革委三部委联合出台的《关于国有企业功能界定与分类的指导意见》指出，"立足国有资本战略定位和发展目标，结合不同国有企业在经济社会发展中的作用、现状和需要，根据主营业务和核心业务范围，将国有企业分为商业类和公益类。"与此前提出的"三分法"（即三中全会确定将国企分为公益性、功能性和竞争性三类，地方还有其他类似的划分）、"两分法"（即竞争性和公益性两类）不同。此次将国有企业从总体上分为商业类和公益类两类，就商业类国有企业，又进一步区分"主业处于竞争行业和领域的商业类国有企业"和"主业处于关系国家安全、国民经济命脉的重要行业和关键领域、主要承担重大专项任务的商业类国有企业"。

本次的功能界定和分类方法，主要还基于四个方面考虑：一是充分考虑企业的功能作用和发展方向，有利于推动国有资本更多投向关系国家安全、国民经济命脉的重要行业和关键领域。二是充分考虑企业经营的多样性、复杂性，基于顶层设计的分类，宜粗不宜细。三是充分考虑企业所属行业特点和实际情况，分类主要依据主业和核心业务。四是充分考虑各地不同发展实际，在遵循统一分类原则的前提下，结合地方实际，因地制宜，并可以动态调整。

顶层设计的商业类和公益类国有企业"二分法"，主要体现在企业发展目标和运行方式的不同。商业类国有企业以增强国有经济活力、放大国有资本功能、实现国有资产保值增值为主要目标。主业处于充分竞争行业和领域的企业，应在关注经济效益的同时兼顾社会效益。主业处于关系国家安全、国民经济命脉的重要行业和关键领域、主要承担重大专项任务的商业类国有企业，应实现经济效益、社会效益与安全效益的有机统一。公益类国有企业则以保障民生、服务社会、提供公共产品和服务为主要目标。在运行方式上，商业类国有企业必须按照市场化要求实行商业化运作，在竞争中实现优胜劣汰。公益类国有企业在运营管理中要引入市场机制，不断提高公共服务效率和能力，必要的产品或服务价格可以由政府调控。

三、分类施策：推进改革、促进发展、科学监管

国有企业分类改革的目的，正是为了解决国有企业普遍存在的目标多元、定位不清的问题，为了解决考核评价针对性不强的问题，同时也为了更好发挥国有资本的功能作用。通过分类改革和分类施策，才能切实做到推进改革、促进发展和科学监管。

(一)分类改革，改革有更明确的目标和指向

根据不同类型企业特点有针对性推进改革，是国有企业功能界定与分类的重要目的。针对商业类国有企业，改革是按照市场决定资源配置，推进公司制股份制改造，加快完善现代企业制度。这其中又对商业类国有企业分三种不同情况。一是主业处于充分竞争行业和领域的商业类国有企业。这类企业原则上都要实行公司制股份制改革，实现股权多元化，国有资本可以绝对控股、相对控股或参股。同时，加大改制上市力度，着力推进整体上市。二是主业处于关系国家安全、国民经济命脉的重要行业和关键领域、主要承担重大专项任务的商业类国有企业。这类企业要保持国有资本控股地位，支持非国有资本参股。三是处于自然垄断行业的商业类国有企业。这类企业要根据不同行业特点放开竞争性业务，促进公共资源配置市场化。对需要实行国有全资的企业，要积极引入其他国有资本实行股权多元化。对公益类国有企业，可以采取国有独资形式（具备条件的也可以推行投资主体多元化），也可以通过特许经营、委托代理、购买服务等方式，鼓励非国有企业参与经营。

（二）分类发展，发展有更清晰的内容和路径

不同类型的企业战略定位不同，发展目的和发展路径不同，应当有差异化要求。对商业类国有企业而言，要优化资源配置，加大重组整合力度和研发投入，加快科技和管理创新步伐，持续推动转型升级，培育一批具有创新能力和国际竞争力的国有骨干企业。针对不用情况，发展的重点和路径有所

不同。一是对主业处于充分竞争行业和领域的商业类国有企业，要支持和鼓励发展有竞争优势的产业，优化国有资本投向，推动国有产权流转，及时处置低效、无效及不良资产，提高市场竞争能力。二是对主业处于关系国家安全、国民经济命脉的重要行业和关键领域、主要承担重大专项任务的商业类国有企业，要合理确定主业范围，根据不同行业特点，加大国有资本投入，在服务国家宏观调控、保障国家安全和国民经济运行、完成特殊任务等方面发挥更大作用。三是对公益类国有企业，要根据承担的任务和社会发展要求，加大国有资本投入，提高公共服务的质量和效率。严格限定主业范围，加强主业管理，重点在提供公共产品和服务方面有所作为。

（三）分类监管，监管更能体现针对性和有效性

对商业类国有企业，要坚持以"管资本为主"加强国有资产监管。建立健全监督体制机制，依法依规实施信息公开，严格责任追究，在改革发展中防止国有资产流失。针对具体情况，应针对不同性质的分类主体实施差异化的监管要求。一是对主业处于充分竞争行业和领域的商业类国有企业，重点加强对集团公司层面的监管，落实和维护董事会依法行使重大决策、选人用人、薪酬分配等权利，保障经理层经营自主权，积极推行职业经理制度。二是对主业处于关系国家安全、国民经济命脉的重要行业和关键领域、主要承担重大专项任务的商业类国有企业，重点加强对国有资本布局的监管，引导企业突出主业，更好地服务国家重大战略和宏观调控政策。三是对公益类国有企业，则把提供的公共产品、公共服务的质量和效率作为主要监管内容，加大信息公开力度，接受社会监督。

（四）分类考核，考核更加精准并体现导向作用

明确不同类型国有企业的经营责任，按照企业的功能和业务特点确立有针对性的考核标准，有利于发挥考核手段的导向作用。对商业类国有企业，根据企业功能定位、发展目标和责任使命，兼顾行业特点和企业经营性质，明确不同企业的经济效益和社会效益指标要求，制定差异化考核标准，建立年度考核和任期考核相结合、结果考核与过程评价相统一、考核结果与奖惩措施相挂钩的考核制度。针对不同类型的企业，制定不同的定责考核要求。

一是对主业处于充分竞争行业和领域的商业类国有企业，重点考核经营业绩指标、国有资产保值增值和市场竞争能力。二是对主业处于关系国家安全、国民经济命脉的重要行业和关键领域、主要承担重大专项任务的商业类国有企业，合理确定经营业绩和国有资产保值增值指标的考核权重，加强对服务国家战略、保障国家安全和国民经济运行、发展前瞻性战略性产业以及完成特殊任务情况的考核。三是对公益类国有企业，重点考核成本控制、产品质量、服务水平、营运效率和保障能力，根据企业不同特点有区别地考核经营业绩和国有资产保值增值情况，同时，在考核中引入公允的社会评价。

概言之，国有企业功能界定与分类工作，确已成为全面深化国有企业改革的基本前提和基础条件，是一道"绕不过去的坎"。如何在改革实践中落实到位和体现实效，还要把握好分类的实施主体和程序、动态调整等具体问题。在顶层设计之下，充分运用基层实践的预留空间，拿出必要的决心和勇气，借助提升证券化率和发展混合所有制经获得改革突破的契机，社会各界和企业内外期待已久的企业分类改革一定不会无功而返。

（原载《香山论坛》2016年第3期）

国资国企证券化之路需善始善终

国家建立多层次资本市场的战略布局为新三板市场发展提供了政策契机，而新三板市场的发展速度和成效超出了社会各界的预期。目前，全国各类企业挂牌"新三板"已近9600家，预计到2016年年底"破万"已初步定型。广东省以1500家新三板挂牌企业规模，领跑全国。中山市新三板挂牌企业数量已近半百，另有10多家企业进入审核阶段。与非公企业的庞大数量相比，国企新三板挂牌企业方阵数量虽然只是一个零头，但从国资国企改革的复杂性和难度来看，效果和意义都非同寻常。

资产资本化、资本证券化是国资国企改革的重要目标之一。方向无疑是正确的，但目标如何分解，措施如何落地是个关键问题。基于自身禀赋资源评估和现实可能的选择，中山市国资委将挂牌新三板作为提高证券化率的突破口。市国资委成立专责机构，在监管的市属集团企业中遴选成熟的业务模块作为挂牌主体，以时间倒逼，将挂牌工作推进成效纳入经营业绩考核。应该说，这是一个非常明智和具有现实可行性的路径选择。毋论何种所有制性质企业，挂牌新三板对于规范公司治理、信息公开透明、直接融资、资本运营和品牌形象提升等都是很有裨益的。有些人质疑说，新三板挂牌企业很多都是僵尸企业，挂了也没有用。试问，经过规范化检验和市场化洗礼都成为僵尸企业，不挂牌就能活得好和活得久么？还有一些人会问，挂牌后如果不能直接融资，也没有能力业务拓展，挂了还是没有用。再反问一句，有这么好的平台都不能融资和拓展，问题到底是出在挂牌？还是企业自身？因此，对于企业以挂牌新三板寻求证券化之路，我们不能以一知半解坐而论道式的否定和怀疑。比起民营企业，国企挂牌新三板的最大优势是可以整合后续资源，关键是看挂牌后怎么做。一切事在人为。没有不景气的事，只有不争气的人。

随着兴中能源、管信科技、颐丰食品等企业的相继挂牌成功，非上市公众公司已经逐步感受到来自监管机构规范治理压力和来自市场竞争氛围的倒逼力量。要按照股转系统的要求规范公司治理和严格信息披露，要逐步建立和完善接近市场化或准市场化的考核、薪酬激励机制，公司负责人、财务负责人和信息披露负责人需要考学补课，企业的决策效率、行动力和执行力必须得到明显提升，如此等等。国企长期以来形成的积弊，会因为体制机制改变在一定程度上得以消除。获悉一家接一家企业挂牌成功，中山市国资委一位负责人非常感慨地表示，"终于让我们国资系统出了一口恶气"，谁说国企没有行动力？谁说国企没有发展力？谁说国企没有竞争力？组团式挂牌成功，这也给了中山国资人莫大的信心和鼓舞——只要想作为、善作为，甩开膀子，迈开步子，"做强做优做大"，国企未来不是梦！

诚然，比起多层次资本市场的庞大体量，面对全面深化改革的系统工程，国企在新三板市场的突破毕竟是个别的、局部的、阶段性的。新三板挂牌，万里长征才走了第一步，企业"后挂牌时代"更值得关注：如何科学规划战略发展和业务拓展，如何适应规范透明的立体监管，如何实现做市和直接融资，如何进入创新层或直接转板等，都是摆在已挂牌公司面前重要而紧迫的任务。未雨绸缪，规划先行。中山市国资委已经就挂牌企业的战略定位给出了"三步走"指引。挂牌新三板只是第一步，第二步是争取转层转板，第三步是成为拥有一定规模市值和品牌影响力的行业标杆企业。这其中，第一步是关键的开始，第二步最难也最有含金量，第三步是企业的美好愿景。一步接着一步走，一步一个脚印。所有的步骤都需要企业家精神引领，需要核心价值观凝聚，需要优秀的人才团队秉承共同使命，不忘初心，奋力前行。

市场和社会各界对公众公司的要求期待已不可同日而语。环境与机制的转换给企业的成长提供了阳光、雨露和土壤，离开了温水有激流，离开了温室有风雨，赛马机制和优胜劣汰机制理应也一定会发挥作用。无论什么时候，人的因素都是最重要的，竞争的企业必须有竞争意识的人，一流的事业必须有一流的团队，否则，我们虽然走了第一步，却难以跨越第二步，更难以到达共同愿景的第三步。

（原载2016年11月29日《南方日报》）

地方国资国企改革的"中山样本"

全面深化改革需要顶层设计，更需要基层实践和创新。在中央、广东省推动国资国企改革发展的宏观政策框架下，中山市国资委以优布局、抓转型、强监管、促发展为重点，健全和完善现代企业制度，建立以"管资本为主"的监管模式，推动各类资本融合发展，着力提升国资证券化水平，实现国有经济规模与质量双提升。特别是近两年来，在战略层面，推进"一个还原、两个还权"和"四个一批"战略工程；在战术层面，突出抓好"一个确保""两个推进"和"三个落实"，在新三板挂牌工作和证券化配套机制构建方面成效显著，得到全国股转系统的充分肯定，形成了具有地方国资国企改革特色的"中山样本"。

在战略层面谋篇布局，推进"一个还原、两个还权"和"四个一批"战略工程。"一个还原、两个还权"的根本意义，是指向行政管理惯性所带来的隐性"政企不分"，目的是切实转变国资监管模式。"一个还原"，就是让国有企业回归市场主体的本来面目——不管是商业类企业，还是竞争类企业，国有企业的本质就是盈利主体。"两个还权"，就是要充分发挥市场在资源配置中的决定性作用，实现国有资产监管由"管资产"为主向"管资本"为主转变。通过规范法人治理的制度安排，建立出资人监管事项清单。在"还原"和"还权"的同时，中山市国资委着力强化监管制度的刚性约束力和绩效考核的导向作用，不断提高监管实效，严控企业廉政风险，确保国有资本安全。深入推进"四个一批"战略工程，目的是促进国有资源优化整合和进退有为。参照国务院国资委和省国资委的相关做法，从2015年上半年开始，中山市国资委启动"四个一批"（即清理一批、整合一批、剥离一批、培育一批）战略工程，旨在提升效益、扩大规模、构建平台、促进发展，实现市属国有企业健康、平稳和可持续发展。在"四个一批"战略目标引领下，基于深入细致的前期调研，"摸清家底"，中山市国资系统一批长期亏损、风险凸显的项目得以清理，一批业务同质、产业链关联的业态得以整合，一批非战略性、非核心的资产得以剥离和退出，一批新产业、新模式有机会得以重点培育。2016年以来，在国家宏观层面大力推进供给侧结构性改革的背景之下，按照广东省国资国企改革"三去一补"、推进僵尸企业出清的部署，中山市国资委切实推动一批"僵尸"和"干尸"（与"僵尸"相比，"干尸"没有吸血的威胁）出清，为运营型企业卸下"包袱"，注入了轻装前进的发展动力。

在战术层面，强化执行力，狠抓措施落地，突出抓好"一个确保""两个推进"和"三个落实"。随着兴中能源、管信科技和颐丰食品在全国股转系统相继挂牌，中山市国资委2016年"确保1~2家企业挂牌新三板"的必达目标已经超额完成。按照市国资委的整体规划目标，结合公益性、商业性属性区分，在国资监管四大集团内部遴选优质业务模块，股改、挂牌新三板，之后逐步整合资源，通过融合、拓展、兼并等资本运营手段，实现从新三板公司转到主板或中小板上市公司，最后再到一定市值规模和品牌影响力的标杆上市企业的"三步走"战略。目标明确，路径清晰，任务倒逼，攻坚克难。经过一年多的不懈努力，兴中能源、管信科技、颐丰食品等企业已经陆续挂牌新三板市场，名城环境、报业传媒、交通物发、广电传媒正紧随其后，逐渐形成梯队后备和储备，引起了资本市场的关注和业内人士的肯定。构建与"管资本"为主相适应的监管机制，同时适应走向资本市场的要求，中山市国资委的"两个推进"就是配合战略发展的需要，推进市属二三级企业健全法人治理结构建设，推进国资系统监管企业特别是公众公司薪酬激励设计专项工作。"三个落实"则是落实国资国企深化改革的具体目标和任务，落实审计结果的运用护航企业的健康发展，落实商业类资本证券化目标体系建设。有目标，有计划，有任务，有考核，由点到面，纵深推进，以证券化为切入点的国资国企改革的综合成效正在不断体现。

在总体规划、系统设计改革方向和路径，并突出抓好年度计划达成的同时，中山市国资委加强理论阵地建设，充分发掘内部智力资源，开展政府重点课题研究，在"利用资本市场促进企业转型升级""构建基础设施投融资模式创新""统筹全市镇属企业改革发展"等方面做出了理论探索。积极引进外脑智慧，开展"员工持股与股权激励"、"国有资本预算管理"等课题研究，为全面纵深推进改革的科学决策和措施落地有效提供理论依据和智力支持。

（原载2016年11月29日《南方日报》）

"混改"政策边界及相关问题

发展混合所有制经济，是深化国有企业改革的重要举措。国务院印发的《关于国有企业发展混合所有制经济的意见》是新时期指导和推进国有企业混合所有制改革的纲领和指南。文件明确了混合所有制改革的政策边界，使得"混改"于法有据，在"积极"到"有序"的基础上更进了一步。

一、谁要"混"的问题

文件明确处于商业类充分竞争行业和领域国企、重要行业和关键领域国企是要推进"混改"，公益类国企可以"混改"，也可以特许经营。公益类国企与一般竞争性商业类国企 "混改"的区别在于，要接受"政府对价格水平、成本控制、服务质量、安全标准、信息披露、营运效益、保障能力等方面的监管"。文件还明确，"结合电力、石油、天然气、铁路、民航、电信、军工等领域改革，开展放开竞争性业务、推进混合所有制改革试点示范"，这就清晰规定了在这行政垄断行业中放开竞争性业务，有序推进"混改"。

在国企"混改"主体的不同层级中，文件不仅明确 "引导在子公司层面有序推进混合所有制改革"，还要求在企业分层中 "探索在集团公司层面推进混合所有制改革"，这是一个带有根本意义的重大突破。集团公司的母子公司分别 "混改"，会因为层次和业务单元的庞杂和股权的交叉而变得复杂，这需要功能分类清晰界定和分类改革先行。否则，国企的经济目标和社会目标冲突仍然会存在并难以协调。

以往国企改革的一个重要特点是地方看中央，地方个别先行先试者很容易在改革过程中"吃老本"、原地踏步，甚至走回头路。这一次，文件明确

"鼓励地方从实际出发推进混合所有制改革",地方国企相比较而言,离市场近,体量小,"船小好调头",完全有理由在"混改"中实施在前、探索在前、试错在前。

二、与谁"混"的问题

国企"混改"的对象首先应该是非公资本。文件明确"鼓励非公资本参与国有企业混合所有制改革",即除了必须实行国有独资公司的行业,在其他领域,非公资本可基于市场行为,在负面清单之外,法无禁止皆可进入。当然,与非公资本"混合",如何"谈对象",一定要找好品行、有操守、有实力的对象。在"门当户对"的基础上,按公开、公平、规范、透明的原则进行公允交易,严防"桌下动作"和利益输送。

除了吸引非公资本,文件明确"有序吸收外资参与国有企业混合所有制改革"。与吸引民营资本不同,吸收外资参与国企"混改"主要是鼓励外资参与海外企业的股权合作,而且也要有一定"范围限制"。

文件还明确"探索实行混合所有制企业员工持股",实际上是说,"混改"的企业可以形成国有、民营、员工三足鼎立的股权结构。员工持股不等于股权激励,员工持股也不是简单的人人有份和平均主义。员工持股的股权应当是动态的,且具有退出机制。

既然是"混合所有制",从理论上来说,国有企业之间的相互持股应当不在"混"的范围。但是,从产权多元和规范治理的角度来说,在一些非公资本不宜或不愿进入的公益类企业,国有资本的交叉持股也是有积极意义的。

三、如何"混"的问题

国企"混改"的路径不是单向的,而是一个"国民共进"、多元互促的过程。非公资本可以进入国有资本,国有资本也可以进入非公资本。国企"混改"的具体方式有股权转让、增资吸收、交叉持股、资产置换等多种手法。进入资本市场,成为上市公司是实现混合所有制的高级形态和理想状态,因此,推进国有资本证券化和整体上市是推进"混改"的重要途径和彻底的手段。

国企"混改"离不开决策层的推动和管理团队的专业运营。文件明确"混合所有制企业要推行职业经理人制度"，还要"畅通现有经营管理者与职业经理人的身份转换通道"。由于目前职业经理市场尚未成熟和完善，直接从市场聘请的职业经理人，要重点考察其职业操守和文化融合能力，要有"金手铐"，也要有立法约束和退出机制。内部管理者的身份转换则要重点考察其操盘市场业务的经营管理能力。不管是内部培养转换还是外部引进，国企功能定位的厘清和分类改革都是一个前提条件。

四、"混"的程度问题

"混改"不仅是股权多元化，还是股权结构的合理安排。文件明确，"对于充分竞争行业和领域的商业类国有企业，国有股权的持股比例不设限"，参股、甚至完全退出都未尝不可。而对于重要行业和关键领域的商业类国企，则要求必须保持国有资本的控股地位。毋论绝对控股和相对控股，控股程度的选择是要根据企业的性质和特点，及如何保持必需的控制权。

对于公益类国企，文件明确可以"混改"，但是否要控股未做明确的要求。有一点可以肯定的是，这一类国企是要优先兼顾社会效益的，即便没有"特许经营"和"价格管制"，也要保持相对控股地位。至于行政垄断性行业的企业，由于是鼓励在竞争性业务中 "混改"，因此，其"混"的程度，可以参照一般性商业类企业，股权比例是无须设限的。

总之，文件从顶层设计的角度划定了政策边界，但一些具体和个别的棘手问题还要在实践中应对和解决。国企改革的历史经验是丰富的，但也有很多教训。衡量"混改"的成效，关键看是否达到国资保值增值和社会福利增进。国有改革以问题为导向，以实绩来检验，但改革的过程、方法、步骤和分寸也必须十分重视。

（原载2016年11月16日《中山日报》）

国有企业的"初心"与"使命"

习近平总书记在2016年"七一"讲话中，回顾了中国共产党95年来的经验教训，以十个"不忘初心、继续前进"为全党迈向新的征程吹响号角。"不忘初心，方得始终"，这句出自《华严经》的名句，大意是"只有坚守本心信条，才能德行圆满。"黎巴嫩诗人纪伯伦说过，"我们已走得太远，以至于我们忘了为什么而出发。""不忘初心、继续前进"，意味着我们共产党人必须牢记我们从哪里来、到哪里去；"不忘初心、继续前进"，意味着我们共产党人必须清楚现在所处的历史方位；"不忘初心、继续前进"，意味着我们共产党人必须明确面向未来"赶考"的实践要求。不忘初心、继续前进，是时代的需要、实践的要求，也是人民的期盼。因此，习总书记强调，"行百里者半九十"，"走得再远、走到再光辉的未来，也不能忘记走过的过去，不能忘记为什么出发。面向未来，面对挑战，全党同志一定要不忘初心、继续前进。"

当前，正值全面深化改革、为实现全面建成小康社会奋斗目标、实现中华民族伟大复兴的关键时期，每一个行业领域，都应该结合自身的发展历史与现实情况，以中国特色社会主义的"初心"为基准，为本源，以此来检视过往，校正方向，把握当下，继续前进。《诗经》所言"靡不有初，鲜克有终。"揭示了一个普遍的现象，即做人、做事、做官没有人不愿意善始，但很少有人做到善终。初心可以看做是人生初始时的最初心情、心境和心愿，是让人最初心潮澎湃的念想，是让人甘愿卧薪尝胆以苦为乐的理由，是让人能够砥砺前行逆流而上的动力。一个人不忘初心，就是洗尽铅华不忘本，才能保持本色。同样，一间国有企业（尤其是秉承重大使命和宏图愿景的企业），只有不忘初心，才能持续稳健，不断发展，才能终究实现基业长青。

国企的"初心"或者说发展国企的"初心"是什么?简单地说,就是为什么要设立国企? 需不需要国企? 需要国企干什么?马克思、恩格斯在《共产党宣言》中说,社会主义经济学就是公有制,公有制的主要形式是国家所有制。在公有制社会,国家代表着整个社会,因此公有制的主要形式在于国有形式。国有经济是共产党执政的经济基础,承担着调控、引导和建设全面小康社会的重要功能,而国有企业是国民经济的支柱和脊梁。国有企业是"共和国的长子",曾经有着光荣的历史、辉煌的成就,它的历史功绩和时代价值都不容否定。国企的"初心"体现着社会主义的优越性。中国共产党代表最广大人民的根本利益,通过在特定历史时期的历史积累和国家资本金不断地投入,形成了庞大的经营性国有资产,这就等于是为每一位公民无偿提供了一笔均等化的资本金。这笔资本金通过国企的组织形式,投入、运营、产出收益,要么直接参与公共基础设施投入,要么间接地用于改善国民福利和保障。

从全球化进程看,发展中国家只有做强做优做大国有企业,才能逐步集聚"走出去"和"赶超"的优势,发挥比较优势,参与国际竞争。新型工业化发展要求国有企业勇挑重担,社会化分工程度越高越凸显国企的重要性。虽然,改革开放以来,国企曾一度处于疲软和衰落的态势(这一态势与长期计划经济的积弊和经济发展方式相关联)。但是,国家要搞自主创新,要产业结构调整和转型升级,要应对全球化的竞争压力,离开国企这支"国家队"断然不行。科技创新风险大、周期长,主要依赖非公企业和市场力量是很不现实的。国家未来要实现自主创新、产业升级、跨洋过海,国企肯定还是主力军。因此,从过去走来,向未来奔去,不管走到哪里,国企都不能忘记以公有制为主体社会主义的"初心"。正如习近平总书记几次重要讲话所指出的,国企改革的方向和重点,不是要用行政手段来人为地限制、约束国企的存在领域和发展空间,不是要束缚住国企在市场化竞争中的手脚,不是要将国企改造成类似资本主义国家政府"守夜人"的附庸。"国有企业不仅不能削弱,而且还要加强","要在深化改革中通过自我完善,在凤凰涅槃中浴火重生","要深化改革,要'借东风',激发内生动力,在竞争中增强实力"。

国有企业的"不忘初心"，就是不要忘记自己姓甚名谁，不要忘了肩负的使命，更不要忘了"做强做优做大"的使命。"做强做优做大"是国有企业的总体使命，作为每一间具体的市场主体，都要有自己的愿景——未来，我们到底要成为什么样的企业，什么样企业是令人尊敬的伟大企业。坚持"两个毫不动摇（毫不动摇地巩固和发展公有制经济，毫不动摇地鼓励、支持、引导非公有制经济发展），三个没有变（非公有制经济在我国经济社会发展中的地位和作用没有变，鼓励、支持、引导非公有制经济发展的方针政策没有变，致力于为非公有制经济发展营造良好环境和提供更多机会的方针政策没有变）"，国有企业一定要把握"一个本质（市场盈利主体）"、遵循"两个规律（市场经济规律和企业自身运行规律）"，服从国有经济的发展大局，在产业发展方面起引领作用，在规范经营方面起表率作用，在履行社会责任方面起带头作用。

最新的《财富》世界500强排行榜显示，2016年中国企业有110家榜上有名。中国企业军团在世界级企业竞争中日益强劲，其中超过九成是国有企业"国家队"的贡献。与此同时，地方国有企业也呈百舸争流、千帆竞发之势。地方企业已经形成强劲的板块，借证券化和资本市场治理，其发展竞争力令人瞩目。但地方国有企业也有一些值得记取的教训：一度地方政府新设国有企业作为融资平台，寅吃卯粮，饮鸩止渴，忽略了企业持续发展的内在要求，导致债台高筑、亏损严重，最终还是由政府埋单；有些地方国有企业成立之初信誓旦旦，只可惜缺乏长远战略安排，或对已有的战略安排缺乏定力，不按企业规律运作，投资业务朝秦暮楚，企业管理因人废事，企业经营效率低下，成本攀升亏损高企，最后，要么被动进行 "物理性重组"，要么被迫关停或沦为僵尸企业；有些地方企业长期没有解决政企不分的问题，改革动力不足，发展效益低下，监管措施不力，甚至成为人事纠葛和经济腐败的温床。

习近平总书记2016年7月4日在全国国有企业改革座谈会上强调指出，国有企业是壮大国家综合实力、保障人民共同利益的重要力量，必须理直气壮做强做优做大，坚决防止国有资产流失。念念不忘有回响，砥砺前行有行动。全面深化国有企业改革底层设计的路径已经非常清晰，突破体制问题的主要措施还是完善现代企业制度和法人治理结构，其改革目标指向还是还原国有企业的本来属性，回到发展国有经济和做强做优做大国有企业的"愿景"。7月26日，国务院办公厅印发《关于推动中央企业结构调整与重组的指导意见》，对推动中央企业结构调整与重组工作作出部署。我们有理由相信并期待，推动央企兼并重组和内部资源整合，推动业务协同和资源共享，将极为有效地提高资本配置、运营效率和核心竞争力。同时，围绕提质增效升级，投身新经济发展，在推动新动能培育和传统动能改造提升方面走在前列，努力向技术创新要效益，向深化改革要效益，向结构调整要效益，向管理改善要效益，实现品质和品牌新的跃升，国有企业提质增效攻坚战一定会打赢，国有企业做强做优做大的目标和使命一定会实现。

（原载2016年8月15日《中山日报》，标题有改动）

国有企业改革发展要注重"五种思维"

思路决定出路，思维水平决定工作水平。能不能正确判断形势，能不能有效化解矛盾，能不能顺利推进工作，关键看有没有科学的思想方法。习近平总书记指出，"要切实提高运用科学理论思维观察事物、分析问题、解决问题的能力，不断增强工作的科学性、预见性、主动性和创造性。"国有企业的本质是企业，但国有企业又带有"国有"的属性。当前，国资国企改革已进入深水区，如果缺乏科学的理论思维的有力支撑，就难以战胜各种风险和困难，难以达到改革的"三个有利于"标准和国有资本做实做强做大的目标。

一是注重战略思维。战略思维就是从宏观从全局考虑问题，善于把握事物发展总体趋势和方向。古人说，"不谋全局者，不足以谋一域。"习近平总书记非常重视战略思维，他的治国理论思维中特别强调两条，即把握发展大势和统筹发展大局。从总体上说，国有企业要以主体价值最大化和国有资本保值增值为价值目标。国有企业按照功能界定和分类，其价值取向有所区别，以经济效益为中心是必然的，但即便是商业类国有企业也不能忽略社会责任，不能唯利是图，只算蝇头小账。国有企业要有战略视野，要站在国有经济的全局观察、思考和处理问题。联系具体实际，国有企业要重规划，谋长远，不能急功近利，不能因人废事。企业领导人不能只唯上，不唯实。注重战略思维要具体落实到战略管理，而战略规划是战略管理的基础。战略规划要秉承使命、描绘愿景、分析透彻、谋篇布局。战略规划要尊重客观规律，保持定力，一张蓝图画到底，不能随意"翻烧饼"。战略规划要有切实可行的行动计划，落地生根，执行到位，又要及时纠偏、评估、反馈，修编、形成战略管理的闭环。

二是注重历史思维。历史思维就是运用历史的眼光认识发展规律、把握前进方向、指导现实工作。习近平总书记说过，"历史是最好的教科书"，"历史、现实、未来是相通的。历史是过去的现实，现实是未来的历史"。

国资国企改革发展注重历史思维，就是要加强对国有企业改革发展沿革的学习，总结经验教训，剖析经典案例。从历史轨迹中深刻领会：为什么要坚持"两个毫不动摇"，为什么要发展混合所有制经济？为什么要把分类改革放在首要位置？为什么要强调加强和改进党对国有企业的领导？结合地方的改革实践，国资监管经历了哪些阶段？形成了哪些特色？取得了哪些成效？有什么经验和教训值得总结和记取？具体到微观主体，每一间国有企业在创立、发展、重组等过程中，有什么可圈可点之处？有什么决策和投资失误？有什么经营管理错弊？善于用历史思维，怀有敬畏之心，才能在引进战略投资者、完善法人治理、推进职业经理制度和建立激励约束机制等方面贴近实际，少走弯路；善于用历史思维，结合现实考量，企业才能在面对市场和进入市场的过程中保持理性和警醒，抓出实效，做出成效。

三是注重辩证思维。辩证思维就是善于抓住关键、找准重点、洞察事物发展的规律。习近平总书记多次强调，辩证思维对推动改革、谋划发展具有十分重要的意义。经过三十多年的历程，国资国企的改革已经进入深水区，创新突破的难度很大。可是，越是面临困难，越要注重和增强辩证思维，不能在疑惑彷徨和左右摇摆中停步不前，丧失发展机遇。比如，功能界定和分类改革的一个重要动因就是明晰企业价值目标，在一定程度上解决价值目标二元冲突问题。属于商业属性的国有企业更强调经济效益，公益属性的企业主要是保障社会效益。但是，强调经济效益并不是完全忽略社会效益，强调社会效益，也不能背离企业本职属性。再比如，企业激励机制的构建，要结合企业的分层分类，激励与约束相结合，长期与短期相结合，薪酬因素与非薪酬因素相结合。薪酬是激励的核心要素，但不同的层级对薪酬的需求程度又是不同的。国有企业职业经理制度和激励机制紧密相关的，职业经理队伍建设要内外结合，"既要重视儿子，又要善待女婿"。自主培养和直接引进是各有利弊的，要有辩证和系统的考虑，做出有利于内部公平和外部竞争的梯队安排。

四是注重创新思维。创新思维就是善于因时制宜、知难而进、突破常规、开拓境界。创新是活力之源，是动力之源，是重要的发展理念。习近平总书记指出，"抓创新就是抓发展，谋创新就是谋未来。不创新就要落后，创新慢了也要落后。" 经济发展的动力转换已从要素驱动转为创新驱动，国有企业在创新驱动方面应该起引领作用。普遍来看，除了基础研究和重大科研攻关领域，国有企业一直缺乏创新的土壤。经过多年的改革发展，地方国有企业特别是地市级国有资产主要集中在城市基础设施建设、公用事业领域，以及少数非制造类商业企业。这些企业的特点是科技创新要求不高、管理创新、制度创新滞后。企业携带行政惯性思维，存在"温水煮青蛙"现象，危机感不足，活力和竞争力不够。保持国有经济的引导力、控制力，国有企业管理层必须要有敢为人先的勇气和锐气，以认识的突破打开工作局面。国家和省的层面国资国企改革顶层设计1+N方案已经陆续出台，基层市场主体直接面对和参与市场竞争，应发挥首创精神。要以创新的思维，以证券化和上市为突破口，以分类改革和发展混合所有制经济为主抓手，以供给侧改革为重要契机，推进企业优胜劣汰和资源优化整合，实现国资国企的强身健体、脱胎换骨，为持续健康富有竞争力的发展奠定基础。

五是注重底线思维。 底线思维就是客观设定最低目标，从坏处准备，努力争取最好的结果。习近平总书记多次强调，要善于运用"底线思维"的方法，凡事从坏处准备，努力争取最好的结果。改革一定会面临利益调整，注重底线思维，就是要增强预见性，把工作准备得更充分、更周详，做到心中有底，处变不惊。要将底线思维融入企业决策运营过程中去，重要决策特别是投融资决策必须有风险评估和追偿问责机制。在改革改制过程中，若是涉及员工遣散和减员，要把维护员工合法权益和社会稳定放在重要位置，要充分考虑绝大部分员工的合理诉求和对改革承受力的心理预期。以人为本不等于不能依法解聘，但是即便做不到"帕累托最优"，改革也要充分评估相关主体的承受力。改革总是要付出一定成本，底线思维并不鼓励谨小慎微和畏手畏尾。在全面深化改革的大局之下，底线思维更多是方法论范畴。否则，一味地借底线思维不担当不作为，是对另一种"底线思维"的突破，值得警惕。

【原载2016年6月13日《中山日报》，2016年7月26日《南方日报》（标题为《国企改革"五种思维"不可或缺》），搜狐网、国资小新等转载。本文曾获国务院国资委第四届"好新闻"评比活动"言论类"二等奖。】

国有企业挂牌新三板的"四个倒逼"

在国家大力发展多层次资本市场的背景下，企业上市可以有多重选择，比如IPO，比如买壳借壳，比如挂牌新三板。企业当然想直接IPO或寻找壳资源，但是，愿望归愿望， IPO的门槛很高（注册制也未必短期内降低核准门槛），即便通过合适的壳资源重组也基本视同IPO。不是不想为之，是暂时无力为之。充满活力的新兴事物往往代表着无限机会和未来，证券市场每一次扩展都孕育许多财富神话。全国股转系统的应运而生和快速发展为挂牌企业、投资者、券商和地方政府带来重大利好。目前，新三板市场兼容并蓄、方兴未艾，前景无量。国资国企走证券化之路是必然的，既然走主板、中小板不具备条件，那么，在集团企业业务庞杂的子模块中，遴选符合条件的主体挂牌新三板是现实可行的途径。

市场配置资源的优势毋庸置疑。事实上，目前很多国企都遇到发展窘境甚至生存危机，在资产证券化、发展混合所有制等改革的要求下，倒逼式的改革可以激发自身动力，通过新三板挂牌争取改革红利，有利于壮大国企力量，为做实做强积累资金和成本。从实践效果来看，基于目标靶向和平台、市场力量，推进国有企业挂牌新三板对目标挂牌主体至少起到"四个倒逼"作用。

一是目标倒逼计划。地方国企的最大问题是发展目标问题，受制于人为因素较多，缺乏科学的论证和设定。在全面深化改革的背景下，顶层设计尘埃落定，大的方向和指导思想已很清晰，实施方案也具体而合乎逻辑。关键问题是，地方政府如何让国资国企各项改革发展的措施落地、不走样、出实效。提高证券化率和推进企业上市已是普遍共识，明确的证券化率和挂牌企业的数量，让目标具体细化。分解"跳起来摘苹果"的目标，导入专业的中介机构，合同约定挂牌时间和持续督导，挂牌新三板的工作流程如同进了高速入口。国有企业往往说的多，做的少；做的无用功多，实际成果少。没有目标的计划容易"东一榔头西一棒槌"，有目标没有计划落实就是坐而论道和纸上谈兵。确定明确的挂牌数量和标的，根据挂牌按时完成的目标倒排行事计划，这样基于明确目标和达成时间的第一个倒逼就形成了。目标倒逼计划，计划才有刚性，才有最终完成的可能。

二是进度倒逼行动。为什么总是说国有企业低效？一个重要的原因是人浮于事和执行力比较弱。为什么总是说国有企业执行力弱？一个重要原因是缺乏科学有力和业绩导向的绩效管理。考核传导压力，考核激发动力。考核就是要用目标达成的结果倒逼进度，同时以进度和节点任务的完成倒逼行动。有目标就有计划，有计划就有进度，有进度就有时间节点。进度倒逼行动就是要强调过程跟踪和适时监管。说N年计划N—n年完成是不科学的，要么是目标设定问题，要么是过程管理的浮夸。用进度倒逼行动，防止过程中的不作为、懒作为和作为不力。新三板挂牌过程其实并不复杂，关键的进度节点无非是项目立项、中介进场、问题整改、股改、内核和材料报送反馈。推进企业挂牌新三板，无须甘特图和鱼骨图这样的项目管理工具，只要扭住关键节点，充分发挥券商作用，切实解决影响挂牌的"硬伤"和棘手问题，用进度倒逼执行力就能保证早日在全国股转系统成功敲钟。

三是平台倒逼改革。环境与土壤对万物生长的重要性不言而喻。对于国企而言，体制和机制深刻地影响改革和发展的成效和作为。就地方国有企业集团而言，将子模块先股份化，进入公开的流通市场，利用公众公司机制，提升运营质量和效益，待子模块主业做大后再整体上市，是目标和手段的统一。其实，挂牌新三板虽对股权结构、财务规范、关联交易、同业竞争和信息披露等都有明确说法，但对于股权比例、财务结构、盈利能力、运营机制和激励机制等都没有过高的要求，门槛不高，新三板灵活的机制为老国企改制提供了较好的契机。国企长期形成的积弊和现存的惯性思维很难通过自我改革来实现，但是，一旦上了新三板，"上市公司"这一全新的平台要求和市场化机制就会产生改革的外部压力，否则，就会得不偿失。逆水行舟，不进则退。上市平台所形成外部力量和立体监管会倒逼上市主体进行全面和较为彻底的改革，以达到名副其实，并能适应市场的竞争。

四是市场倒逼作为。 在推进国企板块挂牌新三板的过程中，一直有一种疑惑：这个企业本身就不咋样，就是挂上新三板又有什么用呢？会不会很快变成"僵尸企业"？这种观点看上去有道理，但属于孤立、静止地看问题。挂牌新三板，本身就能促进挂牌主体规范治理、发现和放大价值，直接融资，通过资本运营的手段收购兼并，这是"挂"的必要性和意义所在，而且，上了平台，从原有的自生自灭、无人问津过渡到自我加压和努力作为，并能获得市场关注和机会。从普遍的案例来看，缺乏市场化运营机制的国企是很难活得好和活得久的，很多企业的命运都是因经营管理不善被迫转制，或是沦为"僵尸企业"，难有柳暗花明、浴火重生的机遇。因此，尤其是商业属性国有企业，只有置身于市场，才能回归企业的本质，按企业规律办事，按市场规则运营。在市场的倒逼力量下，"是骡子是马"，高下立判。市场点燃活力，市场催生动力。国企不存在先天不足，如果把挂牌企业比成种子，能否长成参天大树，能否保持基业长青，就看有没有充满活力的土壤。市场可以倒逼作为，同时，也只有市场才最有资格给予是否有作为以客观检验和公正评判。

（原载2016年5月30日《中山日报》）

国有企业深化改革的动力来源

改革是需要动力源的，要么是内生动力，要么是外部压力，要么是内外协力，再或是更广泛的共促合力。综观国有企业的改革历程，绝大多数企业都是借政策之东风，完成某种"旧瓶装新酒"的破茧和转身。就个别企业而言，改革的内生动力往往生发于卓越的当家人和一帮想做事的拥趸，他们凭胆识、魄力、能力和驾驭力实现了改革目标。企业家精神是稀缺资源，因此，一直以来的绝大多数情况下，国企改革的主要动力来源于外部因素——PEST（politics、economy、society、technology），其中又以政策推动最为主要。

国企改革经历了放权让利、利改税、承包责任制、建立现代企业制度等主要阶段，如何激发内生发展动力，一直是改革政策目标的取向。推进产权多元、规范法人治理，直到现阶段推进分类改革和发展混合所有制，推进组织变革的主要力量都来自外部。充分发挥市场机制的作用，改革要突破体制机制的制约，共识早已形成，但似乎，"机制"还是不伦不类，"体制"还是强大掣肘。所谓的体制问题，其实就是产权、产权结构以及由此关联的治理问题。为什么要建立现代企业制度？目的就是要从制度安排上还原"企业"本质和原貌。为什么要完善法人治理结构？目的就是要阻隔行政惯性，让决策、经营、监督"三驾马车"协调运转到位。为什么在推行产权多元化若干年之后，强调发展混合所有制经济？目的是要让非公经济裹挟市场力量发挥作用，减少"国民进退"之争，实现优势互补和共赢。国企与国企之间的产权多元与国有"一股独大"一样，难以解决产权结构优化、制衡和效率优先问题。

发展混合所有制对于"两个毫不动摇"具有根本性意义。但是，一窝蜂和拉郎配式"混改"又会带来"为混而混"的后遗症。以改革之名行利益输送之实屡禁不止，"郎顾之争"犹在耳畔。早年的"转制"和MBO一直被人视作瓜分国企的盛宴，让一些出发点原本很好的政策中途叫停或搁浅。推进国企"混改"从"积极"变成"有序"是无奈之举，但这条路是要坚定走的。如何走好，就看改革主体和时机是否成熟，"成熟一家，推进一家"是一种理性的次序安排。尽管如此，除非处于市场热门行业和朝阳企业，没有公允的市场价值认同，引进社会资本的"资本联姻"只是一厢情愿之事。做好自己永远是最重要的，但改革是要借外力的。借外力，催内力，促合力，推进分类改革是国企全面深化改革的基本前提。

机制决定于体制，体制决定于环境。坚持制度自信，匹配市场的机制才是真正的好。没有置身于市场，强调市场机制充分运用是不现实的。因此，一味地"拿来"和局部改变是不好"消化"和不能长久的。国企长期存在经济效益和社会效益的目标价值二元冲突。分类改革的主要目的意义，就是明确企业目标定位。经济效益与社会效益孰重要界定清楚，二者兼顾的也要有主次之分。功能界定和分类清晰了，目标导向和考核标准就清晰了。无论是市场倒逼，还是政府督查，外因可以直接通过内因发生作用，知道什么可以干，知道什么应该干和如何才能干好，改革的内在动力就会自然产生并有效传导。

"喊破嗓子，不如甩开膀子。"甩开膀子，还要迈开步子。分类改革在实际推进过程中可能会有很多困难和阻力。"谁出资，谁分类"，如果没有全局一盘棋的认识，企业都会守着自己"一亩三分地"。公益类企业"大树底下好乘凉"，但商业类企业更有灵活和想象的空间。按照主业来认定集团企业是否属于商业类或公益类，但业务庞杂和产权关联又会很难厘清边界和简单进行物理性分割。现任管理层会有顾虑，分类改革后企业原有优势是否保持，劣势是否消解，更关键的是自身是否有利益。循着这样的思维和路径依赖，企业自然内部动力不足，并在一定程度上形成改革的阻力。

国企改革顶层设计的蓝图已经绘就，就看基层实践的作为了。分类改革是"一道绕不过的坎"，关键看如何爬坡越坎。具体到地市，如果改革的基础较好，国资的体量不大，完全可以在科学规划的基础上率先改、彻底改。在这个过程中，可以规划先行，系统梳理现有经营板块，让符合条件的企业在新三板挂牌，然后，进一步通过买壳、借壳等手段推动商业类资产整体上市。新三板在一定程度上代表经济的未来，理应对其抱有良好的预期。尽管目前国企上新三板不是很热，但并不代表国企不想进入资本市场，没有能力进军主板、中小板而"退而求其次"，未必不是明智之选。不要顾虑挂牌后成为"僵尸企业"，在充满活力和竞争力的土壤都活不好，遑论股改和挂牌前的纯粹国企会有什么作为？企业如同"植物人"，资产都在"冰室里冻着"，无数国企都是在"一片欢呼声中"成为"不改等死"的"温水青蛙"。规范、公开、透明、进取催生活力和竞争力，市场倒逼力量一旦形成，多方力量就会形成改革合力。国企改革务必要把握大局和抢抓机遇，目标一旦清晰，方法、步骤、突破口和关键路径都很重要，甚至于智慧、决心和勇气都不可或缺。

（原载2016年2月1日《中山日报》）

地方国企证券化和上市是改革的必然选择

党的十八届三中全会以来，国资国企改革进程明显加快。有统计显示，目前已有北京、上海、辽宁、湖南、天津、广东、重庆、山东、江西等20多个省区市出台了"深化国资国企改革意见"。在顶层设计的指引下，地方国企改革也进入全面加速期，多地制定实施方案，重组整合、混改、资产证券化、上市等已成为重点目标和任务。据凤凰财经等网站关于国资改革的报道，未来五年（2015—2020），就国有经营性资产证券化率的目标设定而言，北京、湖北是50%，江西、河南是60%，重庆、湖南是80%。广东省是国资重镇，总量位居全国第一。省国资委在2015年新出台的相关文件中提出，到2020年资产证券化率要达到70%。

早在2014年11月，广东省颁布《关于深化国有企业改革的实施方案》就提出，"使上市公司成为省属国有企业最主要的组织形式"，"利用境内外多层次资本市场，推动汽车贸易、仓储物流、轨道交通施工、招投标板块等具备上市条件的企业实现主营业务上市，推动电子信息、生物医药、食品粮油等企业逐步注入省属同类业务上市公司，推动一批具有发展前景的企业在新三板上市。"今年以来，广东国资加大改革重组力度，一方面深度整合已有上市平台，一方面加大力度打造新的上市平台。

资产资本化，资本证券化。从管资产到管资本，是国资监管理念的重大变化，也是对资本运营理念的认识深化。那么，地方国有企业上市到底有何必要性和重要意义？首先，对于普遍意义的企业而言。上市有利于发挥杠杆和控制放大效应，有利于股权流动和增值，有利于并购和直接股权融资，有利于规范治理、资本运作和提高企业市场竞争力。其次，对于地方国有企业而言，只有走向资本市场，国企才能真正遵循市场规律和自身规律，通过市场的手段，在市场的范围内实现科学运作和自然进退；只有上市、尊重市场的选择，才能有效避免行政惯性带来的"拍脑袋"和"翻烧饼"。再次，对于地方政府而言。企业上市有利于地方政府增进税收、促进就业，有利于促进经济发展方式的转变，有利于提升城市知名度和影响力。新一轮国有企业改革强调，"推进公司制改革，积极引入各类投资者，实现股权多元化，大力推动国有企业改制上市"，正是希望通过上市后的市场竞争机制，激发和释放企业活力，提升国有经济的竞争力和引领力。通过市场机制"倒逼"，在激励机制和人才机制上取得突破，切实改变国有企业"能上不能下、能进不能出、能奖不能罚"的积弊。

在分类改革的前提和基础上，重点推进商业类国企上市是全面深化地方国有企业改革的关键路径，也是攻克国企改革系统工程重点和难点的突破口。其一，上市有利于国企"混改"。企业上市的基础条件是股份制改革和建立法人治理结构，这就为规范、有序推进混合所有制改革提供了机会和可能。从一定意义上说，国有控股上市公司是混合所有制的最好典范。其二，上市有利于国资优化整合。企业上市必须具备一定的规模实力和财务条件，这就为企业的运营情况的区分提供了试金石，也是对"清理推出一批、重组整合一批、创新发展一批"的成效检验。其三，上市有利于完善国资监管。也只有推进企业上市和集团企业整体上市，才能使国资监管机制转变——"以管资本为主推进国有资产监管机构职能转变"成为可能。国资监管机构只有着力"管资本"，其承担的公共管理职能才能旁移其他机构，回归"出资人代表"的地位，集中精力扮演好"出资人"角色。概言之，只有抓住国有企业上市和证券化这个关键，国有企业长期存在和累积的一系列所谓体制机制问题才会因市场和规范治理的倒逼力量迎刃而解。

近年来，地方国企改革不断取得进展，国资运行质量和效益明显提升，但一些亟待解决的突出矛盾和问题依然存在。顶层设计的蓝图已经绘就，地方国企如何"实施在前、创新在前、探索在前"是非常重要和紧迫的现实课题，必须尽快落实方案，牵准牛鼻子。国企改革是一项系统工程，但改革总是要考虑重点领域和找准突破口的。笔者认为，借助资本运营的手段，通过新三板挂牌、买壳和借壳整体上市等途径走上资本市场，是实现本轮国资国企全面和深层次改革的关键路径和必然选择。

（原载2015年12月14日《中山日报》，本文获国务院国资委第三届"国企好新闻"评比活动"言论类"三等奖。）

地方国企并购重组的必要性和路径选择

美国诺贝尔经济学奖获得者乔治·斯蒂格勒（George Stigler）曾说，"纵观世界上著名的大企业、大集团，几乎没有哪一家不是在某种程度上通过收购兼并等资本运营手段而发展起来的，也没有哪一家是完全通过内部积累发展起来的"。国内外企业发展的实践证明，并购重组是企业优化资源配置、做强做大的重要途径和有效手段。当前，宏观经济形势复杂多变，经济整体下行趋势尚未扭转，但人类社会正面临一场宏大的技术变革，这场技术变革必然蕴含一系列革命性的变化，这些变化也同时蕴含了产业升级和企业并购重组的重要机遇。

一、地方国企并购重组的必要性

并购重组，通俗地说就是两个以上公司合并组建新的企业或相互参股。并购是兼并和收购的统称。兼并又称吸收合并，是指两家或者更多的独立企业合并组成一家企业，通常由一家占优势的企业吸收一家或者多家企业。收购则指一家企业用现金或者有价证券购买另一家企业的股票或者资产，以获得对该企业全部资产或某项资产的所有权，或对该企业的控制权。对于资产重组，《上市公司重大资产重组管理办法》有明确的规定，其核心内容是指交易达到规定的比例，导致"主营业务、资产、收入发生重大变化的资产交易行为"。在目前的市场环境下，虽然并购和重组是相对独立的，但在实务运作中二者又密不可分，因此，并购重组可以用"一回事"来阐述。

地方国有企业并购重组的价值和意义主要表现在促进地方国有经济发展和提升企业自身价值两大方面。一方面，地方国有企业的并购重组有利于促进地方国有经济的发展。国有企业通过市场手段并购重组有利于资源优化配置，有利于国有资本存量增值和增量发展。通过并购重组可以消除企业之间低水平的过度竞争，使产业结构趋于集中，逐步形成规模经济效益，从而有利于产业集群深化和提升地方产业经济的整体竞争力。并购重组有助于国有企业深化改革，创新发展。通过股权转让、资产重组、债务重组等多种手段，可以有效盘活沉淀资产，增强资本的流动性和盈利能力，也可以为陷入债务危机和经营困境的企业寻求脱困途径，为企业的发展注入新的活力。国有企业面向市场进行并购重组，可以吸引优秀的民营企业和外资企业加盟，为地方国企"引进来"和"走出去"提供机遇和条件，让国有资本真正融入市场，促进地方经济产业转型和结构调整。

另一方面，并购重组有利于企业自身价值的提升。并购重组对国有企业自身的积极影响主要包括以下几个方面：并购重组有利于企业获得规模效应，促进传统行业的"脱胎换骨"和战略性新兴产业的发展；并购重组可以垂直整合上下游产业链，实现产业链延伸。通过收购上下游的企业，使得价值链上的各个部分能够更有效地协作，从而提高企业运营效率（当然，如果过度延伸，事情也会走向反面）；并购重组可以促进企业间横向资源互补，使一些不必要的"关联成本"内化；并购重组对地方国企而言，还有一个非常重要的作用是促进产权多元改革，产权多元改革有助于规范公司治理，从而进一步消除国企管理积弊，提升管理效益。

正是由于并购重组对于推进产业转型升级和经济结构调整的重要意义，国家和地方相继出台了一系列政策鼓励企业并购重组。2013年1月22日，工信部、发改委、财政部等联合发布《关于加快推进重点行业企业兼并重组的指导意见》，将汽车、电子信息等九大行业和领域兼并重组作为主要目标和重点任务。各级地方政府也陆续出台了关于促进民营企业重组的实施意见并配套了扶持奖励资金。业界普遍认为，在政策利好的环境下，以上市公司为主导的新一轮企业兼并重组浪潮将会很快到来。

二、地方国企并购重组的经验借鉴

从可学可比的角度，地方国有企业"学标杆"的重要参照系是优秀的中央企业。尽管2009年5月出台的《企业国有资产法》并没有严格界定和区分中央企业和地方企业，但是中央企业从使命愿景、产业特征和行业分布，以及企业自身的基础和条件，还是与地方企业有很大的差别。

2003年，国务院国资委监管的中央企业196户，到2013年已经调整为115户。十年中，央企的数量是减少的，但实力是增强的，央企一直以来都把并购重组作为重要的改革发展任务来落实。近年来，央企通过并购重组做大做强、参与国际竞争已逐渐成为常态。《财富》杂志公布的2013年世界企业500强榜单，95家中国企业中央企达45家。可以肯定地说，没有通过并购重组的途径和手段，想实现企业实力和竞争力的大步跨越几乎是不可能的。

近年来，央企并购重组的特点主要表现为：一是不同行业进展不同、重点行业进入攻坚阶段。通讯、能源、资源、电力等行业都完成了重组过程。钢铁、汽车、批发零售、煤炭等行业，也已形成了适度竞争的格局。下一步所面临的，不仅有航空、军工等敏感企业，还涉及部分行业民营企业的强劲竞争，难度不言而喻。二是海外并购发展迅速，资源投资喜忧参半。虽然，央企在海外能源投资取得比较显著的业绩，但在衍生品市场的投资出现较大的亏损，又由于受到保护主义的掣肘，资源类投资屡屡受挫。三是中央企业多元化经营趋势明显。以2009年中石油收购克拉玛依银行并更名为昆仑银行为例，中央企业多元化经营的趋势有所加强。但以金融和房地产为主要方向的多元化经营，引发了公众的不满情绪，国务院国资委对非主业房地产投资进行了适时劝退。

尽管也有一些非上市民营企业和外资企业并购上市公司的典型案例，但并购重组市场最重要的主体仍然是上市公司，并购重组是上市公司的内生动力。上市公司可以作为地方国有非上市企业的"群体标杆"，因为上市公司一直是并购重组最活跃的企业群体。以上市公司群体为研究对象，近年来，我国并购重组市场呈现出交易规模明显增长、整合效益不断提升、行业整合逐步成为主流等趋势性特点，并购重组的法制环境不断优化，并购重组的动机和行为渐趋纯粹和理性。在利好的市场环境和法制背景下，境内上市公司已经进入战略并购重组的又一个黄金阶段。来自证券监管部门相关数据显示，仅2012年，中国证监会核准重大资产重组事项201单，涉及交易金额达

2267亿元。另据中国金融信息网相关报道显示，2008年至2014年中国企业出境并购交易趋于活跃，且有逐年增长趋势，累计完成858起出境并购，交易规模达1974亿美元。

三、地方国企并购重组需注意的问题

中央企业的并购重组是为中央企业的长期发展战略服务的，国务院国资委把中央企业的战略目标具体化为"培育30~50家具有国际竞争力的大公司"，这就是说，经济全球化促使我国必须培养出一批能与外国大型跨国公司对抗的"国家队"。作为地方国有企业，也要有前瞻的眼光、战略的胸襟和"走出去"的勇气和气魄。地方国有企也要通过并购重组走出去，首先必须注意以下几个问题。

一是规范监管问题。按理说，企业的并购重组是企业自身的战略选择，应该完全按市场规律和市场游戏规则办事。现实的情况是，国有企业由于"产权国有"，其并购重组的推动力未必来自企业自身。如果只是来自于上级部门的意图和压力，就会导致国企并购重组重视项目的主观决策和规模的盲目扩张，忽视实质的资产重组和实现管理链条和资源的有效整合。不仅要干成事，还要干好事。这就要求地方国有企业的并购重组严格遵守国资管理规制，保证国资审核程序的合法，同时，严格落实信息保密制度和信息公开制度，保证信息披露合法、及时、充分。

二是市场取向问题。地方国有企业的并购重组，从决策层面肯定离不开地方政府和国资监管机构的支持和指导，但是，在手段上尽可能市场化取向，按商业游戏规则运作。地方国有企业的并购，不能只是允许本地区企业间的并购，还要积极吸引区域外的企业参与同台竞技。即便是国资系统内的企业重组行为，也要尽可能让各个主体按商业规则进行"公允交易"。在市场经济体制下，并购重组是企业的自主行为，不能变成政府与企业的混合行为，从而带来权责不清、业绩不明。

三是价值评估问题。地方国有企业的并购重组一定要高度重视交易标的的价值评估问题，一定要注重交易价格的公允和合理，否则就会造成国有资产的流失。由于并购是一个市场化的行为，因此价值评估应当在净资产基础上进行价值重置，可以采用收益现值法、市值法等公允评估。如果是上市公司，应该将市值管理纳入"并购成效"考核的范围，既要增强企业的价值创造能力，又不能简单与个人利益挂钩，否则，就会导致管理层借机虚造业绩和抬高股价。无论是交易的价值评估，还是交易结果的价值评估，都应有科学合理的工具和方法保证其公允。

四是风险规避问题。地方国有企业如果不涉及海外收购和投资，就不会面临主权和保护主义的风险。但是，并购重组仍然会面临"拉郎配"、文化融合和劳资风险等。"拉郎配"就是国有企业的重组完全不是企业的自愿行为且缺乏科学的论证，类似于过去"拍脑袋"的资产和股权划拨，这样的重组往往是一厢情愿的结果，基本不会带来经济效益的提升。文化融合和劳资纠纷是很多企业，特别是不同所有制企业之间并购重组所很难回避的问题，应该引起足够重视。从风险规避的意义上说，并购重组还包括过程之后的整合问题，整合之后的有机融合才是并购重组成功的最终标志。

四、地方国企并购重组的路径和方法

（一）战略规划，在政策层面促进地方国有企业的并购重组

地方国有企业监管部门应当从战略的层面确立所监管企业的发展目标，从存量和增量两个方面，推动企业重组和并购。要推动企业通过资产重组实现实质意义上的管理链条和资源的有效整合。要充分利用好国有控股上市平台，将竞争性的优质资源注入上市公司。地方国有企业能整体上市的力争整体上市，不具备条件的，应重点发展上市公司，实现产业经营和资本运营的两性互动。地方国有资产监管部门应当推动国有企业按照企业战略发展规划，界定主业方向，明确进退作为。地方政府应当通过政策层面给予税收政策的支持，比如通过公司的合并，利用尚未用完的税盾，让原来的企业卸下包袱轻装前进。

（二）产权突破，优化产权结构，规范法人治理

国有企业经历了现代企业制度的建立和法人治理结构的建立，但是，由

于单一产权的先天不足，导致法人治理结构"有名无实"，存在所谓体制性弊端。国有企业应当通过并购重组手段下决心推动产权结构多元化。能够进入资本市场成为公众公司是最好的选择，如果不具备条件，也要通过引进战略投资者，实现产权制衡和有效治理。地方国有企业只有产权结构多元，才能在真正意义上实现决策、经营、监督相互制衡的科学治理。总结国企改革的经验教训，比较央企的发展成效，目前，地方国有企业的体制藩篱的关键点就在产权结构上，以引进战略投资者为核心内容的并购重组，才是地方国有企业体制突破的主要途径。

（三）存量优化，通过资产重组，发挥资源优化配置的效益

要完善和落实有利于开展资产剥离和兼并重组的政策，剥离非主业、非战略性资产。应加大低效无效资产的处置力度，清理不盈利、不分红和缺乏控制力的企业和项目。要紧紧围绕主业，加强系统内上下游产业链的整合，开展必要的产业链延伸。系统内部的企业资产重组要以"分类"为原则，注重资源匹配和产业协同。在国资系统内部，通过合法合规的手段让产业分类积聚，促进国有资本在系统内优化配置。资产重组要以战略规划为导向，以规模效益为原则，通过统一平台搭建，体现成本节约和管理效能。要严格控制集团企业和属下企业的数量，设置合理的管理层次和管理幅度。

（四）增量扩张，实施跨行业跨区域跨所有制的兼并重组

要给予民营企业在资本运营中共享平等的市场主体地位。地方国有企业应当抓住地方政府促进民营企业并购重组的政策机遇，积极参与民营企业中关联产业或者符合国企发展方向的战略性产业的并购重组。另一方面，应当在制度上消除壁垒，撤出"玻璃门"，对民营企业持有更开放的态度，积极吸纳优秀的品牌企业或是上市公司参与并购重组工作。2013年国务院《政府工作报告》再次强调"鼓励企业跨行业跨所有制兼并重组"，其中还重点强调鼓励国企和民企双向并购重组。把国企和民企放在公平竞争的商业环境中去，推进强强联合和优化整合，发挥市场配置资源的作用，对提高整个企业群体的活力和竞争力有重要意义。

（五）创新方法，突破资金瓶颈，采用更多的支付和融资方式

目前，我国现行的并购融资方式分为现金收购、证券（股票、债券）收购、银行信贷等，但这些融资支付方式局限性较大，无法满足重大并购的复杂情况和资金需求。除了传统的现金收购方式，应当积极推动股权和金融衍生品支付方式，具体可以尝试的支付和融资方式包括：换股收购、利用定向发行的权证和可转换债券、发展私募并购基金、利用公司债资金等，也可以尝试杠杆收购融资方式。当然，一些创新的方法可能更多适用于上市公司，对于非上市地方国有企业也应该积极寻求投行机构和会计师的帮助，探索适合而有效的支付和融资方式。

（原载2013年11月8日《南方日报》有删节，2014年第2期《中山社会科学》）

产权制衡和规范治理是混合所有制的核心

中山市从2013年下半年开始进行了新一轮市属国有企业资产优化重组，并在2014年初完成了人员整合。这个过程中落实了三件事：一是资源重组，产业结构和布局更为集中合理，推进基础设施和民生工程方面更为聚焦；二是组织结构调整和中层竞岗，组织效率进一步提高，导入了市场化竞争意识；三是企业功能定位和分类监督有了新的探索，制度建设和考核措施更加有力。这些改革举措，与党的十八届三中全会提出的改革方向和步调都是一致的，对国资国企下一步的改革发展具有十分重要的意义。

中山市国资国企的总体财务状况良好，负债率处于合理水平，整个产业结构也较为合理，主要分布在基础设施和公用事业领域，这几年对中山市的社会发展和民生领域起到很好的支撑作用。目前，中山市国资系统也在调研和谋划，按照三中全会的精神全面推进国资国企改革，重点是坚持市场化导向，推进混合所有制经济，提高国资证券化率，从管资产向管资本转变，在产业发展和项目投资方面寻求突破，增强发展后劲。

十八届三中全会提出，要完善产权保护制度，积极发展混合所有制经济，激发非公有制经济活力和创造力，也奠定了国企改革重要方向的调子，比产权主体多元化提出了更进一步的要求，更强调国有、集体和非公资本合作共赢、包容发展。

在混合所有制经济中，产权结构更加有优势、更有利于规范法人治理。在国资国企改革所提出的各种可能性方略中，混合所有制无疑是最重要的主题词，那么，混合所有制究竟是怎么个"混"法？

首先，要明晰国企的定位和方向，之后才是国企的分类改革和分类监管问题。国有企业的分类改革涉及国企运营模式和国资监管格局的变化，包括股权结构、治理结构和监管要求，等等。这需要对企业的发展目标进行清晰界定，比如公益性企业，以社会责任为追求目标，基本类似于经营性的事业单位；垄断性国企在追求利润增长的同时兼顾社会责任；竞争性国企以企业价值最大化为目标，做大做强和产生利税本身就是履行社会责任。

在明确国有企业的分类之后，就可以通过并购和资产重组进行系统内的国有资产优化整合，公益性、垄断性和竞争性各自归类。比如做民生工程，就集中精力，保质保量做好民生工程垄断性企业一方面要面向市场做好企业，另一方面要抓好治理、加强管理，对股东和社会负责，同时，拆掉玻璃门，适时引进其他所有制形式的企业；竞争性企业要面向市场，集中"优势兵力"参与竞争。按照有进有退的原则，按照有进有退的原则，竞争性的小企业完全放开，由市场化作为导向。

厘清了这个问题，回过头来再看看混合所有制语境下的国企改革。当前，地方国企改革进行得也有一定时间了，但还是有一些难题没有解决，比如国资"一股独有"和"一股独大"行政惯性比较大，改革成效不明显。这就是产权结构问题，拿上面的国企分类来说，公益性的企业可以国有独资，垄断性的国企应当国有控股，而竞争性的国企必须股权多元，这三种不同的股权构成直接决定了治理结构。

不同的股权结构，不同的决策机制，而只有股权多元制衡的结构，才能达到规范有效的法人治理，才能真正地消除体制弊端。所以从这个意义上来说，产权问题是混合所有制的核心问题，合理的产权结构才能形成产权制衡，产权制衡才有科学的法人治理。

只有"一股独有"和"一股独大"格局的彻底改变，合理的产权结构才能真正形成。国有所有者缺位和委托—代理关系理顺了，"体制问题"才能解决。体制问题解决了，机制的问题就迎刃而解。其实，民企也有"体制"的问题，比如家族式管理也与现代企业规范治理的市场化竞争优势格格不入。在竞争性领域的国企建立职业经理人制度基本具备条件。不过，如同分类改革，职业经理人的引进也不是适合于全部国企管理，必须实事求是。这里多说一句，围绕聘用职业经理人问题，结合很多企业的经验和教训，我个人认为，方向是对的，但不能草率，因为这个市场还不完善。即便是竞争性领域的国企，一些核心人才的引进也要很慎重，不能单纯地靠"拿来主义"，"空降兵"很容易"水土不服"，而要遵循"储备引进梯队培养竞争选拔"的规律，做好规划先行和渐进安排，企业尤其要注意存量人力资源的评估和使用，以达到包容共进的良性循环。

（原载2014年3月28日《南方日报》）

分类改革：地方国企的破茧突围之道

改革开放以来，国有企业坚持以改革为动力，用改革的办法解决发展难题。从扩大企业经营管理自主权到建立现代企业制度，从深化国有资产管理体制改革到推进国有企业股份制改造、走向资本市场，国有企业国企改革取得举世瞩目的成就。我国已经发展形成了一批具有国际竞争力的大公司、大企业，同时，也开放搞活了一批中小企业，国有经济的整体素质和竞争力大大增强，为国民经济持续、快速、健康发展做出了重要贡献。当前，国有企业仍然存在市场有效竞争不足、资源配置效率不高、垄断性改革进展缓慢等问题，特别是地方国有企业，普遍存在制造业产能过剩、融资平台债务负担严重、整体盈利能力下滑等突出问题。回顾国企走过的路，所取得的成就，靠的是改革，今后要实现持续发展，还是要靠改革。

一、反思地方国企所面临的困境

根据财政部日前公布的数据，2013年1至8月，国有企业累计实现利润总额15315.2亿元，同比增长9.7%。其中，中央企业11164.3亿元，同比增长16.6%；地方国有企业4150.9亿元，同比下降5.3%。另据统计，到8月份，地方国企利润负增长态势已经持续20多个月，目前没有任何破题止损的迹象。经过前几年投资拉动和扩张冲动的高歌猛进，地方国企的积弊沉渣泛起，确实到了全面梳理、深刻反思的时候了。

理性分析地方国企目前所面临的困境和存在的问题，一个重要的因素是由于大环境的影响。总体来看，地方国企主要分布在钢铁、煤炭、建材、有色金属、建筑施工等传统的基础产业，属于完全竞争领域，市场竞争态势明显。国内经济增速放缓，一些基础性的需求就会相应减少。由于宏观经济低位运行，市场对物流等交通运输的需求下降，导致交通行业利润下降。一些重化工产业，也受经济波动周期影响比较大，一旦经济下行，产能难以释放，从而导致价量齐跌。经济环境不景气确实是地方国有企业利润负增长的一个重要原因，然而绝非决定因素。影响地方国有企业利润下滑的主要因素包括：

一是产能过剩。钢铁、有色行业、煤炭行业、化工行业是传统的产能过剩行业，建材行业则与房地产市场紧密相连，受政策调控、市场预期等多方因素影响，形成产能过剩。光伏等产业的产能过剩，主要原因是由地方政府投资冲动、不顾市场规律、盲目大干快上造成。

二是成本高企。这里姑且不讨论原材料和人工成本的提升压力，因为这个因素其他类型的企业也存在。地方国有企业的成本高企，主要是债务成本的居高不下和越拖越重。基于投资冲动，各地通过疯狂举债来进行项目投资。特别是一些城市基础设施投资，资金投入量大且建设周期长，回报周期长且回报率低，大部分是通过融资平台进行贷款和发债等方式进行融资，一旦信贷紧缩，偿债和付息压力随之而来。从成本和收益的角度看，地方国企相较于央企在还贷方面存在较大压力，财务费用走高是导致其利润下降的重要因素。

三是结构畸形。地方国企结构性矛盾突出，要么是简单的基础设施加公用事业，要么是资源型企业占据较大的比重。前者主要的问题是市场化程度低，政府依赖，运营低效；后者主要是扎堆"顺周期"行业，受宏观经济形势冲击较大。还有一部分属于完全市场化的制造业或是低端服务业，也面临产能过剩和竞争力薄弱的问题。

四是体制藩篱。国务院国资委一直致力于央企管理提升，规范企业的内部治理机制。而地方国企更强调地方发展责任，内部风险防范体系不健全。由于产权结构的单一，地方国企内部治理约束没有得到及时改善。地方国企的授权委托和权力制衡机制问题一直没有有效解决，企业经营管理因人设事和因人废事，发展思路朝秦暮楚，管理手段粗放、随意、多变。

改革没有一劳永逸，改革只有起点、没有终点。国企改革已经进入深水区，地方国企更是到了攻坚阶段。坚是什么？如何攻坚？各地主要围绕破解利润负增长的难题开展各种尝试，减产能、谈合作、强管理、促转型，也有的地方寄希望于"顶层设计"。笔者认为，如果不能厘清国企的定位问题，不能厘清市场与政府的关系问题，就无法跳出国企改革现状的藩篱，就无法走出改革结果得而复失的怪圈。

二、为什么要分类和如何分类

分类改革并非一个全新的话题。作为中国历次机构改革的遗留产物，一部分承担行政职能的事业单位没有纳入公务员管理，造成一些公共机构出现利用所占有的公共资源乱收费、乱罚款的现象。事业单位改革正是基于这一现象，将事业单位按照社会功能划分为承担行政职能、从事生产经营活动和从事公益服务三个类别，达到政事分开、事企分开和管办分离的要求。

早在1998年，中国人民大学经济研究报告课题组著有《国有企业的分类改革战略》一文。文章提出，应该按照提供的产品性质及所处行业的差别，"大体上可把国有企业分为竞争性企业和非竞争性企业。非竞争性国有企业又可分为提供公共产品的单位和从事基础工业、基础设施的垄断性企业两大类"。文章认为，这样就可解决国有企业走向市场面临的难题。

2003年，国务院国资委成立后，关于建议国企分类改革的声音一直不断。2011年12月10日，国务院国资委原副主任邵宁在"2011中国企业领袖年会"上首度提出"具有公益性质的国有企业"概念，认为国有经济结构调整将使国企向公益性质的国有企业和竞争领域的国有大企业两个方向集中，国资委将根据这两类企业的不同特点实施差别性的监管和引导措施。作为官方关于国企分类改革最清晰的表述，这一言论引发广泛的关注，被视为国企"十二五"改革的核心议题之一。

在2013年2月27日召开的广东省国有资产监督管理工作会议上，原广东省国资委主任温国辉表示，广东将从功能定位的角度把国有企业分为竞争性和准公共性两大类来发展与监管，并明确企业发展方向和重点。不仅是广东省的先行先试，上海等地也紧跟其后，就企业分类改革和分类监管开展了各自的探索。

如果从战略定位的高度在分类上达成共识，那么如何分类才是最优选择？笔者认为，地方国企分类的基本依据应该是产业性质、产品性质和所处行业的差别，简单的公益性和竞争性的划分是不准确的，公益性应该相对盈利性，竞争性相对非竞争性。从国有企业产品特性和功能使命的角度，可以大致分为三类：

第一类是公益性国企。主要是提供公共产品（包括纯公共产品和准公共产品，纯公共产品如公安、路灯、公园等；准公共产品如公办学校、医院、邮政等）的企业，其发展方向是国有国营模式。第二类是垄断性国企。包括基础工业类国企，如能源、资源等；基础设施类国企，如交通、运输机场、港口、通讯等，水、电、汽等公用事业类也可归为此类，其发展方向是国有控股模式。第三类是竞争性国企。主要是从原材料到产成品完全面向市场的企业，其发展方向是完全市场化运营模式。其中竞争性大国企的发展方向是股份制改造，条件成熟的走向资本市场。竞争性小企业则应完全市场取向，完全由市场游戏规则决定进退去留。

三、地方国企分类改革的思路和措施

党的十八大报告明确提出，要毫不动摇地巩固和发展公有制经济，推行公有制多种实现形式，深化国有企业改革，完善各类国有管理体制，推动国有资本更多投向关系国家安全和国民经济命脉的重要行业和关键领域，不断增强国有经济的活力、控制力和影响力。深化地方国有企业改革，需要认真从以往国有企业发展的历程中汲取经验和教训，这其中，最重要的两条经验，一条是解放思想、勇于探索、敢于突破。另一条则是坚持市场化的取向。

（一）明确定位、坚定方向

国有企业的分类改革不是局部的小修小补，而是涉及国企运营模式和国资监管格局的变化。这种变化至少包括股权结构、治理结构和监管要求的变化，而最重要的变化是企业定位和目标清晰界定。从总体上将地方国有企业划分为公益性、垄断性和竞争性三类，就是清晰界定这三类不同类型的国企的定位不同和追求目标不同。公益性企业以社会责任为追求目标，基本类似于经营性的事业单位。垄断性国企在追求利润增长的同时兼顾社会责任，竞争性国企以企业价值最大化为目标，做大做强和产生利税本身就是履行社会责任。明确了不同类型企业的定位，就可以通过总体战略安排明确企业的发展方向和着力点。这样，竞争性的大企业完全可以通过走市场化的道路做大做强。

（二）资源优化、进退有为

从地方政府的角度，明确了国有企业的分类，就可以通过并购和资产重组进行系统内的国有资产优化整合，公益性、垄断性和竞争性各自归类。该做民生工程的，集中精力，保质保量做好民生工程；垄断性企业一方面要面向市场做好企业，另一方面要抓好治理、加强管理，对股东和社会负责，同时，拆掉玻璃门，适时引进其他所有制形式的企业；竞争性企业要面向市场，集中"优势兵力"参与竞争。竞争性企业要完全"放下包袱"，争取在市场上有所作为。按照有进有退的原则，竞争性的小企业完全放开，生死进退完全由市场决定；竞争性大企业进行股份制改造，有条件的一定要走向资本市场；竞争性的地方大企业要有雄心壮志，走出家门，走出国门。

（三）股权改革、规范治理

地方国企改革这么多年了，该转的转了，该卖的卖了，为什么还是被人质疑为"政企不分"呢？原因可能很多，但最为关键的一条是，股权结构问题没有解决，国资"一股独有"和"一股独大"行政惯性比较大，这就是带来所谓的体制问题，体制问题又决定机制问题。从股权结构上来说，公益性的企业完全可以国有独资，垄断性的国企应当国有控股，而竞争性的国企必须股权多元。不同的股权结构，不同的决策机制。而且，这三种不同的股权构成直接决定了治理结构。只有股权多元制衡的结构，才能真正地消除体制弊端，科学决策、高效运营，也才能真正倾听市场的声音，真正按市场规律运作。

（四）分类监管、考核到位

分类改革有利于分类监管。国资监管的难点之一是经营业绩考核问题，国务院国资委制定了评价标准值，各级监管部门进行了很多尝试，但仍然有"眉毛胡子一把抓"之感。一企一策似乎更有针对性，但问题是缺少参照指标，容易产生随意性。将地方国企分类考核，公益性企业的侧重考核工作任务，配套预算控制，考核的关键是工作的量和质。垄断性企业的考核要以效益为核心，同时兼顾到社会效益，社会效益的一笔账要测算清楚，同时要考虑国有资产的机会成本。竞争性企业就完全以经营成果为考核指标，考核"对标对象"完全是市场化的企业。如此目标清晰、责权明晰，这三类企业考核结果的运用可以差别很大，考核指挥棒发挥作用，监管的难度反而降低。

（五）人企适配、才尽其能

分类改革有利于界定目标和方向、有利于分类监管，更利于人尽其才，打造人才团队。根据企业分类改革的要求，将国企的管理干部相应做一区分，哪些具有行政管理的禀赋，哪些具有项目管理的特长，哪些具有面向市场的潜质。不同类型的企业有不同的管理者素质模型的要求，也面临不同的压力。不同的工作要求、工作压力，不同的考核指标，相应会有不同的薪酬回报。分类改革可以解决多年以来难以解决的问题，即如何为企业面向市场竞争打造经理团队。有了分类改革和清晰定位，运用与企业性质匹配的用人机制和激励机制，就能让不同类型的管理人才找到自己的坐标，从而发挥自己的优势，与企业共同成长。

（六）战略重构、配套改革

分类改革的必要性和重要意义已不言而喻，但是对于地方政府和国有监管机构而言，毕竟这是一项系统和全面的改革，涉及利益格局的调整，必须要有"攻坚"的勇气和智慧。更重要的是，改革只是手段，目的是帮助地方国企扭转颓势、消除积弊、促进发展。因此，从长远的角度，要对地方国有经济和国有企业的发展战略进行重新审视、检讨和修订。对于混合型的企业，要从改革成本和税盾使用等因素考虑，坚持理顺的决心，注重平稳过渡的方法和步骤。在分类改革的过程中，人才区分也是个难点，要用科学测评的手段，建立人才队伍优化整合和发展提升的机制。在激励机制的区分方面，要坚持改革的"帕累托改进"，逐步调整，逐步达到有利于企业职业经理人团队建立的外部竞争性。总之，地方国企改革要在系统设计的前提下，战略筹划、步骤推进、配套改革、突破藩篱，实现长远和跨越式发展。

（原载2013年10月25日《南方日报》，2013年第3期《香山论坛》，新浪、网易等十余家网站转载）

国有企业要善于借助资本市场的力量

国有企业是国民经济的支柱，国有企业改革是经济体制改革的中心环节。以股份制改造和建立现代企业制度作为国有企业改革的方向，推进产权多元化和资产证券化，国有资本获得了市场经济条件下现代企业所具有的先进组织形式和经营管理模式。国有企业借助资本市场力量创下了很多成功实施资本运营的范例，这是国有企业改革和资本市场良性互动发展的最好阐释。国有企业与资本市场的良性互动发展，对国有企业的改革与发展，对证券市场的稳定繁荣具有非常重要的意义。

一、国有企业的改革和发展，离不开资本市场的引导

回顾国有企业和资本市场的历史沿革，资本市场的建立和完善，对于推动国有企业的改革和发展功不可没。资本市场帮助国有企业筹集了大量资金，优化了资本结构，加快了国有企业的开拓步伐；"市场倒逼机制"促进了国有企业的股份制改革，改善了国有控股上市公司的治理机构，使国有企业在一定程度上突破了"体制藩篱"；资本市场的资源优化配置功能推动了国有企业的资产重组，优化了国有企业的产业结构和布局。应该说，国有企业能够"卸下包袱"，成功"走出去"，离不开资本市场的外力推动。

二、资本市场的稳定和繁荣，离不开国有资本的支撑

相关数据显示，截至2012年底，国内A股上市公司2461家，国有控股上市公司共993家，占中国A股上市公司数量的38.5%；市值合计13.71万亿元人民币，占A股上市公司总市值的51.4%。国有控股上市公司尽管在量上不占大多

数，但是在主营业务收入和利润上占有相当比重，其运营绩效和财务绩效也要远远好于上市公司的平均水平。从长远看，中国国有控股上市公司的发展潜力，特别是大盘蓝筹股的持续稳定增长，对我国资本市场长期稳定发展至关重要。可以认为，要搞好中国的资本市场就必须要搞好国有控股上市公司。

三、保持国有经济的稳定发展，
必须努力实现国有企业与资本市场的良性互动

从总体上说，国有企业中的相当部分仍然分布在传统产业，产业集中度较低，资源配置效率不搞，核心竞争力不强，重复建设、资源浪费等问题还没有很好解决。与国际先进企业相比，国企研发投入强度还比较低，跨国经营指数也远低于国际水平，一些境外企业经营风险意识不强，重大经营风险和资产损失时有发生。国有企业行政化管理色彩依然存在，缺乏与市场化、国际化经营相适应的高素质人才队伍，市场化选人、用人和激励约束机制还没有形成。

国务院国资委推进符合条件的央企整体改制上市、支持具备条件的企业把主业优质资产逐步注入上市公司，成效显著。广东省国资委在已经拥有20家上市公司的基础上，计划到2015年末再新增20家上市公司，达到80%以上的企业集团至少拥有1家上市公司，资产证券化率突破60%。国家与省已经有了成功的示范和明确的指引，国有企业要善于借助资本市场的力量推动改革和发展。面对结构调整和转型升级的外部压力和发展迟滞、难以作为，甚至债台高筑、步履维艰的自身现状，是认真总结反思的时候了。如何补补战略管理和产业发展的课，借助资本运营的手段，推进国有企业分类改革和资产重组，不断提高证券化水平，实现国有资本的保值增值，是国资监管和国资决策经营者不容回避和非常迫切的现实课题。

（原载2013年7月22日《中山日报》）

国有企业法人治理结构探析

法人治理结构是公司制企业分权制衡的组织制度和运行机制，是企业体制和机制的有机统一。法人治理结构的建立，是企业形成有序管理制度体系的前提条件，对企业决策运筹、资源组织配置、成本及效率等有决定性影响，对企业实现有序及规范管理，保障资本稳定增值和核心竞争力的提升意义重大。对国有企业而言，建立完善的法人治理结构，不仅关系着国有企业改革的成败和是否具有可持续发展的核心竞争力，而且对国民经济的持续稳定发展有极为重要的影响。本文围绕国有企业法人治理结构问题进行分析，以期对国有企业的改革与发展有所裨益。

20世纪90年代初中国开始关注法人治理结构问题，在1999年党的十五届四中全会上。公司法人治理结构的概念正式写入党的重要文件。党的十六届三中全会对完善公司法人治理结构提出了明确的要求，为深化国有企业改革指明了方向。公司法人治理结构问题也成为一个重要研究课题。

李维安1997年在日本出版的《转型经济中的公司治理》，完成从"公司治理问题"到"公司治理学"的转变。提出中国企业"经济型治理"新模式，认为国有企业应由"行政型"向"经济型"治理的转型。针对我国在国有企业渐进式改革过程中资本结构和企业治理结构存在的若干问题，提出构建我国公司经济型治理模式的若干设想。《公司治理》等多部专著和《中国公司治理原则(草案)》引起广泛关注。

近年来，大量的研究观点体现在如何结合法人治理结构，探索国有企业新一轮改革和新体制下的国有资产监督管理。普遍认为，法人治理结构是公司制的核心。国有企业完善法人治理结构可以提升经营绩效，规范公司行为，强化公司融资功能，实现改革突破。目前，我国国有企业法人治理结构存在着代理成本过高、委托代理链冗长、董事会与经理人责任混淆，政府行为干预法人治理等缺陷，必须借鉴和吸收西方发达国家的一些成功经验，坚持从实际出发，建立符合我国国情和国有企业特点的、行之有效的法人治理结构。

如何规范和完善国有企业法人治理结构，大多数研究者的观点主要是围绕在几个方面：一是要增加不同利益主体，实现股权多元化；二是要建立公司治理结构中的信任托管—委托代理关系；三是要形成决策、执行和监督的制衡关系；四是要有效建立经营者激励和约束机制；五是培育和发展企业家市场，造就高素质的经营管理者队伍。对于党组织与法人治理结构的关系、"老三会"与"新三会"关系也多有论述。企业要"把发挥党的政治优势同完善法人治理结构相结合，同运用市场机制相结合"，在企业中发挥党组织的政治核心作用。国有独资公司是公司制中的特殊形式，建立健全国有独资公司的法人治理结构的关键是产权结构问题，多元化产权结构是现代产权制度的方向，产权制度是公司治理结构的制度前提，国有企业建立公司治理结构必须走产权多元化的道路。

一、我国国有企业法人治理结构模式

现代企业中的所有权和经营权的分离产生了委托—代理关系，而这种代理关系需要一种相互制衡的机制才能保证企业的良好发展。法人治理结构正是为了降低代理成本，协调所有者和经营者之间关系以及处理企业内各种契约关系的一种架构和制度安排，是西方发达国家多年企业管理理论和实践的成果。

不同的治理结构源于不同的历史、法律等方面原因，并与各国的宏观环境相适应，很难简单地区分孰优孰劣，但在降低委托代理成本、保持相关利益主体的利益均衡、促使企业尽可能提高运行效率等方面都发挥了重要作用。随着经济全球化进程的加速和两种模式本身的互动，二者也开始不断融合，提高有效性成为共同的目标。他山之石，可以攻玉。我国现行的法人治理结构兼容了英美和德日模式，体现了"中国特色"。

1993年11月，国家确立了建立现代企业制度的改革目标，并在同年颁布了我国第一部《公司法》。许多国有企业根据《公司法》的规定建立了董事会、监事会等机构。股东大会、董事会和监事会对经营班子进行控制和监督；董事会受股东会的委托，代表股东的利益，决定经理人员的聘任和罢免；经营班子独立行使企业经营权；监事会可以监督经理和董事的行为，以保证股东的利益。

2001年8月中国证监会发布《关于在上市公司建立独立董事制度的指导意见》，上市公司董事会中的独立董事还担负对内部董事的制衡监督职能，类似于英美模式的外部董事制度；监事会是公司的监督机关，形成了对董事会的外部监督，类似于德日模式的"双层监督制"。

我国法人治理结构模式存在的问题正如美国标准普尔公司在一项调查中指出的，亚洲国家的企业在公司法人治理结构上如果不做根本性的改革，任何管理技能的提升与科技实力的发展，都不足以让亚洲企业在国际舞台上立足。我国国有企业现在面临的是如何从企业制度改革向市场制度改革切入，从体制上消除束缚生产力发展的障碍。目前国有企业存在包括产权多元化进展缓慢、国有资产监管体制不够完善、对经营者缺乏激励机制、内部监督不到位（"内部人控制"）、党组织与法人治理结构的关系不明等问题，突出问题是委托代理的安排低效、缺乏活力。法人治理结构是"搭了架子"不见效率。主要问题如下。

（一）股权结构不合理问题

我国国有企业股权结构不合理是普遍的。主要表现为国有股所占股权比重过大，股权过度集中。这种"一股独大"的股权结构，不仅与现代企业投资主体多元化的要求相背离，而且使产权多元化的股东制衡机制被极大地削弱。股权结构的不合理，缺乏多元股权制衡机制，导致企业缺乏竞争力和活力。股权集中和国有独资企业股权一元化的结果强化了原有的政企不分，使政府凭借股东身份指派的董事会成为一个特权机构，使法人治理结构扭曲、畸形。

（二）国有资产监管问题

新的国有资产监督管理体制的建立，由统一的国有资产监管部门(国资委)

代表政府行使出资人权利，国有资产的监督管理由"五龙治水"到"统一监管"。由于原有体制和惯性的影响，对国有资本出资人的地位以及如何进行监管存在认识上的偏差，国有企业所有权缺位问题似乎有了解决，如果定位不准，则易产生"婆婆加老板"，缺位、越位、错位等现象会在一定程度上滋生。同时，国有产权代表与企业经营者权责划分不够明确，对国有授权经营的企业业绩评价考核体系不够完善，科学的市场化的激励机制难以有效建立。

（三）董事会职责不清问题

尽管股权分置改革对上市公司非流通股进行了稀释，但股权比例仍占有绝对优势。有政府背景的董事在国有企业董事会中占绝对优势。由于股东派出董事常为兼职人员，往往不能全心投入工作，又常常缺乏企业一线长期打拼的实践，对企业的情况缺乏了解，对经济业务一知半解，因此，常被称为"不懂事"，不能科学决策，致使董事会会议流于形式，形同虚设。另一方面。由于国有企业存在出资人缺位或越位现象，权力与责任的分布不对称，造成董事会没有或难以真正负责地使用权力，难以发挥直接的领导和决策作用。许多企业不能正确理解"政治核心地位"的内涵，党组织负责人直接参与企业决策和经营，造成决策权高度重合，造成决策、经营和制衡体系的混乱。

（四）监事会功能弱化问题

根据分权制衡原则，监事会与董事会应该并列属于股东会之下，二者是监督与被监督的关系。监事会是用以监督董事会、经理层履行对公司诚实和勤勉义务的专门部门。然而，在许多国有企业中，监事会多数不能监督董事会，如果董事长、总经理一肩挑，连经理班子都难监督。组织不健全，功能不到位，没有独立职能部门，搞一团和气，不履行相应职责的现象较为普遍。监事会成员对企业决策和目标不了解，监事会成员素质较弱，"不监事""难监事""不知如何监事"，主体错位，工作处于被动地位，这种弱势使得整个治理结构权力失衡。

（五）管理层职能错位问题

由于国有企业产权的特殊性，政府拥有经营者任免权，控制企业的重大决策、监督经营者的行为。尤其是国有独资企业，董事会、监事会成员大都由企业管理人员担任，为了减少内耗，董事长又大多兼任总经理。"屁股指挥脑袋"一旦成为潜规则，"内部人控制"便不可避免。一旦形成了"内部人控制"，不仅会提高代理成本，侵害委托人利益的代理人行为也将不可避免。问题的另一个极端是，董事长、总经理分设，"专职"董事长拥有广泛的权力，总经理权力弱化，难以独立行使经营权。

（六）用人和激励机制问题

由于旧的体制的原因。国有企业的经理层大部分不是通过市场竞争筛选和培养出来的，而是上级主管任命产生的。企业需要的是具有在复杂市场竞争条件下长于判断、勇于开拓、敢于创新的职业经理和企业家。依靠上级组织挑选、提拔很难筛选出具备企业经营管理能人条件的高级管理人才。同样由于体制的原因，对经理人员的激励监督没有"市场化"，缺乏良好的激励机制、激励工具单一、激励幅度平均、经营者的业绩和个人的经济利益不匹配。在企业内部养了懒人、庸人，容不了能人，一般很难外聘到优秀的经理人。

完善国企法人治理结构的对策和措施完善的法人治理结构，其基本条件就是国有资产的所有者和经营者要真正形成"委托—代理"关系，建立科学、合理的"分权—制衡"机制。完善法人治理结构，不仅要在模式上合理选择和安排，还要在机制上规范有效。基于上述分析，完善国有企业法人结构可以采取以下措施。

二、完善国有企业法人治理结构的措施

（一）有效借鉴"共同治理"模式

当前，国有资产变现、开放投资限制和股权分置改革等措施推动了国有企业向股权多元化方向发展。产权多元化、不同投资主体的相互制衡机制为规范构建法人治理结构创造了条件。不同利益相关者的要求和国有企业强调职工的利益为借鉴"共同治理"模式提供了逻辑前提。

采用"共同治理"模式，就是以企业价值最大化为目标，建立这样的法人治理结构：所有者通过法定形式进入企业行使职能，通过在企业内的权力机构、决策机构、监督机构和执行机构，保障所有者对企业的最终控制权，

形成所有者、经营者和劳动者之间的激励和制衡机制，并通过建立科学的领导体制、决策程序和责任制度，使相互的权利得到保障，行为受到约束。

（二）切实理顺国有资产监管关系

随着党政机关与直属企业的脱钩和各级国有资产监管部门的建立，政府与企业的关系已得到一定的调整，国有资产监督管理体制已基本建立。为了进一步提升企业的活力、竞争力和抗风险力，还需要进一步按市场经济体制的要求，在国有资本出资人与企业法人之间做出更为明确的职权界定和制度安排，界定"管人、管事、管资产"的内涵，树立服务意识，敢于负责，清晰定位，让企业拥有独立的法人财产权，真正成自主经营、自负盈亏、自我发展的法人实体和市场主体。

国有资产授权经营的集团企业，要使其母公司对授权范围内的资产依法行使资产收益、重大决策和选择管理者等权利，并承担国有资产保值增值的责任。国有资产监管机构要赋予母公司更多的权力，建立"防护墙"，保护子公司、孙公司按规范的公司制要求进行改造，积极推进股权多元化。

（三）清晰界定党群组织和法人治理结构的关系

股东会、董事会和监事会（"新三会"）是公司制企业的权力机构、决策机构和监督机构，区别于传统的党委会、职代会、工会（"老三会"）。党组织在企业发挥"政治核心"作用，可以通过以下方面来体现：一是教育和监督党员高管人员依法、依规办事，保证党和国家的方针政策在企业贯彻和执行。二是党组织负责人按法定程序进入董事会、监事会，参与企业的重大决策。三是将党管人才和企业根据市场化原则依法选人用人相结合，对董事会、经理层的依法用人参与考察和提出评价意见。四是带动群众团体建设推动职工参与民主管理。五是推动企业精神文明建设和建立现代企业文化。

职工参与民主管理应渗透到公司法人治理结构的各个层次中去，和公司法人治理结构融为一体，企业重大事项特别是事关员工切实利益问题应事先听取职代会的意见。通过职代会选举职工董、监事，参与董事会和监事会，可以体现新形势下企业民主管理的要求。要特别注重发挥董事会的统一的决策权，即在企业只能有董事会一个决策中心。

（四）充分确立"委托－代理"和"分权－制衡"关系

股东会与董事会确立信任委托关系。董事会一经产生，便与股东会形成信任委托关系。董事会行使法律赋予而非股东授予的法人财产权。在国有企业中，国有独资企业(包括国有授权经营的集团企业的母公司)还较普通，国有独资企业不设股东会、由国有资产监管部门行使股东会职权，并授权公司董事会行使股东会部分职权，尤其要处理好信任委托关系。

董事会与经理层建立委托代理关系。董事会实行集体决策、个人负责，建立追究董事责任的董事会议事规则。界定决策层和执行层的权力职责，避免角色冲突。董事长是法人代表，原则上不宜兼任总经理。董事长一般兼任党组织负责人，也可以兼任党组织副职领导，正职由总经理兼任。一方面解决决策权不分的问题，另一方面可解决难以协调党管人才问题。

监事会对决策层和执行层的监督。企业监事会问题，直接影响着法人治理结构的监督和制衡。要切实发挥监事会的作用，应明确监事会是对股东会负责，因为监事会是由股东代表和适当比例的公司职工代表组成。应结合国有企业的特点，将党组织的纪律检查的职能与监事会的部分职能合并，让党组织成员、职代会选出的职工代表按法定程序进入监事会。监事会的工作内容主要是决策监督，营运监督和财务监督，因此，监事会的组成人员应有较高的政策水平和业务水平，要建立完善的工作机制有效地开展工作。

（五）推行经理人市场化选聘制度

目前，我国国有企业的绝大多数经营班子成员(特别是总经理)仍由政府主管部门任命和推荐，这种体制事实上阻碍了经营者市场的形成。一方面，缺少市场竞争力的薪酬激励机制难以吸引优秀的职业经理和培育真正的企业家。另一方面也使不称职的经理人员更易于在这种"不求有功"的环境中牟取生存空间和继续走"为官之道"。

为此，必须全面推行经理人选聘制度，将上级部门实质上的委任制改为董事会对经理人员的选聘制，发挥市场对经理人员的配置作用，使经营者从干部阶层中彻底分离，成为名副其实的"社会人"。要相应建立完善的制度，保证经理层对企业经营权的控制，实现责、权、利的统一。要建立科学的激励约束机制，使经理人员的报酬真正与经营业绩挂钩，实现企业和经理自身人力资本的价值双赢，这是目前国有企业亟待解决的重点问题和难点问题。

（六）建立对法人治理结构的评价机制

国际经济合作与发展组织制定的《公司治理原则》指出，比较好的治理结构所具备的基本要素是问责原则、公平性原则和透明性原则。上述三项原则是法人治理结构的核心原则，也是评价法人治理绩效的重要标准。

国有资产监管部门和企业自身，在推行企业建立现代企业制度和法人治理结构的时候，也要导入对法人治理结构的评价机制。法人治理结构的评价机制的构建，应包括治理结构、治理机制等内容。最终是考察治理绩效。由于竞争环境、法制环境的不同和企业本身的千差万别，在对法人治理结构的评价机制的具体设计上，要规范与个性的统一，坚持"制"与"度"的结合。注重纵向约束与横向制衡的有机结合，使股东利益相关者及企业本身在利益协调中走向共赢。国有企业只有在法人治理绩效上有所作为，才能更好地增强企业活力。提高经济效益，为提升企业的国际竞争力创造良好的体制基础。

（原载2006年第31期《公用》[①]、2006年第6期《集团经济研究》、2006年7月12日《首都建设报》，本文获2006—2007年度中山市哲学社会科学优秀成果二等奖）

---

①注：《公用》为中山公用事业集团股份有限公司内部刊物，2007年5月改名为《中山公用》。

2

第二辑

旁拓

中国经济已经是高度融合的经济形态，总是纠结"国民进退"和撕裂国企和民企的关系都是片面和有害的，发展混合所有制经济意味着新一轮产权整合重组，这样的基于市场配置资源的重组整合就是一个国民融合、国民共进的过程。充分把握这样"力度前所未有"的改革机遇，对于公有经济和非公经济相互融合、相生相长、合作共赢意义重大。

产业转型升级是个复杂的系统工程，是市场推动力、产业集聚力和企业内驱力共同作用的结果。在产业转型升级过程中，企业是主体，是生力军，是原动力和内驱力的来源，是"转化现实生产力"的基地，更是"创新驱动力"的载体，企业的作用能否有效发挥，是转型升级能否取得成效最为关键的因素。

以高质量发展为目标建设现代化经济体系

　　建设现代化经济体系是开启全面建设社会主义现代化新征程的重大任务，是紧扣我国社会主要矛盾转化推进经济建设的客观要求，也是适应我国经济已由高速阶段转向高质量发展阶段的必然要求。没有高质量发展，就难以推动经济建设再上新台阶；没有高质量发展，就不能在激烈的国际竞争中赢得主动。实现高质量发展，就必须建设现代化经济体系。同样，建设现代化经济体系，首要的内涵是要实现高质量发展。

　　地处改革开放的窗口、试验区和先行地，中山一直以发达的制造业和产业集群专业镇闻名遐迩。但同时，原有的发展优势已经"难以为继"，人才、金融服务等"五大短板"已成城市持续健康发展的掣肘。如何实现在建设现代化经济体系上走在全国前列，作为粤港澳大湾区重要节点城市，中山应以高质量发展为目标，明确目标主要任务，认真做好建设现代化经济体系这篇大文章，具体措施是重点抓好"五个着力"。

　　一是着力发展实体经济。实体经济是一国经济的立身之本，是财富创造的根本源泉，是国家强盛的重要支柱，是筑牢现代化经济体系的坚实基础，其战略性根本性和长远性意义不言而喻。近年来，中山市集中优质资源发展工业机器人、高档数控机床、智能光电加工装备等高端装备制造业，在先进装备、人工智能、健康医药、新材料、检验检测等战略性新兴产业方面，集中引进了一批龙头项目。政府出台"实体经济十条"，降低制造业企业各项成本费用、支持培育制造业新兴支柱产业、支持企业开展技术改造，先进制造业增加值明显提高，高端装备制造、医疗健康等战略性新兴产业已经成为中山市实体经济体系的新支柱。下一步，要加大金融服务实体经济的力度，进一步要推动资源要素向实体经济集聚，出台更给力的政策措施向实体经济倾斜，集中工作力量向实体经济加强，切实构筑厚植高质量发展的实业基础。

二是着力深化供给侧改革。深化供给侧结构性改革是推动我国经济发展质量变革、效率变革、动力变革的必然选择。近年来，中山市以供给侧结构性改革为主线，118项重点领域和关键环节改革任务落地，狠抓"三去一降一补"， 105户国有"僵尸企业"全部出清，切实淘汰行业落后产能，金融机构杠杆率控制在合理水平。对标国内发达地区的标杆城市，要继续必须把提高供给体系质量作为主攻方向。一方面，要坚决遏制落后产能增量，勇于淘汰落后产能存量。另一方面，要积极推动产业优化升级，促进传统产业迈向价值链高端，推动大数据、人工智能与实体经济深度融合。更加重视增量发展，将战略性新兴产业作为重中之重，培育壮大人工智能产业，在中高端消费、绿色低碳、共享经济、供应链、人力资本服务等领域，培育更多新的增长点。

三是着力建设创新型城市。创新是引领发展的第一推动力。科技创新是国家竞争力的核心，是全面创新的主要引领。近年来，中山市创新驱动政策体系不断完善，现已形成了惠及企事业单位、平台和个人，覆盖企业发展全生命周期创新需求的科技扶持政策体系。市科技专项资金成倍增长，高新技术企业认定数量连年翻番，研发经费支出占生产总值比重跃居全省前列。创新发展离不开智力支持和人才支撑。近年来，中山市通过实施"英才计划""优才工程"，举办"中山市人才节"，创建省人才发展改革试验区，出台"人才新政18条"等措施，高端人才平台和团队建设取得了显著成绩。但是，面对区域竞争和城市竞争的压力也越来越大。要在创新引领方面"走在前列"，中山必须加快建设创新型城市，重点瞄准科技前沿，搭建卓越平台，延揽顶尖人才，培养和造就一大批高水平创新团队。同时，以市场为导向，加强对中小企业的创新支持，培育更多具有自主知识产权和核心竞争力的创新型企业。

四是着力推动平衡发展和乡村振兴。促进镇区协调平衡发展，实施乡村振兴战略，是建设现代化经济体系的必要条件和重要基础。近年来，中山实施组团式发展战略，"一中心、四组团"发展模式有序展开，规划建设九大产业平台，基础设施建设协同推进，资源统筹能力不断增强。但是，中山市域范围内的不平衡不充分问题仍然比较明显，镇区发展不平衡、城乡发展不平衡和教育、医疗有效供给不充分的问题还比较突出。必须进一步做实组团式发展，在"统筹"的同时构建均衡发展的城镇格局。同时，以建设"特色小镇"为载体，促进三类产业融合和产城人融合，建设富庶宜居秀美乡村。

五是着力推进改革开放。改革开放是建设社会主义现代化经济体系的动力和活力之源，也是必要条件。近年来，中山市加大简政放权力度，取消、下放、减少审批环节，推出了一大批惠企措施。深化商事制度等领域改革，"互联网+政务"和社会诚信体系建设都取得了成效。落实国家"一带一路"战略，对外贸易增幅明显，对外开放取得了重要进展和突破。面向粤港澳大湾区建设和深中通道、深茂铁路和港珠澳建设开通的重大历史机遇，中山应以更高远的视野和更开放的眼光，进一步深化改革，加快完善社会主义市场经济体制，推动形成全面开放新格局。要按照"两个毫不动摇"，加快国资国企改革，大力支持民营企业发展。进一步深化商事制度改革，完善市场监管机制，释放市场主体活力。以有效市场为目标，发挥有为政府作用。以"一带一路"建设为契机，坚持引进来和走出去并重，推展对外贸易，创新对外投资方式，让中山真正融入大湾区、联动联通海内外。

（原载2018年3月19日《南方日报》）

国民共进助力区域经济"地方队"百舸争流

公有制为主体、多种所有制经济共同发展的基本经济制度，是中国特色社会主义制度的重要支柱，也是社会主义市场经济体制的根基。《中共中央关于全面深化改革若干重大问题的决定》（以下简称：《决定》）进一步强调了"两个毫不动摇"，即毫不动摇地巩固和发展公有制经济，毫不动摇地鼓励、支持、引导非公有制经济发展。简单地争论"国进民退"和"国退民进"都是毫无意义的，公有制经济和非公有制经济都是重要组成部分，市场将在资源配置中起决定性作用，《决定》在深化国有企业和国有经济改革方面掀起第二波浪潮。

一、完善产权，积极发展混合所有制经济

产权是所有制的核心，也是国有改革的前提和基础。通常所说的体制问题，既是政府与市场的关系问题，也是产权界定和产权结构问题。《决定》提出"完善产权""发展混合所有制经济"抓住了国企改革的根本。对企业而言，没有多元的产权结构，就没有规范的法人治理，就没有企业基业长青的制度安排。要彻底消除国有体制弊端，就要推行产权多元化改革，而发展混合所有制经济恰恰契合了产权多元化改革的要求。资本具有控制和放大效应，国有资本、集体资本、非公资本等交叉持股，相互融合，有利于实现资本的放大功能，也有利于建立规范的法人治理，形成合作共赢、健康长远发展的企业运营机制。

二、市场导向，完善国有企业现代企业制度

回顾国有企业的历史沿革，可谓成绩显著、争议不少。其中最根本的问

题，还是功能定位不清和发展方向不明。国有企业始终在政府主导和市场运作、经济效益和社会责任和"不放心"和"无责任心"等问题上纠缠，导致国有企业的很多成果得而复失。根据《决定》的精神，国有企业的突破口是界定不同企业的功能，实施分类改革。公益性企业要加大投入，在提供公共服务方面做出更大贡献；自然垄断行业要破除行政垄断，放开竞争性业务，推进公共资源配置的市场化；竞争性的企业要以市场为导向，完全参与市场竞争。国有资本的投资运营不能"随大流"和追逐"政绩工程"，应"更多投向关系国家安全、国民经济命脉的重要行业和关键领域，重点提供公共服务、发展重要前瞻性产业、保护生态环境、支持科技进步、保障国家安全"。国有企业要以规范经营决策、资产保值增值、公平参与竞争、提高企业效率、增强企业活力、承担社会责任为重点，健全协调运转、有效制衡的法人治理结构，构建与市场接轨的激励机制、约束机制和经理人选人机制，提升企业的活力、发展力和竞争力。

三、破除壁垒，支持和推动非公有制经济发展

经济发展的规律证明，非公经济的活跃程度往往体现为经济发展的景气指数，非公经济活跃的地区也往往是最具活力和创造力的地区。近年来，国有企业取得令人瞩目的成绩，其根本原因恰恰不在于政府保护和垄断，而在于披荆斩棘的市场化改革。市场化就是要尊重价值规律，发挥市场配置资源的决定性作用。从"基础性作用"到"决定性作用"，是《决定》的重大理论创新。推动非公有制经济的发展，应当打破"玻璃门"，消除各种隐性壁垒，制定非公企业进入特许经营行业的具体办法。这是非公企业参与国企改革的重要机遇，也是国有企业自身改革的迫切要求。支持发展非公经济的另一个方面，也应该包括国有企业中的竞争性单位作为民营企业的战略投资者和财务投资者，从而引导产业结构调整和经济转型升级。

总之，今天的中国经济已经是高度融合的经济形态，总是纠结"国民进退"和撕裂国企和民企的关系都是片面和有害的，发展混合所有制经济意味着新一轮产权整合重组，这样的基于市场配置资源的重组整合就是一个国民

融合、国民共进的过程。充分把握这样"力度前所未有"的改革机遇，对于公有经济和非公经济相互融合、相生相长、合作共赢意义重大。只有形成强有力的互联互助的联合体，才有区域经济"地方队"百舸争流，才有强者愈强的"国家队"征战国际舞台，赢得全球的整体竞争优势。

（原载2013年1月22日《南方日报》）

纾困、共赢与市场选择

习近平总书记指出，在我国经济发展进程中，要不断为民营经济营造更好发展环境，帮助民营经济解决发展中的困难，变压力为动力，让民营经济创新源泉充分涌流，让民营经济创造活力充分迸发。2018年以来，由于证券市场波动频繁，持续下挫，叠加金融监管规范从严，一些民营上市公司频频爆出平仓风险，陷入流动性危机。民营上市公司大股东普遍处于高质押状态，这些质押股份一旦被强制平仓，控股股东和实际控制人将会发生变更，不仅上市公司的流动性和正常经营会出现困难，还会损害到广大投资者的切身利益。继中央召开民营企业座谈会之后，多部委多地方发声，纾困民企政策集中加码。特别是对于民营上市公司面临的流动性危机，在鼓励尽责自救的同时，地方政府和国有企业频频采取多种政策措施"驰援"。国资国企驰援纾困，一度时间成了资本市场和社会各界关注和热点和焦点。

一、积极为地方民营上市企业纾困：体现地方政府对民营企业的厚爱，也体现国资国企履行社会责任的有为和担当

一般来说，证券市场的合理波动是经常的，也是正常的，没有波动就没有市场。但是，综观陷入大股东高比例股权质押和上市公司流动性危机的上市公司，绝大多数是由于"偏离实业"和"不务正业"造成的。有些上市公司偏离了实业，涉入了一些"虚拟"和"泡沫"的高风险行业；有些上市公司控股股东，减持套现、高负债扩张，匆忙进入热门的其他领域；有些上市公司盲目融资，通过并购来扩大市场份额，罔顾财务安全。一旦相关行业从严监管，再加上证券市场持续下行，这些上市公司必然会陷入财务危机和发

展困境。应该说，市场产生的问题应该通过市场来解决。市场下行的同时，也是一个优胜劣汰和市场出清的机会，不应存在救与不救的问题。但是，从大局来看，"两个毫不动摇"已经写入了宪法，党中央国务院历来支持和鼓励民营企业的发展。民营上市公司又是民营企业的优秀群体，理应得到重点关注和扶持。在民企遇到自身难以解决的困难时，施以必要的援手，体现的是政府对民营企业的关心和厚爱。国有企业发展不只是自身的事情，还要考虑整个经济发展的大局。国有经济和民营经济的互相支持、共同发展，是国家迈向高质量发展的强大支撑和不竭动力。因此，积极参与民营上市公司纾困，也体现国资国企积极履行社会责任的有为和担当。

二、国资国企驰援民营上市公司：应该从纾困的根本目的出发，有进有退，有所为有所不为，实现互利共赢

纾困之纾是缓解和舒缓，而非解除。政府主导的纾困，是立足于本地民营上市企业的"守土有责"，但不是毫无原则的救济、普惠和单方给惠。在成熟的市场条件下，市场主体出现盛衰起伏是正常的。当一些企业出现了财务或经营危机，资金雄厚的规模企业，包括具有政府背景的企业择机进行兼并收购，是一种正常的商业行为。地方政府和国有资本驰援救助民营上市公司，一方面要切实解决上市公司的流动性问题，另一方面也要防止国有资本贬损和流失。具体的纾困手段，主要包括股权、债权、股债并举、成立救助基金等。若是采用股权受让的方式，一定要注重收购时机、收购价格和收购成本（机会成本），是否有投资价值和获利的空间。既然是纾困，国资股东就不能在收购条件上"乘人之危"。相反，国资股东盲目高价收购，不仅容易造成投资损失，也会诱发市场价格偏离股票内在价值。若是采用债权支持的方式，要确保本金安全退出和获取一定的财务收益。涉及债权质押的，要充分考虑债权质押的比例是否公允，是否偏离市场平均水准。采取股权形式的纾困，要防止简单地追求上市公司控制权，单纯地谋取"壳资源"。除非民营上市有强烈的意愿，或者是上市公司的主业符合地方国资的战略布局，否则，不要急功近利地控制那些业务类型完全市场化的业务模块。从民营上

市公司引入国资的案例来看，绝大多数都是为了解决股权质押和资金紧张等危机，而并非为了退出控制权和业务发展。地方国资国企应该从大局出发，明晰自身的战略定位，在业务布局上，有所为有所不为。以纾困为目的的国资驰援，就是要着力化解上市公司流动性危机，待市场情况好转后，国资股权获利退出，这就是双赢和多赢的局面。必须强调的是，国资国企驰援，可以救信心，但不可以救贪婪。很多地方政府都很明确，救助的对象是要遴选的，股权救助是要获利的，债权救助是要获得合理资金回报的。因此，不管是股权方式，还是债券方式，能够平稳且有盈利退出才是对政府纾困主体的真正考验。

三、在纾困中实现共赢，国资国企应依法依规，坚持市场取向，遵循企业和市场"两个规律"

国有资本驰援纾困，手段必须以市场化运作方式，按照市场经济规律和企业发展规律，坚持平等互利、优势互补原则。不管是股权转让、股债并举、债权收购，还是过桥贷款、委托贷款、信托计划等债权方式，都必须按照市场化的"游戏规则"，采用市场化的定价机制和进退方式。很多地方政府和国资国企都表示，纾困并不是为了争夺企业的"控制权"，"救助计划"实施后将"放手"支持企业发展。在全国范围不同层级的国资部门"入场"过程中，有的将"救援"对象不局限于自己的行政区划范围，让整个纾困的过程增添了市场化竞争的色彩。这不是坏事。但市场化的多方"撮合"，容易给本地政府造成一定的压力和误解，也容易给个别上市公司实际控制人产生侥幸心理和误判。但市场毕竟是市场，成熟的市场就应给予各个主体自由选择的权利和空间。单就地方政府而言，财政资金直接做债权不合适的，也不经济，而做股权则有"财政资金不能进入二级市场"的政策障碍。普遍的做法是，地方政府对民营上市的纾困主要依靠国有企业这个市场主体来实现，因为财政资金一旦注资到国有企业，就可以采用市场化的运作手段。从纾困的范围和对象来说，选谁与不选谁要基于市场分析和专业判断。企业有企业的价值目标和运行规律，国有企业也不能例外。国有企业作为市场主体，其市场化运作机理应根据市场的规律与要求，实现自身效益的最大化。因此，尽管纾困带有地方政府的职责和使命，但国有企业也要严守底线，按制度和流程办事，按规律与规则运作。简单地说，作为政府委托的纾困主体，国有企业要讲担当、讲专业、讲效率，在帮扶对象的遴选和帮扶手段的选择过程中，不是什么企业都要去帮，也不是什么条件下都可以去帮。明确定位与目标，遵循"两个规律"，谋求合作共赢，才是国资和民企合作的稳妥之策，长远之计。

（原载2019年5月27日《中山日报》）

发展的问题仍然要通过发展来解决

中共中山市委第十四届二次全会强调，要突出研究解决发展不平衡不充分问题，认真对标十九大精神和省委部署要求，把抓重点和全面推进有机结合起来，深入开展调查研究，形成推进落实的具体行动计划和行动方案。那么，如何认识"日益增长的美好生活需要"与"发展不平衡不充分"之间的矛盾？中山市发展不平衡不充分具体表现有哪些？这些表现有哪些成因，又如何有序推进发展不平衡不充分问题的有效解决？

一、提高对"矛盾转化"和发展不平衡不充分问题的认识

问题产生的背景是基于社会主要矛盾的转化。问题的产生的前提对应"日益增长的美好生活需要"。可以认为，原来物质文化需要的客观"硬需求"并没有消失，由此衍生的多样化多层次的主观"软需求"不断上升。"不充分"是"不平衡"产生的客观基础，"不平衡"又会反过来加剧"不充分"，其性质都是发展的问题。从总体上来说，"不充分"是蛋糕够不够大的问题，"不平衡"是蛋糕切分是否合理的问题。"不充分"主要是总量尚不丰富、程度尚不满足、态势尚不稳固。就具体的领域、区域、行业和群体而言，"不充分"确有存在。"不平衡"的问题，更多的是结构性问题，"不充分"很难平衡，局部充分，也未必局部平衡。发展不平衡、不充分既是总体的概念，也是具体的概念，既有绝对的指标，也有相对的比较。结合中山的具体情况，相对于全国平均水平和欠发达地区，似乎矛盾并不明显。比较而言，问题也并不突出。但是，对标十九大精神要求和省委的定位部署，发展的不平衡和不充分，问题是有的，问题的解决还需要下大力气和长期坚持不懈的努力。

二、中山市"发展不平衡不充分"的主要体现和表现

普遍来看，发展的不平衡主要体现在领域不平衡、区域不平衡、群体不平衡。领域不平衡主要是经济发展与精神文明、生态文明等方面的差距。区域不平衡主要是东西部不平衡、城乡不平衡，甚至城市内部、发达地区内部不平衡。群体不平衡则是良性橄榄型社会结构上的财富公平正义分配格局还远未形成。不充分的表现，从本质上看，主要是在发展方式、依法治国、精神文明、生态环境、社会事业、体制机制等方面有待转变、改革和充分发展。就中山而言，发展的不平衡主要表现在镇区发展不平衡（无论总量还是人均，镇区之间都有较大的差距）、城乡发展不平衡（包括乡村之间和乡村内部）、经济结构不平衡（包括产业结构、投资消费结构、收入分配结构和金融服务与实体经济发展的匹配）、经济发展与社会事业不平衡、群体之间发展不平衡。发展的不充分主要表现在：就业和人力资源的结构性问题、高端教育不足和基础教育的均衡化问题、医疗卫生服务供给不足问题、养老事业相对滞后问题、交通基础设施的历史欠账和新建压力问题、以金融服务业为代表的高端服务业支持不够问题、高端精神文化娱乐服务提供不够充分问题、政策制度落地实效和释放红利不足问题。上述的发展不平衡不充分问题，最突出体现还是在镇区，最根本的还是经济发展的不平衡不充分。

三、依靠深化改革创新发展解决"发展不平衡不充分"问题

发展的问题，关键还是要通过发展来解决。实现更平衡更充分的发展，主攻方向是建立现代化经济体系，着力点是供给侧结构性改革，动力来源和制度保障是全面深化改革。应当充分肯定中山近十多年来所取得不俗成绩，但更应当认真审视和考量城市自身的问题和短板。应当承认我们的城市定位所形成的城市性格弱点，应当承认我们坐享天时地利人和之后的观念保守、精神懈怠和事实上的前行脚步的放慢。对标和比较而言，我们的确发展慢了，曾经"敢为人先"的勇气和动力弱了，紧迫感、危机感也有所欠缺了。沉醉于和谐和美的温柔之乡，我们就失去改革、创新求变的进取力量，而逐

步被标兵拉远和追兵超越。全面贯彻落实十九大精神，必须坚定不移把发展作为党执政兴国的第一要务。按照省委对中山的定位和要求，狠抓市委全会的决策部署，正确处理"四个关系"，突出研究"十大问题"。笔者认为，还要在以下几个方面重点发力：

一是切实转变发展理念。发展依然是解决所有问题的总钥匙。首先是适宜创新创业，其次才是适宜居住。要树立危机感、紧迫感、使命感，强化湾区意识、全域意识、发挥比较优势和弯道超车意识。

二是加大改革、创新的力度。要把改革的"全面"和"深化"落到实处，敢出实招，敢碰真格。以科技为引领，创新是全面的创新和能够转化为现实生产力的创新。要激发、培育、保护和大力弘扬现代企业家精神。激发全民创业和市场经济的活力，在政府及职能部门导入企业家精神，建设企业家社会。

三是狠抓担当作为和执行力。解决理念问题，目前最重要的是狠抓担当作为。要评估政策效果，释放制度红利。要科学运用绩效考核管理，用钉钉子精神抓执行力。要用做企业的思维运营城市，用先进管理工具推动项目和工程落地。

四是前瞻务实、重点突破、紧贴需求。充分发挥"千金买骨"和"唯德才是择"的导向效应，突破"旋转门""玻璃门"和"弹簧门"，着力解决科学创新发展所亟须的人才支撑和智力支持问题。

（原载2018年1月2日《中山日报》

正确把握金融稳定发展的核心要义

习近平总书记在第五次全国金融工作会议上强调，金融是国家重要的核心竞争力，金融安全是国家安全的重要组成部分，金融制度是经济社会发展中重要的基础性制度。回归本源、优化结构、强化监管、市场导向，这是做好未来金融发展工作的重要原则。"金融稳，经济稳；金融活，经济活"。此次会议突出强调金融稳定发展，围绕服务实体经济、防控金融风险、深化金融改革"三位一体"做出重大部署。

加强监管的目的是维护金融稳定安全。近年以来，中央在多次重要会议和重要场合，均强调要将金融安全和防控金融风险放在首位。本次会议提出，要着力防范化解重点领域风险威胁实体经济的发展，积极稳妥推进去杠杆，把降低国企杠杆率作为重中之重，有效处置金融风险点，坚决守住不发生系统性风险的底线。值得注意的是，新设国务院金融稳定发展委员会，是从监管体制上修正当前国内金融分业监管的不足。

维护金融稳定安全的目的是经济发展。后金融危机时代时滞效应，金融证券领域负面影响的若干黑天鹅事件，加上人们普遍对金融行业本质理解的偏差，近年来有关中国经济是否过度金融化的争论愈演愈烈。在供给侧结构性改革"三去、一降、一补"和扭转金融资源"脱实向虚"的背景下，许多政府和部门，简单地把"脱虚向实"理解为控制和约束金融业的增速和规模，甚至认为金融业指标下滑是经济结构调整的必然选择。2017年7月中旬国家统计局数据显示，二季度金融业增加值同比增速创下2004年以来同期新低。同时，金融业增加值占二季度GDP比重为8.13%，较一季度下降1.39%，且银行存贷款、证券市场股票成交金额和保险市场的保费收入等三大行业的主要指标增速都在放缓。

金融是现代经济的核心，是宏观调控的重要杠杆。中国社科院财经战略研究院冯明认为，中国金融业不是发展过度，而是发展不足、发展不良。金融永远跟不确定性和风险相伴而生，没有不确定性和风险，就没有金融，在风险面前，真正应该担心的是对风险定价的能力。中国应当大力加强金融能力建设，将其作为现代国家能力建设的一部分。因此，习近平总书记反复强调，要提高领导干部金融工作能力，领导干部特别是高级干部要努力学习金融知识，熟悉金融业务，把握金融规律，既要学会用金融手段促进经济社会发展，又要学会防范和化解金融风险，强化监管意识，提高监管效率。

加强金融能力建设，其根本目的不是要压缩金融业，而是为了促进金融业健康稳定发展，防止金融政策走偏。防止金融政策走偏的最重要标准是资金"脱虚向实"，提高金融对实体经济的服务能力和效率。不能简单再提"金融去杠杆"，重点是"要推动经济去杠杆""把国有企业降杠杆作为重中之重"，切实"降低实体经济融资成本"，积极发展普惠金融，大力支持小微企业、"三农"和精准脱贫等经济社会发展薄弱环节，着力解决融资难融资贵问题。

可以认为，"强监管""脱虚向实"加强对实体经济的服务，第五次全国金融工作会议所传递的这些政策信号，对于地方金融控股企业而言，是完善体系建设，是寓监管于服务，是基于风险防控的发展。

首先，地方金融控股企业的发展模式，合乎"强监管"的要求。当前，国内"一行三会"模式在金融业务监管存在盲点和协调缺位，而设立国务院金融稳定发展委员会，则是推进国内金融监管模式将从分业监管向综合监管渐进。地方金融控股企业的发展目标就是统筹地方金融和类金融资源，为地方金融行业综合监管提供有利条件，从而有效避免监管重复、缺位、监管机构间协调不当等问题。

其次，地方金融控股企业的使命和宗旨是服务地方经济的发展。实体经济是本，虚拟经济是末。地方金融控股企业，只有立足于本土实体经济并与地方经济的紧密联系，才能实现金融与产业的高效对接，从而实现自身的可持续发展和地方实体经济的发展。目前，国内经济结构调整进入关键时期，传统产业转型难、新兴行业融资难是市场普遍现象，尤其是新兴产业和双创企业，大多由于刚起步、资产规模小、担保能力不足等问题，银行等传统金融机构无法满足其融资需求，特别需要准金融类金融机构和政府金融控股平台伸出援手。从市场需求看，当前金融业发展最为核心的问题，便是要改革金融资源的配置方式，大幅提高配置资源的效率和水平。金融改革要以市场需求为导向，以构建多元化、多层次金融供给体系为突破口，促进金融转型与实体经济转型相匹配，在这个过程中，地方金融控股企业正当其时，可显用武之地。

再次，地方金融控股企业必须把握机遇，在服务中显身手，在实绩中谋跨越。从实际运作看，各地地方金融控股企业正以其"小微创金融""科技金融""供应链金融"等业务模块，提供与地方实体经济相匹配的金融服务。与普通金融控股企业不同的是，地方金融控股企业整合了当地金融类金融资源，具有较强的议价能力；同时，因为集中掌握金融牌照资源，通过整合资源、客户、技术和服务渠道，打造环环相扣的资源协同生态圈，更有利于提升服务地方实体经济的广度和深度。

金融是经济运行的血液，也是地方经济发展实力和竞争力重要标志。金融稳定发展的核心要义在于发展，而不是简单的做减法和所谓抑制和压缩。在国家深化改革、着力构建开放性经济体制的背景下，地方金融控股企业应当把握机遇，顺应地方实体经济发展和市场导向需求，在统筹整合地方金融、类金融的基础上，服务城市更新发展，服务产业转型升级，服务企业"从星星到月亮"，为服务实体经济做出新的探索，在新一轮城市发展格局中有所作为。

（原载2017年7月31日《中山日报》）

放宽投资融资渠道　助推人才创新创业

发挥金融创新对创新创业的重要助推作用，开发符合创新需求的金融产品和服务，大力发展创业投资，完善产融结合、科技和金融结合机制，提高直接融资比重，形成各类金融工具协同融合的金融生态，是中山人才"18条"新政的重要内容。

一、依托市属国有企业或金融机构，设立人才创新创业投资引导基金，带动社会资本支持人才创新创业

依托市属国有企业或金融机构，设立中山市创新创业投资引导基金，并作为"母基金"按照市场化运作，发挥财政资金的引导和放大效应，引导社会资本投向人才创新创业企业，营造中山良好的创新创业氛围，吸引和培育中山重点产业的领军人才，并促进优秀人才的创业资本、技术、项目向中山集聚。

引导基金按照"政府引导、市场运作、科学决策、防范风险"的原则进行投资运作，鼓励和吸引和集聚海内外优秀创业投资企业及其管理团队来中山发展，并培养本土创业投资管理团队，尤其支持国家和中山市联合组建的创业投资企业，在中山设立创新创业投资子基金。

鼓励子基金按照"基金+项目"或者"基金+园区"的模式具体运作。子基金可以直接投资来中山创业具体的优秀人才项目或团队，或者通过金融招商的方式，引入国内外优秀项目到中山孵化或产业化；子基金也可以通过"基金+园区"的方式，通过为园区内的创新创业团队提供配套金融支持的方式，吸引国内外优秀人才到园区内创业，对人才创业创新项目进行孵化。

二、完善参股投资、跟进投资、贷款担保贴息、风险补偿、科技创新券、项目后补助等市场化机制，加快科研成果转化

（一）完善参股投资和跟投机制，助力优秀人才创新创业企业做大做强

政府设立创业风险投资引导基金，通过参与发起的方式，鼓励国内外优秀的股权投资管理机构，设立主要投资于中山人才创新创业项目的股权投资基金。在政策允许的范围内，股权投资机构因投资人才创新创业项目失败发生的损失，符合国家税务总局《企业资产损失所得税税前扣除管理办法》规定的，可按规定向主管税务机关申报，予以税前扣除；市政府设立的创业风险投资引导基金的投资损失按照相关程序，在合法的前提下可以予以核销。

（二）支持设立股权投资服务中心

在中山中心城区或者火炬开发区、小榄等镇区，依托市属国资金融控股平台，设立股权投资服务中心（有条件时搭建股权交易平台），通过网上对接、现场对接等多种形式构建创业项目信息服务平台，为股权投资机构和高层次人才创业项目提供系统服务。

（三）完善人才创新创业融资、担保风险补偿机制

1.在市政府的统筹安排下，充分利用现有的关于企业贷款风险补偿相关政策，将支持中山人才创新创业的金融机构，纳入风险补偿的范畴，并作为对金融机构考核奖励的重要指标之一。进一步出台关于支持人才创新创业的融资风险补偿政策，鼓励金融机构创新金融业务，整合各项金融资源，采取灵活的金融举措支持中山人才创新创业。

2.鼓励银行业金融机构创新信贷产品，加大对人才创新创业的信贷支持力度，在落实风险定价机制的基础上，采取利率与收费上的优惠措施，减轻企业负担。支持银行业金融机构与人才创新创业服务机构建立战略合作机制，有针对性地开展面向尤其是高层次人才创业项目的金融服务，并通过科技银行等金融机构，深化科技金融合作，积极推进知识产权质押信贷等特色

融资服务。

3.鼓励保险机构有针对性地创新保险产品，对人才创新创业企业的产品研发、财产等进行承保。鼓励保险机构开发并推广首台（套）保险、科技型企业融资保险和企业关键研发人员保障保险等新型保险产品，帮助人才创新创业分散经营风险；鼓励保险机构提供小额贷款保证保险，提升中山人才创新创业企业融资能力；出台科技保险保费补贴制度。

4.鼓励融资性租赁等机构加大对中山人才创办企业的支持力度。充分利用现有的技改等政策，探索设立融资租赁基金等模式，为融资租赁机构提供低成本资金，为创业人才积极提供机器设备融资租赁等服务。

三、大力推进金融高端人才招引和培育，引导金融机构根据人才需求创新产品、优化流程，建立多层次、多主体、多渠道支持人才创新创业的金融服务体系

（一）大力推进高端金融人才的招引和培育，补齐中山金融短板

依托市属国资控股的"金融+资本"平台，作为中山高端金融人才的招引、选拔和培育的载体，大力引进国内外优秀高端金融人才在中山集聚，补齐中山金融业短板。

（二）建立多层次、多主题、多渠道的金融服务体系

鼓励中山人才创业创新企业通过股权改制，进入区域性股权交易市场、新三板或主板上市进行股权交易；鼓励中山民营企业尤其是民营龙头企业、上市公司以股权、债权、知识产权出资等多种方式支持高层次人才创业创新，提供场地支持，共同创办企业；充分利用现有国家税收等优惠政策，鼓励民营企业联合股权投资机构或单独对中山人才创办企业进行股权投资，或实施兼并重组。

（原载2017年5月12日《中山日报》）

组团式发展的根本目的是竞合发展

组团式发展是区域经济协调发展的主要模式。以镇区为单元的经济组团，是以一定产业集聚为支撑，承接中心城区一种或几种职能，组成功能设施齐全，生态环境优美，综合发展的地区功能综合体。组团式发展的本质是一种广泛市场制度框架，其理念是组团内部的资源共享、经济共融和发展多赢，其机制是打破行政区划壁垒，实现统筹规划、平台共享、协调发展，其手段是推动组团内部要素自由流动和优化配置，并通过"内生做强"而产生外部吸附力，其根本目的是提高紧凑式多中心组团的经济活力，并进一步提升城市整体经济竞争力。

组团式发展的优势是降低区域内基础设施建设成本，扩大要素规模实现"发展红利"，提高一座城市参与城市群和区域经济的持续竞争力。基于此，为了适应经济社会的进一步发展，全国各地综合体制改革试点如火如荼，城市紧凑多中心组团、县域经济组团，以及通过区划调整实现城市空间重构的组团发展模式层出不穷。

从管理权变角度，有时适合就是最好的。但一个地区的社会经济发展模式，永远没有最好只有更好。改革开放以来，中山市的"市管镇"扁平化模式曾经极大地激发了镇区发展的积极性、能动性和创造性。产业集群专业镇"一镇一品"模式，一度时间成就了广东"四小虎"之一的美誉，也成了市域经济的特色和亮点。但是，随着经济网络化集约化发展和交通技术体系等要素支撑的日新月异变化，中山原有的行政区划和架构已经明显滞后于社会和城市发展进程，制约了经济的可持续发展。土地问题、平台问题、人才问题、效益问题，一系列的"小、低、散"带来的增长乏力、后劲不足和要素集聚支撑困难，形成了制约全市经济社会发展的瓶颈和障碍——这些突出的问题，也就是中山市第十四次党代会提出的触人警醒振聋发聩的"四个难以为继"。

国家实施粤港澳大湾区城市群发展的重大决策部署，赋予了珠三角城市群千载难逢的战略机遇。随着大交通格局的铺陈和展开，中山的区位优势日益凸显。地铁联通羊城，通道链接深港，高铁、港口、机场，立体多元大交通体系，将使中山成为珠江口的重要门户、珠江西岸的综合交通枢纽和珠三角城市群的几何中心。多元辐射、大开放、大融合的城市群发展，会有力地推动区域经济竞合和平台、空间结构、重构，中山利用如此难得的机遇，构建大平台、大载体，增强对高端要素的承载和吸附力势在必行。即便不谈外部机会，带有普遍意义的交通网、互联网、物联网的互联互通，也必然要突破原有各自分割的行政体制藩篱。"麻雀虽小，五脏俱全"的效能阻碍和运行成本已经远远不能适应资源统筹和互生互长的发展要求。

源于现实所逼，基于问题倒逼。为适应经济发展新常态，拥抱大湾区时代，经过充分调研和科学论证，中山市出台了《关于实施组团式发展战略的意见》（下文简称《意见》），这是具有里程碑意义的战略设计和制度安排，其核心要义是统筹发展，促进转型发展，实现科学发展。其实，在20世纪初，中山市就因为行政体系过于分散，条块分割，各镇区、火炬开发区间缺乏高效、规范的协调机制，阻碍了区域经济自然成形，也导致行政成本偏高、效率低下，从而推动过涵盖火炬区、南朗镇、民众镇和三角镇的"一区三镇"的东部组团发展。本轮的组团发展是立足全域中山、开放创新的2.0版，不仅仅是降低行政成本问题，其主要目的是对接周边城市，实现错位发展和互补发展。《意见》提出了组团发展的总体目标、基本原则、主要任务和保障，没有对组团的下设机构、运营机制和可选择的模式作统一规定，主要预留了创新和自主作为的空间，希望能够实事求是、因地制宜，在顶层设计的基础上发挥基层单元的首创精神，鼓励形成你追我赶百舸争流的氛围态势。

一般布言，区域协调的手段主要以区划调整为主。结合国外的一些做法，可以将城镇组团式规划分为联席会议方式、董事会方式、职能剥离方式和撤镇设区方式，而设计中间层方式最终也会指向区划调整。当然，是否还有其他更为可行的模式，都可以在实践中探索和创新。任何模式的建构能否达到预期的效果，还需具备必要的配套条件和应用环境才能充分发挥其优势。从目前的情况看，中山市"五大组团"所涵盖镇区的禀赋资源各有不同，各组团发展的具体任务各有差别，重大产业平台的发展业态也千差万别，但各组团也有基本共识，包括规划引领，交通和基础设施先行、优化产业布局和打造重大平台，促进产业集聚和创新转型。应该说，《意见》所提出的总体目标和各组团所提出的具体思路都是清晰和可行的，问题的关键是如何解决问题。不管是组团主导、组团共建，还是组团引导，如何构建有利于提升组团综合统筹效益的运行机制，如何让目标任务措施落地生根、开花结果，如何长效解决"难以为继"的发展实际难题，是必须考虑的具体和现实问题。"组团式"发展或许会最终指向行政区划调整，可以个别，可以局部，可以试点推进，但终为区域协调发展的长久之计。诚然，区划调整往往牵一发而动全身，是系统工程，且非自身之力所能短期内达到。未必是退而求其次，中心紧凑型组团式发展也许是近阶段最适合的模式。

组团式发展的关键是发展。在目前的管委会组织框架下，要有一定法律合同效力的《章程》和《议事规则》，要有管委会下设的执行、协调和运营操作平台，要有利益共享、风险共担、效益重奖、懒政追责的绩效考核机制（政府现行考核体系作相应调整）。经济运行的关键在市场主体，"有形的手"要更多地通过"无形的手"发挥作用。

以组团为单位，大平台才能开展大招商，大平台才能吸附大项目。无论是推进重大公共设施建设，还是推动重大产业平台建设，都需要产业实体和市场法人主体来承接和承载。具体的操作方式，不妨由市属国资国企主导、引导，协同组团内镇属公有资产成立投资经营主体，作为组团发展的经济纽带，也可以合作引入非公资本，混合所有制共谋发展。组团区域内的公有经济主体也可以自主成立联合投资经营平台和市场化企业，促进导入企业家精神，让组团发展措施落到实处。

在重大产业平台搭建、重要基础设施建设和城市更新发展方面，可以综合利用金融、类金融工具和证券化、并购重组等资本运营手段，推进项目落地和实际工作推进。组团的核心利益在经济效益，可以通过财务筹划等手段让组团成员单位的成本费用内部化，让市场经济主体的融资成本最低化，以提升组团发展的总体效益，最终达到增强经济可持续发展和核心竞争力提升的目标。

（原载2017年5月3日《南方日报》，新浪网等转载）

粤港澳大湾区建设的交通先行

粤港澳大湾区上升为国家战略，作为中国经济新引擎受到世界瞩目。粤港澳大湾区覆盖了香港、澳门和珠三角九座城市，占地5.6万平方公里，人口6000多万，具备了雄厚的经济实力和打造世界湾区经济高地的成熟时机。中山具备得天独厚的区位优势，在大湾区中具有贯通南北、承东启西的大通道地位，将成为珠江口的重要门户城市和珠江西岸的桥头堡。交通基础设施建设对经济社会发展具有关键性、引领性、支撑性作用，等不起、慢不得，必须抢抓机遇，狠抓落实。

中山市第十四次党代会部署，要把握国家、省重大交通项目布局中山的机遇，全面系统打造高速公路网、轨道交通网和国省干线公路网。目前，中山已经进入高铁时代，深中通道、城市轨道、高速公路、地下铁路等重大项目正在紧锣密鼓的推进中，如何高起点系统性推进项目建设，确保质量和进度，需要前瞻的思维、系统的方法和扎实有效的措施。

基础设施的投入是社会发展的先行资本，交通投资对经济增长的拉动和正效应非常明显，尤其是干线和枢纽型交通，重点抓好干线、高速和大运量交通设施，对区域经济中长期发展更为有利。干线交通不仅有利于促进交通运输业自身的发展，有利于改善地方投资环境，促进工业开发，优化产业布局，还有利于突破行政区划藩篱，改变城市布局，带动城市群组协同发展。目前，中山市正在推进中心组团式发展，和同步推进百舸争流的特色小镇建设一起，形成统分结合的两大抓手。毋庸置疑，交通建设是促进要素流动、格局重构和资源集聚的第一推动力和加速器。

诚然，单纯的干线交通建设是不完整的，市域交通内循环对于交通服务体系建设十分重要。只有内外结合、开放包容的交通体系建设，才会产生循环、叠加和溢出效应。因此，要解决交通体系的内部结构性问题和外部开放性问题，就要充分发挥公路、铁路、航空、水运、干线公路、市域公共交通等多元运输方式的各自优势，建立互联互通的多式联运系统。同时，交通建设必须考虑人本立场和民生情怀，即交通体系建设要充分重视人的可及性、需求性和舒适性。

交通设施的水平和运行状态是城市综合发展实力的重要体现，也是促进区域之间经济协同发展的纽带。把握大湾区建设的重大发展机遇，新一轮交通建设"大会战"要在把握城市发展定位的前提下，实现"三个转变"：即由要素投入向要素投入、模式创新、科技进步和体制机制并重转变，由交通投资建设为主向交通投资建设与运输服务提升并重转变，由干线和通道建设向通道干线与枢纽建设并重转变，最终实现交通运输发展方式的综合、集成、智能、开放和动态发展。

定位清晰了，目标明确了，更要有定力和执行力。交通工程项目多为"庞然大物"，而征地拆迁都是"硬骨头"工程。攻坚克难的关键是"人、财、物" 等要素的资源配置。

人的问题总是第一因素。这里的人包括统筹的人、执行的人和协同配合的人。统筹的人要组织有方、督导有力；执行的人要沉得下去，有担当、有思路、有办法；协同配合的人要顾大局、负责任、甘当"绿叶"，密切跟进配合。财的问题就是建设资金问题。要改变原有的建设模式，创新投融资模式，发挥政府资金的引导和放大效应，积极利用社会资本。要区分短期效应和长期效应，厘清单项收益和复合价值，最大限度地统筹财政资金支出，提升预期效益和综合效益。物的问题就是地的问题，地的问题就是征地拆迁问题，这是目前所有节点目标的前置条件和项目进度迟滞的最主要原因。征地动迁是"老大难"，但是办法总是有的，就看解决问题是否有足够的时间、依据、方法、力度、勇气和诚意。当然，财和地的问题其实还是人的问题，同样的事，不同的人做，效果也会不同。要强化目标绩效管理，切实运用绩效考核结果，以结果导向倒逼领导者和管理者的担当作为。

交通建设项目和体系是城市的"窗口"和"名片"，工程主体项目建设和衍生资源开发要同步规划、同步设计、同步实施，最大限度利用衍生资源，最大限度发挥统筹效益，最大限度实施绿化、美化、亮化工程，从而提升城市的"颜值"、品位和美誉度。

(原载2017年3月6日《南方日报》，标题有改动)

抓紧抓实交通建设"大会战"

2017年1月10日，在广东省加快推进基础设施项目建设工作会议上，中共中央政治局委员广东省委书记胡春华同志强调，基础设施建设对经济社会发展具有关键性、引领性、支撑性作用，等不起、慢不得。要把基础设施建设作为经济工作的重要着力点抓紧抓实。在交通基础建设方面，要加快推进高速公路、高速铁路交通大动脉以及城际、港航、机场等项目建设，进一步完善高速度、大运量、互联互通的交通网络。在此前召开的中山市第十四次党代会上，市委书记陈如桂同志指出，要把握国家、省重大交通项目布局中山的机遇，全面系统打造高速公路网、轨道交通网和国省干线公路网。融入粤港澳大湾区叫交通网，优化市域交通布局，优化交通发展方式，加快构建区域性综合交通枢纽。

为什么说基础设施建设"等不起、慢不得"？交通基础设施建设与区域社会经济建设发展有什么样的相关性和互动机理？路通财通。要想富，先修路。简单大白话，一言以蔽之。早在20世纪40年代，西方学界已对交通投资与经济发展的关系进行了诸多探讨，形成的基本结论是，政府用于基础设施投资的相关支出对生产率的发展有着强大的解释力，基础设施的投入是社会发展的先行资本，交通投资对经济增长的拉动和正效应非常明显，且尤其是干线和枢纽型交通。据相关专家测算，每1元公路建设投资带动的社会总产值接近3元，相应创造国民生产总值0.4元。通过GDP总量与各技术等级公路里程回归分析，结论显示，越是等级高的公路与经济效益的正相关性越明显。可见，重点抓好干线、高速和大运量交通设施对区域经济中长期发展是更为有利的。

干线交通不仅有利于促进交通运输业自身的发展，有利于改善地方投资环境，促进工业开发，优化产业布局，还有利于突破行政区划藩篱，改变城市布局，带动城市群组协同发展。但是，单纯的干线交通建设又是不完整的，市域交通内循环对于交通服务体系建设也十分重要。只有内外结合开放包容的交通体系建设才会产生循环、叠加和溢出效应。要解决内部结构性问题和外部开放性问题，就要充分发挥公路、铁路、航空、水运、干线公路、市域公共交通等多元运输方式的各自优势，建立互联互通的多式联运系统。同时，基于交通体系建设的系统性、复杂性、整体性和动态性等特征，要考虑交通建设必须考虑人本立场和民生情怀，即交通体系建设要充分重视人的可及性、需求性和舒适性。说到底，交通项目建设和服务状况好不好，老百姓说了算。因此，新一轮的交通建设"大会战"要在把握城市发展定位的前提下，由要素投入向要素投入、模式创新、科技进步和体制机制并重转变，由交通投资建设为主向交通投资建设与运输服务提升并重转变，由干线和通道建设向通道干线与枢纽建设并重转变，最终实现交通运输发展方式的综合、集成、智能、开放和动态发展。

交通设施水平和运行状态是城市综合发展实力的重要体现，也是促进区域之间经济协同互促的纽带。有了清晰的定位，更要有定力和执行力。交通工程建设几乎都是"硬骨头"工程，攻坚克难的关键要素是"人、财、物"，要发扬"钉钉子"精神，狠抓落实和成效。正如市委书记陈如桂所说，抓好基础设施建设项目建设，第一因素是人。这里的人既包括统筹的人，执行的人和协同配合的人。统筹的人要组织有方、督导有力；执行的人要沉得下去，有担当、有思路、有办法；协同配合的人要顾大局、负责任、甘当"绿叶"，密切跟进配合。财的问题就是建设资金问题。工程建设最怕"巧妇难为无米之炊"。要发挥政府资金的引导作用和放大效应，创新投融资模式，积极利用社会资本，算好一盘账，加快推行政府购买服务。要区分短期效应和长期效应，厘清单项收益和复合价值，最大限度地统筹财政资金支出，提升预期效益和综合效益。物的问题就是地的问题，地的问题就是项目建设用地的保障问题，这是目前所有问题的前置条件和项目进度迟滞的主要因素，必须下大力气解决。征地动迁是老大难之事，但是办法总是有的，就看解决问题是否有足够的时间、足够的依据、足够的方法足够的力度和足够的诚意。当然，所有的问题还是人的问题，要强化督考合一绩效管理，切实运用绩效考核结果，以正向激励为主，以考核结果的运用倒逼领导者和管理者的担当作为。

诚然，交通项目建设是一项复杂的系统工程，涉及部门多，涉及的利益面广，需要系统统筹合力推进项目开展。要在科学规划、规范管理的同时，必须充分重视项目前期工作。没有科学精准到位的前期工作，只是一味抓工期，压进度是无济于事的，可能还会滋生一些不必要的问题和风险。没有起码的、必须的建设工期，"罗马不可能一天建成"。否则，所有的动工、完工和交付使用预期都可能是一厢情愿的。交通建设都是大手笔资金投入，动用资金量大，社会关注度高，要坚持从严抓好党风廉政建设，创建阳光工程、廉洁工程、平安工程。交通工程领域特别是工程招投标方面一直是廉政风险防控的重点领域。要切实加强交通工程建设领域招投标管理，纠正一些不健康不公平的所谓行业惯例，构建工程领域诚信体系，对失信和舞弊行为严肃追责问责。交通工程多为隐蔽工程，且有些工程的安全可靠性直接关系社会公众的生命安全，是天大的事，须臾不可放松警惕。要严格加强质量管理，实施建设项目精细化、数据化、智能化管理，落实工程质量责任制和终身追责机制。适时的必要的惩治是最好的预防。要在建立黑名单、市场禁入和违规处罚惩戒等方面下狠招、动真格。交通建设项目和体系也是城市的"窗口"和"名片"，工程主体项目建设和衍生资源开发要同步规划、同步设计、同步实施，最大限度利用衍生资源，最大限度减少资金浪费，最大限度绿化、美化、亮化，从而提升城市的"颜值"、品位和美誉度。

（原载2017年3月6日《南方日报》）

搭建平台　激发主体信用自觉

　　中关村示范区是国家发改委认定的全国首批5个信用体系建设试点城市（地区）之一。中关村示范区确立"以信用促融资，以融资促发展"信用体系建设思路，依靠政策引导和配套措施，依托企业信用自律组织平台，为企业开展全方位服务，推动信用体系建设创新发展，形成了具有全国影响力的信用品牌。中关村企业信用自律组织平台为中关村企业信用促进会，是由中关村高新技术企业、金融机构、担保机构、信用中介机构、保险机构等联合发起的社团法人。企业信用促进会大力推广信用报告，引导会员企业购买和使用信用报告，培育信用产品，以专项资金补贴和评选信用"星级"等实实在在的举措，做实激励机制，起到了良好的效果。中关村示范区政策引导、打造平台、构建体系和强化信用的系统做法对推进企业信用体系建设具有现实的借鉴意义。

　　企业是市场信用体系建设的主体。没有市场微观主体——企业群体的自身信用建设，政府的企业政策扶持可能是一厢情愿的，推动社会信用体系建设的效果也会大打折扣。中关村示范区信用体系建设的重要经验是"市场导向、政策激励、中介运作"。市场导向就是要充分发挥市场机制的作用。政府不直接面对市场主体，而是着力发挥行业自律组织的枢纽作用。比如，政府不直接评定企业信用等级，而是交由市场第三方中介来实施；政府不直接发放资金补贴，而是委托行业自律组织管理、审核和拨付。政府的角色是充当终极裁判，主要关注信用建设的效果。政策激励是要求政府在推进信用体系建设过程中有"雪中送炭"的举措。融资问题一直是中小企业最迫切的问题，也是政府帮扶企业最棘手的难题。政府及相关部门一直在努力，但效果还是差强人意。资本总会逐利和"嫌贫爱富"，金融机构的风险厌恶是合乎情理的。然而，市场上庞大的资金供需关系总是客观存在的，不能形成及时有效交易的主要原因是信息不对称。在信息不对称的市场失灵环境下，信用体系建设就非常必要和必需。因此，政府"以信用促融资"的定位是准确的，对信用的激励就是对融资的激励，其可行的做法就是通过信用建设平台对"守信"和"失信"进行正向激励和负向激励。中介运作就是要充分发挥行业自律组织和市场第三方主体的力量。行业自律组织要发挥引导、服务和约束作用，信用促进会不是表面的摆设和吃喝玩乐的俱乐部。市场中介要独立、客观、专业、权威，不能"双向通吃"，否则会最终"自己搞死自己"。发挥非政府公共组织、社会中介组织的力量，有利于更好地发挥市场机制的作用，也可以有效防止"有形的手"伸出清单之外。

社会信用体系建设最终要依靠社会的力量。首先，社会信用体系的建设必须要有各个主体力量的合力推动。在多方主体合力作用机制中，政府的作用仍然是不可或缺的。政府及相关部门要群策群力，形成协同机制，不能"光打雷不下雨"和"三个和尚没水喝"，不管是哪个部门牵头，都要有关键举措、督办机制和考核机制。其次，要建立一个有利于贯彻政府总体思路和具体政策的运营平台。建立行业自律社团组织，要强调"非营利"性质，明确"受托于政府"并"购买服务"的职责定位。主管部门不能过多干预，也不能做"甩手掌柜"，要支持、扶持，也要监督和激励。信用建设促进会不能像很多行业协会和社团组织虎头蛇尾、工作乏力。更重要的是，企业信用体系建设的主体是企业，要发挥企业在体系建设中的主观能动性。企业信用体系建设是具有溢出正效应的，其最大的赢家其实就是企业本身。信用是可以降低融资成本的，信用本身就是一种效益。信用也是企业长远发展的文化基因，因此，有愿景有作为的企业务必摒弃短视和急功近利的行为。外因往往通过内因起作用，建立社会信用体系要发挥平台作用，更要激发市场主体自觉。毕竟，健康和可持续发展才是真正的目的。

（原载2016年第5期《中山社科》）

深中通道：打通粤港澳大湾区建设"任督二脉"

在中山市第十四次党代会上，市委书记陈如桂指出，要积极融入粤港澳大湾区交通网，充分发挥中山沟通珠江口东西岸的枢纽作用，加快构建区域性综合交通枢纽。在这样的背景下，深中通道的建设显得尤为重要，该通道未来将能打通珠江口东西岸、承接深圳，辐射西南，对于中山市的立体大交通一盘棋的盘活，对于珠中江融合，乃至对于整个粤港澳湾区建设的引擎起航，都有非常重要的意义。

中山位于粤港澳大湾区的几何中心，位居"东风西渐"的地理桥头堡。在创新驱动战略方面，中山在人才素质、科技含量、资源要素整合等方面还有待提升，此次深中通道极大地缩短了"深圳—中山"的交通距离，这将为承接好深圳创业创新、科技服务等因成本高企引发的资源外溢，接受中心城市的产业辐射和要素转移，提供了便利条件。

未来，从深圳方面，将有一大批现代咨询服务业、小微科技创新型、金融分值服务、以及文化创意等企业入驻中山。与此同时，中山也将加快形成以创新为引领的经济体系和发展模式，打造区域性科技创新中心。中山实现创新驱动发展，一方面需要内生发力，另一方面也要利用好外力嵌入。只有很好的内外协同，通力合作，才能够实现优势互补，共同发展。

随着深中通道的建设与开通，中山将在地理位置上，极大地拉近与深圳间的直线距离。与此同时，中山自身在环境资源、创业成本、生活环境方面，也具备得天独厚的发展潜能和优势。中山与北部广州南沙、南部珠海横琴、东部深圳前海三者之间天然的连接与互动，边际拓展将给中山这片滨海新城和创新突破的"处女地"带来无限的发展空间和可能。

从纯粹的交通影响方面而言，深中通道的建设与打通，将极大地缓解长期以来北部虎门大桥的交通压力。目前，虎门大桥作为沟通珠江东西两岸的唯一通道，长期处于满负荷，甚至超负荷的状态。深中通道建成后，两者并不会出现所谓交通流量资源争夺，相反，深中通道将会令超负荷的虎门大桥恢复交通常态，重新发挥东西两岸重要交通枢纽的核心功能。

而向南展望近日新建成的港珠澳大桥，未来深中通道建成通车后，两者将各自以不同的功能发挥而交相呼应，即港珠澳大桥打通两个特区间的资源互动，深中通道打通东西两岸的联通障碍，两者各司其职、合理搭配，恰似打通粤港澳大湾区发展成为世界超级城市群的"任督二脉"。

当然，我们在看好深中通道在交通距离方面的优势的同时，也要客观理性，不能完全单一放大单体交通的功能，想当然地以为"交通能解决所有问题"。比起深中通道，东岸的惠州、东莞与深圳间，凭借市域版图的无缝连接，在城市融合方面有着不可比拟的优势，因此不能想当然地认为"深中通道=深中同城"。融合一定是个目标，"打铁还需自身硬"，中山还是要练好内功、做好自己，把握"四个定位"，统筹市域资源，抓好创新驱动，这样才能有足够的土壤、平台和能力承接外溢资源，实现合作共赢。

号角已经吹响，关键要看落实。中山要切实抓住交通大发展的机遇，着力打造高铁、城轨、地铁、高速公路、国省干线公路、口岸直航和海空联运等综合、立体、全方位、开放式的交通枢纽体系，充分发挥比较优势，实现新一轮高位争先和跨越发展。

（原载2016年12月30日《南方日报》）

建设绿色、蓝色和县域特色集聚之城

没有粤东西北的小康，就没有全省率先建成小康。"十三五"期间，广东省委省政府着力补齐粤东西北地区短板作为重点突破，通过实施欠发达地区振兴发展战略，实现全省协同发展、均衡发展、持续健康发展。比起引入、嵌入等外力推动，内生力量在区域经济发展中具有决定性作用。作为粤东西北地区中经济实力领跑的城市，同时，作为粤西地区的工业重镇和区域几何中心，茂名不仅是华南地区石化和能源基地的代名词，也是人口大市和农业强市。如何把握国家新型城镇化综合试点契机，如何抓住经济新常态下的新一轮发展机遇，实现弯道超车和高位突破，值得研究和探讨。茂名全市上下应勠力同心，干在实处，赶超前列，建设绿色之城、蓝色之城和具有特色县域经济集聚的活力之城。

建立绿色之城，就是要秉承"创新、协调、绿色、开放、共享"五大发展理念，尤其要突出绿色发展对于茂名的特殊重要性。建设绿色之城，就是要贯彻建设资源节约型和环境友好型社会的基本国策，实现绿色发展、循环发展和低碳发展。建设绿色之城，就是要卸除原有的刻板标签，擦亮创新驱动的金字招牌，大力建设具有承载力、集聚力和辐射力的产业园区，推动产业集聚和产业集群。要培育壮大主导产业，构建复合、多元和具有核心竞争力的现代产业体系，包括壮大石化优势产业，提升矿产、建材和新型金属加工业，培育先进装备制造业和生物医药产业。建设绿色之城，就是要坚持走生态文明之路，强化资源节约利用，加强环境保护和污染治理，努力改善和修复生态环境，推动生产方式、生活方式和工作方式的绿色化，建设天蓝、地绿、水净的美丽宜居之城。

建设蓝色之城，就是要按照组团式中心城市建设规划目标，实施向东向

南向海发展战略，打造开放包容、科学用海的现代化国际化滨海新城。建设蓝色之城，就是在优先发展主城区、提高主城区首位度的基础上，重点实施东进和南拓，着力建设发展水东湾城区和博贺湾片区，拓展滨海区域，打造沿海走廊。建设蓝色之城，要在"一带一路"国家重要发展战略指引下，对接东盟，内引外联，建设拥抱蔚蓝的海韵、智慧、富庶滨海之城，成为南中国海扩大开放加强国际经贸交流合作的崭新名片。

建设县域特色集聚之城，就是要发挥县域经济的主观能动性和协同发展力。在市管县的行政管理架构下，构建合理的城镇体系，将"有为政府"和"有效市场"有机结合，可以形成点面结合相互促进的发展格局。建设县域特色集聚之城，要发挥比较优势，以产城融合和工旅结合为主要路径，眼睛向外练内功，追赶竞合谋共赢。以高州为例，作为茂名县域经济的重要一极，要充分发挥"冼太故里、中国果乡"优势，做好"云山鉴水"文章，建设"产城融合宜居宜业"精品县城。每一个特色县域经济都是一种示范和带动，一旦形成"特色"影响的示范带动和外部正效应，就会对茂名全市的经济社会发展的综合实力提高形成极为有力的合力推动。

在开放的市场环境下，交通是要素集聚的基础和关键条件。特别是在后发地区，交通更是一座城市的动脉和命脉。要建设"绿色之城、蓝色之城和县域特色集聚之城"，交通仍然是茂名绕不过的瓶颈。"十三五"期间建成粤西重要交通枢纽，这是茂名战略发展的重要历史机遇，也是一种时不我待的使命和责任。要按照既定规划，加快推进重大铁路、公路和港口码头项目。要充分利用PPP和设立基金等模式，整合社会资源，推动项目落地，以交通融合带动城市融合、经济融合，实现城市发展的美好愿景。

（原载2016年12月16日《茂名日报》）

厘清"负面清单"为市场做加法

清理行政职权，编制权责清单，已成为当下各级政府全面深化改革、转变政府职能的现实举措。政府权责清单包括"正面清单"和"负面清单"，"正"与"负"的一字之差，体现了政府管理理念的巨大改变，其导向就是要依照"法无禁止即可为"的原则，进一步为市场要资源，进一步向民间要活力。

一、"负面清单"管理就是要进一步"划边界""激活力"

"负面清单"管理模式是政府规定哪些经济领域不开放，除了清单上的禁区，其他行业、领域和经济活动都许可。与之相对应，"正面清单"则是列明什么是可以做的领域、行业和经济活动。从"正面清单"管理向"负面清单"管理转换，是中国经济管理模式的一项重要变革。这项变革可以进一步厘清政府和市场的边界，让政府和市场充分归位。北京大学国家发展研究院卢锋教授指出，"负面清单"就是无禁止即合法，也就是说仅仅规定企业"不能做什么"，与限定企业"只能做什么"的管理模式相比，无疑会让市场发挥更大作用。用经济学家樊纲的话说，就是"用负面清单管理市场，用正面清单监督政府"。"负面清单"管理模式使经济发展的牵引力由政府主导转变为市场主导，让市场对资源配置起决定性作用，让"无形的手"充分展示活力。

二、"负面清单"编制是基于权责清单的法规和导向目录

"负面清单"管理的主体应当涵盖政府与市场、政府与社会、政府层级

之间、政府职能部门之间，以及政府与事业单位之间的关系，其范围不仅包括投资管理，还包括各种审批事项和监管服务。审批事项和监管服务的"负面清单"，其编制依据是行政管理法规，其指导原则是"非禁即可为"。投资管理"负面清单"的编制依据是遵循"非禁即入"的原则，根据政府核准投资项目目录和产业结构调整指导目录，凡国家和省列入禁止类、限制类的项目，严格执行准入条件。地方政府可以结合主体功能区规划要求，在生态、环保等方面制定更为严格的要求和标准。除此之外，强调在微观层次的管理上，该放的一定得放，从而形成良好的经济发展导向，不能是原来"正面清单"的简单翻版。

三、"负面清单"实施应当体现"先紧后松"和"动态调整"

"负面清单"管理模式的完整内涵应该是政府规制和市场导向的有机结合，是"放"和"管"的良性互动。改革需要全面规划和系统设计，政府和市场的关系不能陷入"放乱收死"的怪圈。"非禁即入"的"负面清单"管理模式下，政府主要是做好监管和服务。然而，在社会组织和第三方机构市场尚未发育完善之前，政府不能做"甩手掌柜"，切忌"一放了之"。大胆探索和勇于实践并不排斥"先紧后松"、逐步推进的技术性安排，"负面清单"管理要统筹规划、分步实施。市场导向的目标是清晰的，但"负面清单"编制不可能一劳永逸，"动态调整"包含了顶层设计和基层创新的相互促进。从鼓励"基层首创"的角度出发，"负面清单"管理应当鼓励地方政府结合自身特点的路径探索和模式创新。

（原载2014年3月21日《南方日报》）

企业是产业转型升级的主体和生力军

资源约束、环境倒逼，经济社会和谐发展的警报频频拉响，原有的发展方式已经难以为继，经济转型升级时不我待，这已经是政府与社会的广泛共识。当下的问题不是转与不转的问题，而是如何转的问题，如何"转升并重"的问题。转型升级，一般的共识是从低级附加值向高附加值升级，从高能耗高污染向低能耗低污染升级，从粗放型向集约型升级。转型升级包括丰富的内容，从层次上可以包括经济发展方式转型升级、产业转型升级和企业转型升级，涉及的主体包括政府、企业和中介组织，其动力来自于环境倒逼、资源约束、政府引导、市场推动和产业与企业自身的内力驱动。产业转型升级是打造区域竞争力和城市竞争力的重要引擎，从地方政府的角度，不仅要认识到转型升级的必要性、紧迫性，还要定位转型升级的方向和目标，要明晰朝什么方向转？按什么路径转？为谁转和谁来转？

一、产融结合是产业转型的方向和目标

产业集群的形成有的基于资源诱导，有的基于创新启动，有的属于内源性，有的属于嵌入型。从尊重产业规律和市场规律的角度，要充分考虑产业基础和禀赋条件。产业转型不排除产业转移，但不能简单等同于产业转移，不能一谈到产业转型就是"腾笼换鸟"，就是发展战略性新兴产业。产业集聚和产业集群的形成本身已经说明了产业与地方经济社会发展的融合，如果要转型升级，仍然离不开良性互动和相辅相成。"没有夕阳的产业"这句话是相对的，不能说产业就没有生命周期。如果产生自身还有生命力，那么产业的竞争就是集群之间的竞争。集群之间的竞争，就是区域的竞争和城市的

竞争。改革开放发展至今，区域"赶位争先"的竞争已成百舸争流、万马奔腾之势，发展如逆水行舟，不进则退。因此，地方产业转型升级一定要考虑与城市发展融合发展。这既是科学发展的要求，也是借力、聚力和协同发力的要求。具体的地说，城市的规划和功能定位、交通动线和基础设施等配套建设，要与产业布局统筹并成为产业发展的支撑和保障。产业转型升级也要以提高城市竞争力和现代文明指数为方向和追求。

二、市场分析是产业转型升级的依据和立足点

产业转型升级从总体上来说是产业可持续发展和提升竞争力要求，也是资源约束和环境倒逼的现实选择。从产业发展的规律来说，"望天收"不能克服市场失灵。面对你追我赶的区域竞争，一个地区的产业集群不可能永远旺盛和蓬勃，如果不能居安思危、积极求变，一定要面临没落和衰败的命运。企业是产业的基本单元，产业的竞争有时就是企业群体的竞争，企业群体的竞争有时又主要体现在龙头企业的竞争。企业的核心竞争力可以体现在多个方面，比如技术研发、比如产品质量、比如品牌行销，比如商业模式，而最为核心的要素是市场占有率，最为根本的考量是市场的需求。产业转型分析的基础依据是市场需求分析。不同的产业有不同的市场分析维度，但基于市场细分和消费偏好的需求分析始终是最核心的内容。显性需求如何，潜在需求如何，如何挖掘需求，如何引导需求，这些都是企业产品行销的重点考量指标，也是产业拓展扩张的重要考量指标。因此，引导消费导向的转型是企业转型升级的方向，基于市场调查的需求分析是产业转型升级的依据和立足点。

三、企业是产业转型升级的主体和生力军

对于产业集群专业镇而言，产业集群的形成不是一朝一夕的，虽有许多前仆后继，但终有风雨同舟和一路前行。不管是"月亮"还是"星星"，正是这些若干数目的企业为当地的经济发展做出了重要的贡献。然而，产业转型升级不能袒护落后的产能，淘汰落后产能的个别和极少数企业也是合理

的。在产业转型的总体安排上，一定要强化政府与企业的需求共振，不能只是一方面一厢情愿的追求。对于处于产业链底端的小微企业，在启动"资源约束和环境倒逼"的同时，要帮助和引导其"凤凰涅槃"和"脱胎换骨"。市场形成的大企业都是从小企业一步一步做起来的，也鲜有大企业一开始就能站在"微笑曲线"的两端。因此，对于小微企业，要调动积极性、引发内驱力，变"要我做"为"我要做"，不是逼进死胡同，而是逼出新天地。对于不同产业的不同企业，要引导不同的战略选择，要么是"研发和技术"，要么是"渠道和价格"，要么是"品牌和营销"。单打独斗的企业需要抱团取暖，而政府充当的角色就是一个最可靠的供暖者。产业转型升级是否见成效的一个重要标志是龙头企业的数量、实力和竞争力，政府扶持大企业的方向是对的。但是，"抓大"也要"扶小"，光有个别大企业形成不了产业链和产业集群。政府要出台鼓励政策，搭建金融服务，鼓励企业引进战略投资者、通过市场的手段兼并重组发展壮大。企业要重塑使命和愿景，放弃"小富即安"和急功近利的思想，积极"走出去"，通过广泛的合作突破原材料和价格的瓶颈，取得产业链的突破和产业边界的突破。

市场的外部性不可能自我克服，但政府又不能代替市场的力量。产业转型升级是个复杂的系统工程，是市场推动力、产业集聚力和企业内驱力共同作用的结果。在产业转型升级过程中，企业是主体，是生力军，是原动力和内驱力的来源，是"转化现实生产力"的基地，更是"创新驱动力"的载体，企业的作用能否有效发挥，是转型升级能否取得成效最为关键的因素。

（原载2013年9月16日《中山日报》）

将"两建"内化为城市发展的战略要求

随市"两建"专家组赴惠州、东莞、深圳三地考察"两建"工作，深入实地，交流碰撞，受益匪浅。"纸上得来终觉浅"，借"他山之石"，对如何做好中山的两建工作提三点建议：

一是系统谋划、高层推动。 经过改革开放几十年的发展，我省在经济建设方面取得了巨大成就，而文化建设和道德建设却成为短板。无论从当前还是从长远来看，创造良好的市场经济环境、维护正常的市场秩序，都是一项重要而紧迫的工作。建设社会信用体系、建设市场监管体系，是"加快转型升级，建设幸福广东"的战略谋划和现实要求。对于中山而言，这不应该只是贯彻省委省政府的要求，社会诚信守法、市场规则有序，这也是和美中山的建设目标和愿景。我是应该按照上级的部署，紧密结合实际，系统谋划、长远规划，创出亮点，创出特色。中山不是试点城市，创新和出成果的压力不会很突出。但由于这是一项系统和长远的工作，我们认为，市委市政府要通过高层共识，极大推进力度。这项工作，没有市委市政府的强力推动，没有牵头部门的强力统筹，没有专职小组的大力配合，是很难见到实际效果的。要建立协调机制和工作评价机制，用时间节点和实际成果倒逼实际的有效推动。

二是问题导向，重点突破。 两建工作面广量大，没有非常具体的边界。但是，现实生活中面临的问题却层出不穷，姑且不说社会信用，在市场监管领域的问题尤其多，欺行霸市、制假售假、商业贿赂，破坏公平竞争和正常交易秩序，危害群众的生命财产安全，阻碍市场经济健康发展，成为抑制社会和谐稳定和健康发展的"毒瘤"。两建工作要紧紧围绕群众反映强烈的焦点问题，目标不是面面俱到，而是切实解决问题，防患于未然。中山的"两建"工作如何做到重点突破？我认为主要还是从两个方面入手，一是打造信息化平台，二是强化技术化手段。"两建"工作不是短期"运动"，而是长期工程。要建立长效机制，制度是一方面，另一个重要的载体，是建立系统集成平台，要依托云技术，实现信息实时征集、同步更新、互动循环。信息体统具有"固化"和"可延续"的功能，可以在最大限度上保障两建工作规范化和常态化。强化技术手段，就是在市场监管领域抓住突出的问题（比如食品安全监测、环境监测等），用前瞻的眼光，加大技术投入，或是政府购买服务，确保群众的生命财产安全。

三是理论探索、文化协同。在本次考察过程中，试点单位的有关负责同志提出，两建工作目前在一定程度上缺乏理论支撑和实际指引。各市都成立了专家小组，但就如何做好两建工作，专家们在理论上尚未形成一些系统的成果。从中山实际看，结合中山市创建和维护文明城市的金字招牌建设文化强市的目标，可以将两建工作与城市文明建设的目标有机契合，在两建工作的具体推进工程中，也需要文化的协同，发挥制度和文化的两性互动，将以文化人和约束惩戒相结合。可以初步认为，从理论探索的角度，至少有这样的题目可以探讨，比如，信用是城市文明的基本要义，全民修身离不开个人信用，市场监管保障经济健康转型，市场监管与社会经济长远发展，"两建"、文明与城市软实力等。

（原载2013年8月19日《中山日报》）

中国城市公用事业市场化趋势及对策之我见

公用事业（Public utilities），是指能源(电力、燃气)、邮政、电信、供电、供水、供气、供热和公共交通等为公众提供产品、服务或由公众使用的业务或行业。按我国工商行政管理局发布的《关于禁止公用企业限制竞争行为的若干规定》，将公用企业定义为供水、供热、供气、邮政、电讯、交通运输等公用事业或行业的经营者。城市公用事业是在一个城市中受公共利益影响的产业及其活动，可以划分为五个大类：供水、供气及供热；市政工程(包括道路铺设、收费公路、收费桥梁等)；公共交通(包括公共汽车、电车、地铁、轻轨、出租汽车及索道、缆车等)；城市绿化和环境卫生(包括污水处理、垃圾处理等)。城市公用事业具有明显的地域性特点，如自来水、管道燃气、集中供热的供应只能在市内管网的覆盖范围之内进行，产品和服务一般不会跨地域地自由流动。

公用事业为广大消费者提供生活必需品，直接关系到人民群众的基本生活。往往具有一定的公用和公益性。企业投资大，回收期长，市场化程度低。其价格的形成和调整涉及大多数居民的利益，价格机制受到政府和社会干预，不能完全按供求规律行事。城市公用事业的地域性决定了其在管理和经营方面具有地方色彩，区域的差异性使其经营管理方式和水平不可能完全一致，使得不同城市公用事业商品和服务效用发挥范围、经营管理水平和利益关系相对稳定。

一、中国城市公用事业的市场化趋势

（一）关于城市公用事业的经济学分析

公用事业是经许可的垄断性行业，其市场准入受到政府的严格管制。除了因为特殊政策形成的垄断外，许多公用事业具有自然垄断的特征，即具有很高的固定成本，一旦投入运营，单位产品的边际成本很小。自然垄断的行业中只有一个或少数几个厂商存在，其形成的原因来源于规模经济。如果固定成本高(导致平均成本高)而边际成本小，很可能会出现图1中的情况。

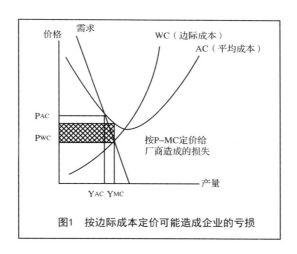

图1　按边际成本定价可能造成企业的亏损

根据帕雷托(Pareto)定理，作为考虑使整个社会福利最大化的政府，希望将价格定在P=MC处，但此时的价格低于平均成本，企业必然处于亏损状态，政府必须为该项公用事业提供图1中阴影部分所示数量的财政补贴。我国实施以国家分配资源为基础的经济发展战略，一直将自来水、煤气和天然气产业视为公益性事业，由政府直接管理。与长期以来的低工资政策相适应，公用事业采取的是低价格、高财政补贴的机制。这种做法相当于按照边际成本来定价，由政府财政来承担企业的损失。

目前西方国家对公用事业通常采取另一个次优定价政策:由私营企业拥有

和经营公用事业，而政府对价格实行管制，将价格定在P＝AC处。这种办法的缺点是:政府难以估计受管制企业的成本，通常只能采取价格听证会的形式来获得有关成本的信息。其中，具有竞争性、半自然垄断性质的产业，更易采取企业经营的形式。例如出租汽车行业很早就形成了竞争性市场。将公共交通线路通过特许经营的方式出售给企业，由政府实行价格管制也是引入竞争的一种方式。虽然每条单独的公交线路是垄断的，但不同线路之间存在相互竞争，成本高的企业可能亏损并退出市场，成本低、经营良好的企业可能会进行扩张，从而形成有效的市场竞争环境。

（二）我国城市公用事业的发展需要市场化

近十几年，西方国家采纳芝加哥学派的观点，改变从二战以来对公用事业直接管理的政策，对公用事业领域实行放松管制和改变管制方法，以优化资源配置，提高经济效益，促进企业经营多元化和提高企业活力。如英国通过发行股票、整体出售、部分出售等形式对城市公用事业实行私有化。而目前美国的公用事业，如电信、桥梁、运输、水电等等，几乎是全部民营化的。打破垄断，引入竞争可以降低经营者的成本和公用事业服务的价格，提高服务质量，促进公用事业的融资等。

20世纪90年代以来我国对公用事业的传统体制进行改革，如减少或取消财政补贴、实行以成本为基础的定价制度等。但是，从总体上看，改革幅度和变化都较小，传统体制的弊端不仅没有消除而且随着公用事业规模的扩大表现得更加明显和严重。

20世纪90年代以来，中国城市公用事业取得很大发展（见表1），但仍然难以满足社会经济发展和改善城市居民生活的需要，资金不足的问题仍然比较突出，不仅使许多新建工程项目不能如期完成，也使城市公用事业企业经营更加困难。例如城市污水、垃圾处理等事项，随着经济的快速发展，单靠财政拨款难以解决问题。建设资金不足的问题需要通过市场化来解决。

表1 中国城市公用事业的发展情况（摘要）

项目＼年份	1990	1995	2000	2001
自来水供水量（亿m²）	382.3	496.0	469.0	466.1
煤气供气量（万m²）	1747065	1266894	1523615	1369144
天然气供气量（万m²）	642289	673354	821476	1055196
铺装道路长度（km）	94820	130308	159617	176016
下水道长度（km）	57787	110293	141758	158128
公共汽（电）车数量（辆）	62215	136821	225993	229832
公园、动物园面积（km²）	40081	72857	82090	90621
清运垃圾（万）	6767	10748	11819	13470

数据来源：中国统计年鉴（2002）

（三）我国城市公用事业市场化的政策环境

近几年，国家对推进市政公用设施服务市场化供给提供了必要的政策环境。2001年12月，国家计委《关于印发促进和引导民间投资的若干意见的通知》，指出要逐步放宽投资领域，鼓励和引导民间投资以独资、合作、联营、参股、特许经营等方式，参与经营性的基础设施和公益事业项目建设。2002年1月，《"十五"期间加快发展服务业若干政策措施的意见》，指出要积极鼓励非国有经济在更广泛的领域参与服务业发展，放宽公用事业等行业的市场准入。2002年3月公布的《外商投资产业指导》中，原禁止外商投资的电信和燃气、热力、供排水等城市管网首次被列为对外开放领域。2002年10月国家计委、建设部、环保总局《关于推进城市污水、垃圾处理产业化发展的意见》，提出改革价格机制和管理体制，鼓励各类所有制经济积极参与投资和经营。随着这些政策的实施，各地政府纷纷进行了公用事业的市场化改革。例如2002年7月成都市市政公用局将6条公共汽车线路的特许经营权进行拍卖，将原有国有公交公司独家经营的公共汽车线路有偿出让。珠海市于2002年12月通过特许经营的方式，与法国威望迪亚洲有限公司、华电公司签订了污水处理合同。

2002年12月27日，建设部《关于加快市政公用行业市场化进程的意见》，表示社会资金、外国资本可以采取独资、合资、合作等多种形式，参与市政公用设施的建设，允许跨地区、跨行业参与市政公用企业经营。城市供水、供气、供热、污水处理、垃圾处理及公共交通等经营性行业的投资建设、运营、作业市场实行开放，建立政府特许经营制度。可以看出，政府对公用事业市场化的态度越来越明晰，实行的办法也越来越具体。

2003年10月14日，中共十六届三中全会通过的《中共中央关于完善社会主义市场经济体制若干问题的决定》指出，要"放宽市场准入，允许非公有制资本进入法律法规未禁入的基础设施、公用事业及其他行业和领域"，"加快推进铁道、邮政和城市公用事业等改革，实行政企分开、政资分开、政事分开"，更大程度地发挥市场在资源配置中的基础性作用，增强企业活力和竞争力。这一纲领性文件的颁布，必将大大加快城市公用事业市场化的进程。

二、城市公用事业市场化趋势的应对措施

随着技术的发展，多种竞争机制的引入，一些原本为自然垄断、不易实行市场化的行业，例如供水、供气等行业也开始不同程度的市场化。公用事业逐渐由垄断走向竞争。在这一过程中，原本处于垄断地位的国有企业将逐渐丧失过去由于政策原因带来的优势，与国外资本和民营资本处在相同的竞争平台上。

公用事业领域的企业组织形式将呈现多样化、集团化的特点。

一是投资主体多元化。国际资本和民营资本可以通过公开招标取得公用事业的特许经营权，购买和参股国有公用企业，参与公用企业的管理。

二是混业经营。目前有些中等城市对国有公用企业的改革，主要是把几个相关公用行业的国有资产进行重组，组成公用产业集团。

三是跨地域经营。在公用事业逐渐市场化以后，不同地区的公用企业之间是相互竞争性的企业。一些拥有资金、经营良好的城市公用企业不会局限于本地市场，将通过各种方式参与其他城市公用事业的经营和管理。

　　四是外资大型公用事业集团投资各地公用事业。经过多年市场经济的优胜劣汰，国外许多国家已经形成了大型的公用事业集团，由于看好中国公用事业未来前景，这些实力雄厚的集团纷纷进入中国市场。

　　面对强大的外部竞争，国有公用企业应当从自身入手，建立有效的企业经营机制，不断进行企业制度创新和管理创新。还可以从战略方面采取措施，积极应对：

　　引入竞争机制。打破原有的股权结构，推行股权多元化，引入规范的治理机制，通过重组和整合，优化资源配置。

　　拓宽融资渠道。公用事业前期需要大量的资金投入，在与实力雄厚的国际资本竞争时，国有公用企业必须也具备一定的经济实力。这可以通过股票上市、发行企业债券、合资参股等形式实现。

　　改革企业经营机制，促进制度创新和管理创新。妨碍发展的思想观念都要坚决突破，束缚发展的做法和规定都要坚决改变，影响发展的体制弊端都要坚决革除，建立和完善现代企业制度，导入现代企业经营管理理念，推进制度、管理和技术创新。

　　调整企业产业结构和业务结构，形成合理的经济规模。对于包含多个公用产业的大型公用集团，要关注不同产业的发展态势，及时调整不同产业之间资产比例，实现这个集团的效益最大化。中小型公用企业要充分发挥自己的比较优势，实现与大型企业的协作与共存，建立多赢的局面。

（原载2004年03期《城市公用事业》，2003年第16期《公用》）

"首善之区" 亟待金融引擎

近年来，中山市出台推进金融业创新发展的政策文件，安排金融业发展专项资金，力推企业走向证券市场。着力推进金融服务业发展，既有志存高远的规划，又有务实推进的措施。中山市金融业发展"十二五"规划提出，"力争到'十二五'期末，全市金融产业增加值年增长达到16%，境内外上市公司达到50家，IPO及增发、配股累计募集资金500亿元，实现打造资本市场'中心板块'的目标"，目标令人振奋和鼓舞。

东区作为中山市的中心城区，凭借特殊的地缘优势和第三产业的后发优势，完全有条件成为市域金融服务业发展的积聚平台。随着汇丰、恒生、招商等多家金融、证券、保险企业和公司总部的相继进驻，以及商务城、商务区、金融中心的落成并投入使用，东区金融服务业的发展优势日渐凸显。

金融中心是金融机构、金融产品、金融市场和金融功能在城市集聚的体现，是金融体系发展水平的凝结。金融中心对一座城市的基础设施建设、产业调整和生态文明有巨大的推动作用。东区意欲打造"中山国际金融中心"？中山是否具备区域金融业集聚的优势？东区能否在金融发展中担"首善之区"之责？破题的关键，是东区乃至中山市金融服务业现有的发展水平和未来的发展潜力。

决定金融业发展水平和发展潜力主要因素取决于经济环境、外贸环境、城市基础设施、人力资源、法治和监管环境等五大因素。从经济环境来看，金融发展水平与经济发展水平正相关，经济发展水平是金融中心建设最根本的支撑。从中山市的实际来看，城区首位度也决定了金融发展水平的"度"。外贸环境可以归属于整体经济环境。中山市具有外向型经济特点，外贸环境对金融发展的支持与经济环境对外贸环境的支持效应相近。

　　从城市层面看，城市基础设施和法治监管环境是一硬一软两个因素。基础设施是决定城市经济竞争力和金融发展水平的重要因素，但这又与城市所处地位及基础设施投入有很大关系。中山毗邻国际金融中心香港和金融创新城市深圳，如果能在市场、产品、机构，甚至制度监管上进行合作和借鉴，那么，在法治监管环境方面，中山与其他二、三线城市相比具有一定的优势。

　　人才是促进地区金融发展水平的重要推动力，实践证明，能够吸引多层次金融人才的城市对金融机构总部或各业务部门都具有吸引力。金融服务业是否具有竞争力，金融人才的衡量指标主要包括金融就业人员数量和百万人口中注册会计师和律师的数量。金融业属于现代服务业中的高端，没有人才要素支撑，就失去了发展创新的基础要件。中山市出台了筑巢引凤的相关政策以及吸引紧缺人才的配套措施，但对于金融证券方面人才的引进还要有更具备市场竞争力的举措。当然，"儿子"和"女婿"都要看重，关键还要有科学的培训开发机制与动态评估机制。

（原载2011年第2期《东区视点》）

多维发力，将优势化作实力

近日，在中国社会科学院和经济日报公布了《中国城市竞争力报告No.15》，多年来，中山城市发展水平在珠三角城市中保持相对领先，因此中山在本次排行榜中排名靠前似乎是"意料之中"，也名副其实。

如何巩固优势，补齐短板，进一步提升城市综合实力，当下珠三角各市纷纷出招。虽然发展"底子"相对较好，但中山也对此进行了深入的思考和具体的部署。去年底，在中山市党代会上，中山市委书记陈如桂历数中山五年发展成就、剖析发展优势，同时也提出了中山当前正面临四个"难以为继"。为破解这四个"难以为继"，"组团式发展"等发展新举措先后推出。笔者认为，中山在巩固和提升城市发展实力方面已有较好的思路和计划，而要将美好蓝图变为现实，关键在于抓落实。

一是要注重抓好产业平台建设，以平台建设为抓手，做强做大中心组团。产业是一个城市综合竞争力的绝对"硬指标"。过去，中山以传统专业镇为主要发展模式，创造了区域经济发展的辉煌成绩。如今，专业镇竞争力已逐渐下降，传统产业增速也不断放缓，镇区之间发展的割裂趋势明显，传统专业镇的发展模式已到了不得不改的阶段。新时期，中山应按照已确定的"组团式"发展模式，以组团为单位，推动重大产业平台建设，集聚高端要素，打造产业集群，实现产经经济实力再提升。

二是要注重抓好大交通建设，将中山固有的区位优势转化为发展动力。要把握国家、省重大交通项目布局中山的机遇，打造"四纵四横"高速公路网、"2218"轨道交通网和"五纵三横"国省干线公路网，形成公路、铁路、航空、水运、干线公路、市域公共交通的多元运输方式组合，建立互联互通的多式联运系统，打造内畅外联的大交通网络。

三是要注重强化创新驱动，壮大人才队伍。创新是城市发展的内核力量，而创新的关键在于人才。为此，中山应注重人才工作，一方面要注重区域内部的人才培养体系建设，另一方面要注重人才引进工作。随着珠三角交通网络的完善，人才的流动将进一步加快，如何吸引和留住高端人才将是珠三角各地区未来人才工作的一个重点。中山目前已制定出台了系列人才引进方面的政策，接下来应注重结合实际，抓好政策落实和调整，确保政策发挥作用，不断壮大中山人才队伍力量，为中山实施创新驱动发展战略提供人才支撑。

（原载2017年7月17日《南方日报》）

既要"星星"变"月亮"
也要"群星"更闪亮

从这三年中山入围省企500强的变化来看，中山的企业的数量还是在不断增加。纵向比较，每年增加数量不多，幅度也不大；横向对比，上榜的难度在逐渐增大，尽管目前入围企业绝大部分集中在珠三角，但粤西北地区正迎来新的发展契机，具有后发优势，是潜在的有力竞争者。佛山今年上榜34家，从量上来看高出中山一倍多，但中山的经济总量只有佛山的37%，上榜企业所占的比例接近50%。从上述几个维度来分析，中山企业"入强"的发展态势还是不错的。

再来看今年新晋的几家企业，分别是中山丝绸进出口集团有限公司，木林森股份有限公司和依顿电子有限公司，可以说都集中在服务业和科技型企业，这也从侧面反映出在转型升级背景下中山产业结构的动态调整，第三产业和高新技术企业发展迅速。这与全省新近企业"高科技是主力"是匹配的。反观部分跻身榜单已久但排名下滑相对较大的企业，大多集中在商业、日用品领域，这跟上述领域受到的电商冲击等客观因素有关，但或许也跟企业转型突破没有到位有关。

就近年来的上榜企业来看，可以总结为两大类：一个是高新企业，一个是上市企业。这也为中山企业指出了两大转型方向，一个是强化创新驱动发展战略，在技改、研发领域着力，在电子信息等新兴产业领域着力；一个是继续深入走资本市场路径，推动金融创新，通过兼并重组、股权合作等形式，实现企业的规模扩张。另外，传统领域的企业，也要把握"互联网+"和商业模式创新等机遇，并注重企业品牌培育，增强市场的持续竞争力。在转型升级和全民创业的"双引擎"背景之下，要进一步推动结构优化，释放市场活力。

当然，也要辩证地看待排名问题。中山的产业结构和企业群体特征一直存在"星星多月亮少"的劣势，从做大做强和提升"走出去"的角度来说，月亮要越多越好；但另一方面，现在也在提倡大众创业、万众创新，都想"星星"变成"月亮"，路很长，可谓任重道远，但不妨努力把"星星"变得更闪亮，群星璀璨和百舸争流的态势也许更有活力和后劲。刚刚结束的中山市委全会首次确定了创新驱动发展的核心战略地位，这将给中山带来全新的发展机遇。

值得关注的是，这次全会提到要在科研经费投入和新建研发机构方面加大力度，比如到2017年全社会研发经费占GDP比重达2.7%以上，新型研发机构比2014年翻两番，高新技术产品产值占规模以上工业总产值比重超过48%，国家高新技术企业比2014年翻一番，等等。这意味着，中山的企业将获得覆盖面更广、渗透力更深的政策红利辐射，也是中山的企业群体特别是民企军团实现新一轮崛起的最大契机。

（原载2015年8月4日《南方日报》）

3

第三辑

躬行

改革的终极评判标准是效益增长和福利增进。效益不仅是收益与成本的净值，还应包括持续的、未能预期的累积和放大效应。每一项改革都离不开先前改革因素的外在推动并又成为其后发者改革的诱因，其中效益意义不言而喻。

发展不仅是组织与个人的福利增进，还包括公平正义等内容。发展的问题仍要靠发展解决。发展需要资源配置，发展呼唤开拓创新，发展依赖环境支持。不怕做不到，就怕想不到；不怕不去做，就怕不想做。

创新是企业的钙，缺钙就会"软骨"，"软骨"便会成为社会的"包袱"，逃脱不了被重组、被改制、被淘汰出局的命运。所以美国著名企业家艾柯卡说："不创新，就死亡。"

试论将思想政治工作纳入企业文化范畴

一、问题的提出

企业文化建设的优势使人怀疑思想政治工作的"红旗"能打多久。中国的传统企业经历了彷徨与反思之后，很快从舶来的企业文化理念中得到启发和鼓舞。一些具有远见卓识的企业家以探讨企业文化为契机，对企业管理和思想政治工作进行深刻反思，从历史的经验和现实的困境中逐渐意识到，企业文化建设正是解决问题的有效途径。

一切问题的研究都不能脱离国情。我国目前正处于并将长期处于社会主义初级阶段，国有经济成分要体现一定的控制力，特别是在事关国计民生的基础性、资源性行业。对国有企业持"全盘否定"的观点是不负责任的。长期以来积累的思想政治工作的宝贵经验，形成了中国特色的企业优势，这种优势正是中国特色企业文化理论的基础。

加入WTO之后，中国企业文化建设的发展趋势体现为管理方式理念化、管理手段信息化、人力争夺本土化和文化管理"合金"化。国有企业文化推陈出新，民营企业文化成"掎角之势"，合资企业文化更是"独树一帜"。

因此，在实践过程中，越来越多的人认为，企业文化是一种全球化的先进管理思想，反映了企业管理的软化趋势；思想政治工作仅是落实党的路线、方针、政策，保持企业社会主义性质的客观需要，二者的关系是尴尬的。甚至有人怀疑，在经济全球化的形势下，思想政治工作的"红旗"能打多久？

二、企业文化与企业思想政治工作的关系

包含与被包含和相互渗透从理论上讲，企业文化与企业思想政治工作是两个不同的范畴，企业文化本质上属于经济文化范畴，而思想政治工作属于政治文化范畴。一般的观点认为，二者既不是相互包含，又不是完全重合，而是一种相互交叉，互为依存的关系。

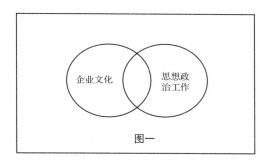

图一

然而，企业文化与思想政治工作具有内在的一致性。坚持以经济建设为中心，这是企业思想政治工作和企业文化建设的共同目标。企业文化强调以人为本，思想政治工作强调员工的主人翁地位，对象都是企业的全体员工。

从企业文化的角度来看，其核心层次——精神层的内容，如企业目标、企业哲学、企业精神等都属于思想政治工作的范围；其中间层次——制度层的形成和贯彻，也离不开思想政治工作的保证和促进作用。而从思想政治工作的角度来看，其绝大部分甚至是全部内容可以直接纳入企业文化建设的范围。

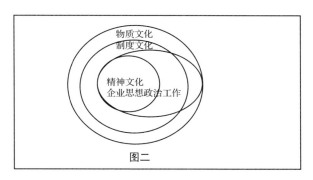

图二

因此，可以认为，思想政治工作是培育企业精神、建设企业文化的主要手段，而企业文化则为思想政治工作与企业管理工作的密切结合提供了一个很好的形式。二者的关系可以认为是包含与被包含和相互渗透的关系。将思想政治工作纳入企业文化建设，就可以使思想政治工作与企业管理工作更好地拧成一股绳，由"两张皮"变成"一张皮"。

三、发挥思想政治工作优势，系统推进企业文化建设

企业必须通过文化的力量，把企业员工聚集在同一面旗帜下，提升企业员工的整体素质，为企业创造良好经营业绩。尤其是要通过文化变革激活某些"休克鱼"，以适应新的生存环境并求得发展。

（一）将思想政治工作纳入企业文化建设是思想政治工作适应时代发展和自身改革创新的要求

随着改革的不断深化，企业思想政治工作面临越来越多的难题。传统的某些教育方法和手段捉襟见肘。单纯的精神激励已变得"老土"，以物质代精神、凡事与经济利益挂钩，也只是权宜之计，不会产生持久的内驱力。一切向效益看齐，导致思想政治工作边缘化。从外部环境看，新形势衍生新情况新问题。我们必须与时俱进，适应改革开放和市场积经济的要求，重视审视、检讨并探索思想政治工作的新思路、新方法。

企业文化在中国的发展本身已为我们提供的很好的例证。对中国传统文化的继承和批判，对西方文化的兼容和借鉴，中国许多大中型骨干企业放眼世界，一开始就提出了较高起点的企业文化建设思路，表现出鲜明的特点，为中国企业管理现代化带来了希望之光。

将思想政治工作纳入企业文化建设轨道，可以为自身的改革创新寻找到一条出路。（1）企业文化在企业的触角极为广泛，繁荣和发展企业文化可以有效地为企业思想政治工作的创新和发展提供新思路和新载体。（2）品牌塑造和形象宣传，有助于为思想政治工作营造良好的外部环境，即有助于"环境育人"。（3）培育具有企业个性的企业精神，有助于培育正确的经营观和企业伦理，本质上与思想政治工作是一致的。（4）企业文化具有重要的人际

关系协调功能，在企业内部营造一种和谐、理解的软环境，可以保证企业思想政治工作的实施效果。

（二）将思想政治工作纳入企业文化建设可以保持中国特色企业文化建设的先进方向

中国特色的企业文化建设，最重要的是以"三个代表"重要思想为指导，遵循中国先进文化的发展方向。把思想政治工作纳入企业文化建设，可以进一步发挥党的思想政治工作生命线的作用，激发企业员工的民族自豪感和历史责任感正确处理好"小我"和"大我"的关系，使企业的发展以振兴民族经济为己任，使企业精神升华为民族精神。

企业思想政治工作是党的一大政治优势。中国特色的企业文化要受到社会主义性质和特征的规定，企业精神的形成要通过科学的理论武装和正确的舆论引导。思想政治工作可以为企业文化建设提供正确的导向保证，传统的、实践证明行之有效的思想政治教育方法可以为企业文化建设有效借鉴。

（三）将思想政治工作纳入企业文化建设，可以处理好二者的关系，并可以起到系统优化的作用

企业文化是企业大系统中的一个子系统。如前文图二所示，企业文化系统的建设包涵了物质文化、制度文化、精神文化三个层面，思想政治工作是渗透于三个层面，尤其与企业精神文化休戚相关，因为企业的精神文化特别是群体价值观的形成离不开思想政治工作教育、引导和凝聚等功能。

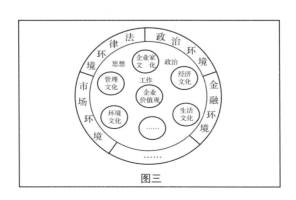

图三

企业文化渗透于企业的一切活动之中，而思想政治工作也渗透到企业文化的每一个子系统中。对内来说，企业信念，价值观念、员工士气等企业精神的构成要素，要靠一定的思想政治工作来推进；对外而言，品牌塑造和企业形象也要通过一定的思想政治工作教育和引导。将企业精神外化为企业形象，思想政治工作是必要可少的重要途径和手段。

（四）将思想政治工作纳入企业文化建设，是对思想政治工作的加强，而不是削弱

从实践来看，传统的思想政治工作暴露出来的问题，需要通过改革和创新来加以解决。将思想政治工作导入企业文化系统，可以从根本上解决理论创新问题。用系统的观点，将党群工作纳入企业文化建设的体系，将思想政治工作纳入管人、管事、管思想相统一的轨道，使企业文化建设与经济工作融为一体、相互促进、相得益彰。

把思想政治工作与企业文化建设结合起来，可以把思想政治工作做细做实。结合企业员工观念的变化，结合员工的切身利益，通过制度建设、精神培育、品牌塑造，通过系统的力量全面发挥思想政治工作的功能和作用。

随着经济全球化和知识经济的到来，世界经济已打破区域藩篱，趋于一体化。文化是民族的，也是世界的。思想政治工作只有在企业文化建设的系统中，在跨文化的管理和交流中才能不断扩大工作范围，延伸思维触角，吸取一切先进的管理思想和教育理念，起到教育、引导、团结、鼓劲的作用，并达到自身持续发展的目的。

（原载2004年03期《广西青年干部学院学报》，2003年第15期《公用》）

加强国有企业思想政治工作的"五个创新"

　　习近平总书记2016年在全国国有企业党的建设工作会议上的重要讲话指出，"思想政治工作是国有企业的传家宝"，"要把思想政治工作作为企业党组织一项经常性、基础性工作来抓"。进入新时代，面对新形势，国有企业要把握新时代要求，在加强思想政治建设上精准发力，做到"五个创新"，不断提升思想政治工作的成效。

　　一是坚持理念创新。要从"大思政"的角度出发，类似于企业全面预算管理，统筹全员参与，全过程介入，全覆盖融合，人人都是思想政治工作的主体，也是客体。要增强思想政治工作的时代感，树立创新、务实和以人为本的意识。要以问题为导向，以激发员工创新进取意识、提高企业凝聚力为目标，树立结果导向，形成思想政治工作的闭环系统。要从培"根"铸"魂"的高度，突出思想政治建设，严守"生命线"。要围绕企业中心工作，将思想政治工作融入日常经营活动，以企业的经营业绩作为思想政治工作成效的重要标准。

　　二是坚持内容创新。要以习近平新时代中国特色社会主义思想为统领和指引，牢固树立"四个意识"，坚定"四个自信"，践行"两个维护"，保证思想政治工作符合突出政治建设的全局要求和企业发展的自身需要。要以问题和需求为导向，发掘适合企业发展实际的思想政治工作内容。要从战略规划目标出发，构建符合新时代特征和企业发展匹配的教育内容体系。内容体系的构建，既要全面、丰富，又要重点突出；既有主修，又有辅修；既有理论学习，又有实践环节；既有集中学习，又有个人自学。要在内容上体现话语权创新，积极主动占领主流阵地，发挥思想政治工作的感召力和渗透力，形成企业发展的凝聚力、向心力。

　　三是坚持手段创新。面对新时代的企业思想政治教育的严峻形势，一定要适应环境条件的变化和主体对象的变化，采取多元创新的教育载体和手段。在传播媒介上，要用好传统媒体，更要充分利用新兴媒体。要充分发挥企业门户网站、微信公众号、APP等自媒体，以及企业宣传栏、内部OA、QQ群、微信群等教育载体的作用。要提升思想政治工作的趣味性，探索互动式教学及各种情境教育，提高主体的积极性和参与度。要强化实践养成，把思想政治工作的阵地延伸到窗口、车间、工地等一线实践基地，春风化雨般渗透融入基层，让基层员工更加容易接受，以达到内化于心，外化于行的效果。

四是坚持制度创新。思想政治工作是党建工作的重要内容之一，要强化国有企业党建工作的主业责任。把思想政治工作的目标任务与生产经营管理工作紧密联系在一起，建立和切实推行一岗双责制度。突出制度建设的刚性约束，创新考核机制，把思想政治工作的目标分解和措施落实，纳入专项党建考核和全面经营业绩考核，确保思想政治工作干在明处，落到实处，让效果显性呈现。

五是坚持组织创新。企业思想政治工作的成效往往与组织对党建工作的重视程度休戚相关，没有党建工作的创新，也很难有思想政治工作的创新。国有企业要充分发挥党组织的领导核心和政治核心作用，将党组织嵌入法人治理结构。要加强思想政治工作领导，建立齐抓共管的组织领导机制，形成多管齐下立体式的思想政治工作体系。要加强思想政治工作人员队伍建设，落实人员优化配置，加大培训开发和交流提拔力度。要将企业思想政治工作职能与党建、战略管控与企业文化建设整体协同考虑，以确保组织协调，真正守好"企业的生命线"。

（原载2019年7月26日共产党员网）

论公用事业企业文化建设——以中山公用事业集团为例

文化是企业的根。任何企业从创立之初起，就有自己的追求，它在创造一种产品或是提供一种服务的同时，也在创造一种文化。企业文化是企业在长期的生产实践中所创造和形成的具有本企业特色的精神财富，并随着企业的发展日益凸显和强化，是促进企业发展的核心动力之一。1998年10月31日，中山市委、市政府做出了成立中山公用事业集团有限公司的重要决定，将该市公用事业领域的部分企业从松散型捆绑为集约经营，从而诞生了"公用"。2003年底，中山市委、市政府再次决定将原有市属经营公有资产的集团公司和经营公司进行重组，成立公用集团、兴中集团两大集团，产生了"新公用"。重组以来，公用集团坚持以发展为主线，探索新形势下国有资产授权经营和管理体制改革的新路子，运用企业文化的凝聚力、向心力和感召力、带领全体员工走好改革和发展的每一步。

一、整合：统一的文化效应

重组后的"新公用"，除原公用事业集团所辖路桥、供水、污水处理等行业外，原来集团公司(资产经营公司)所管辖的子公司、孙公司，分别从原交通、建设、旅游、实业投资等划转而来，效益良莠不齐，文化迥然有异。有些是有几十年历史的国有老企，长期在计划经济体制下运行，存在着观念陈旧、机制老化、债务过重等问题，经历生存的沉重压力和来自市场竞争的严峻考验，员工的素质和心态已不足以解决积重难返的历史遗留问题，企业的发展步履维艰、进退维谷，甚至面临关闭之边缘。下属企业的复杂化、多样化和客观上存在的困难，决定了集团内部价值观的多样性和文化的差异性。

在这种情况下，我们强调重组一定要抓好三个整合，一是资产整合，二是人力整合，三是文化整合，尤其要以无形的文化力量统领全局。文化是传承的，企业文化可以是无边界的。原公用事业集团发展5年多来所形成的文化是主流，是经过不断提炼、调整和充实的。

(一)统一企业价值观

公用集团以"品牌经营服务社会"为核心价值观，并强调在系统内建立统一的核心价值观，即各个业务单元都是取之于民、用之于民，必须为服务社会创造价值。公用事业是经营城市的基础，是城市品牌的重要支撑。公用事业的核心价值在于服务社会，创造良好的经营发展和投资环境。因此，公用事业的经营管理首先必须提升到"品牌经营服务社会"的战略高度，来统一多元化经营的核心价值观和经营理念。品牌经营意味着以优质的产品和服务、标准化和制度化的高效管理、良好的形象和素质、高度的社会责任心和使命感，向社会提供高质量的公共或准公共产品。同时不断降低成本提高效率，增强企业的持续竞争力。集团坚持企业利益和社会责任相统一，在履行社会责任的前提下，实现利润的最大化，并从精神文明建设的高度，确定自己的价值取向。我们口号是"倾情关注您生活的每一天"，以立足本地，服务中山市的经济建设为己任，为把中山建设成为全省经济社会协调发展的示范市作出努力。

(二)统一企业形象

集团旗下的许多企业，都是事关市民日常生活的"民生工程"都具有一定的知名度和影响力。集团的成立需要有统一的形象，重组后，新成员的加入更需要统一的形象。公用集团在成立之初已导入CIS战略，形成鲜明的企业形象。在理念识别(MI)上提出了"以人为本、团队合作、积极进取、卓越创新"经营理念;在视觉识别(VI)上，对企业品牌标志、标准字、造型图案等方面都有明确规定和统一的标识;在行为识别(BI)上对员工教育、服务环境营造等方面也作了制度化规范。

(三)统一精神动力

集团规模的扩张，在其背后离不开强大的精神动力为支撑，即注重企业精神的培育和致力于提高企业和职工的整体素质，是成功的关键。坚持"在改革中发展，在发展中壮大"、"在整合中发展，在发展中提升"，领导班子率先垂范，务实求真，要求全体员工形成忧患意识，树立开拓创新思想，以做实做强为目标，以争创一流为动力，使集团形成讲实话，干实事，求实绩，奋发有为的良好氛围，为企业做实做强提供强大的精神动力。

二、发展：源于文化的力量

回顾集团重组以来的发展，资产的理顺、产权的界定、财务的统一监管、业务流程的规范、党的固本强基工程的推进等都是运用"新公用、新形象"统一的文化力量整合功能的结果。着重反映在处理以下几个关系上：

(一)不一定要做大，一定要做实做强

资产重组顺应了新形势下国有资产监督管理的要求，对公用集团来说，首先是一次快速发展的机遇。但是，机遇的背后也是挑战。具体表现在：资产总体规模增大，但总体素质不高；资产增大的同时，也伴随着负债的增大，有的甚至严重资不抵债；新并入的相当一部分企业，盈利能力差、净资产收益率低债务负担沉重；"一改二清"工作任务较大，在一定程度上制约着集团的轻装前进、快速发展；大量历史遗留问题比较棘手和敏感，潜伏着社会不稳定因素等。如果单纯求大重组固然已经取得规模的扩大，但是规模经济的效应不等同于规模效益的产生。因此，集团在规模扩张战略上，理念一定是做实做强。在完成重组的同时，要从现有资源出发，整合业务结构，作强主导产业，促进协调发展。

(二)用发展的眼光解决历史遗留问题

企业的重组和结构调整，必然带来企业的改革和转制，企业的改革和改制又促进了企业的重组和结构调整。重组之后，我们严格按照改革、转制有关政策，开展改革、改制、清算和关闭工作。对于营运企业，按照"要么消灭亏损、要么消灭亏损企业"的观点，给企业以扭亏增盈、挖潜增效的发展压力。面对历史遗留问题，回避不是办法，操之过急也不是办法。不能客观地历史地看待历史遗留问题，就不能辩证地解决好发展问题。

因此，对于大量存在的历史遗留问题，我们本着对政府、对企业、对员工负责的态度，从社会稳定的大局出发，坚持用发展的观点，负责任和实事求是地积极地消化和解决。

(三)用法人治理结构处理母子公司关系

企业文化随着企业的发展而不断丰富。然而，对于一个有着几十家全资、控股、参股公司的集团型企业，如何处理好母子公司之间的关系十分重要。在实践过程中，我们既强调集团整体价值的统一，又注重不同企业不同特点的企业理念，体现统一与兼容并存。我们强调集团主流文化，同时，也鼓励各下属公司把握主流和导向的基础形成百舸争流的子文化。制度是文化建设的重要载体和具体的层面。集团公司按照现代企业制度积极推动建立法人治理结构，按国有资产监督管理的规则理清权责关系，先后形成了各公司章程、子公司治理规范意见、外派产权代表管理办法、董事会、监事会议事规则等一系列文件和规定，使公司在规范化、科学化、制度化的轨道上运行，形成了一整套有效运作的权力机构、决策机构、监督机构和经营管理者之间的制度体系和制衡机制。文化的整合实际就是在制度安排基础上的价值观念的统一，用整个集团的战略目标去影响和引导属下单位和全体员工，用集团统一的文化理念去激励、鞭策和统领各个成员单位，也只有在同一种文化的作用下，集团和所属单位才能造就出整体实力，同时整体利益和局部利益才能形成高度的一致。

三、启示：基于文化的思索

面对国际竞争国内化、国内竞争国际化的趋势，立足打造公用事业领域的品牌企业，我们要获胜，要做行业先锋，必须要用优秀的文化力量来提升集团的持续竞争力。未来企业的竞争，是市场的竞争，是科技的竞争，是人才的竞争，更是文化的竞争。公用集团企业文化建设的经验至少引起以下几点思索：

（一）企业文化首先是领导文化

领导班子成员有长期的企业工作背景，对企业的运作有十分丰富的经验，摸爬滚打不同企业的工作经历锤炼了务实作风和开拓能力，以高度的使命感和强烈的责任感，凝聚班子合力、带领管理团队，确保实现国有资产的保值增值的目标。班子成员善于把握全局，公道正派、廉洁自律和开拓创新在广大员工中产生了良好的示范作用。同时，领导班子十分注重宣传集团的战略目标和文化理念，十分注重企业品牌形象的维护和建设，十分注重企业精神和企业伦理的建设，为企业文化的全面推广起到了极为重要的引导作用。

尊重知识、尊重人才、唯才是举，坚持客观公正、德才兼备的选人用人标准，关注脚踏实地的业务骨干，"不要让一个'雷锋'吃亏"，是公司树立正气、形成良好文化氛围的关键所在。

（二）企业文化的形成关键在定位

追溯我们集团企业文化的发展轨迹，主要经历了三个阶段：创业文化阶段、调整文化阶段和兼容文化阶段。创业文化阶段是奠基性的，特点是充满热情和理想主义，当中也包含最初对各家下属企业文化的整合。调整文化阶段，是基于战略目标调整基础上的扬弃和纠偏，特点是理性和务实。兼容文化阶段是重组之后，是注重用集团主流文化统领整合，特点是继承和兼容。同样，面向未来，企业文化务必要定位好，千万不能走偏。

（三）企业文化建设既要实效又要长效

企业文化建设不能停留在一般的理念，企业文化是具体的东西，光有一套理论和说教不行。观念文化只有转变为行为文化才会产生生产力。企业文化又不能局限于太具体的东西，轰轰烈烈地搞几次活动建设不了企业文化。

企业文化建设不仅要实效，还要有长效机制。文化具有传承性，企业文化不是一朝一夕之事，但又重在建设。刻意地追求效果是徒劳的，期待不经意和顺其自然也是不科学的，没有积极的态度和创新因子的输入，即使是优秀的文化也要枯竭。创新是企业文化的生命，一味地依靠经验只能是使企业文化陷入平庸和流俗。

（四）企业文化建设是一项系统工程

可以认为，企业作为一个经济主体，只有两件事，一个是经济，一个是文化。前者体现了企业逐利的本质要求，后者是企业生命力、竞争力和发展刀的源泉，二者相辅相成。

在国有企业，当然还要"讲政治"，即要开展思想政治工作，保证党组织的政治核心地位。从这个意义上来说，企业文化绝不是单纯形而上的事情，要把它作为一个系统工程来抓。可以找一个契合点，把思想政治教育，甚至是一些群团组织的群众性事务都纳入企业文化建设范畴。这样做，一方面有利于保证企业文化建设的先进方向，也有利于适应经济全球化的趋势，发挥企业文化普遍的"威力"，还有利于为传统的宣传教育和管理手段找到一个全新的突破口。

从上述的几个启示中，我们认为，构筑集团优秀的企业文化，打造统一的文化品牌，必须要重点把握好五个方面：（1）在建设集团企业文化时，既要继承，又要兼容，更要创新。（2）在企业文化建设中，既要为集团的战略目标服务，又要兼顾各个成员单位的特点和体现广大员工的心愿。（3）可以尝试把思想政治工作纳入企业文化建设范畴，建设企业文化系统工程。（4）企业一定要按经济规律办事，不唯上、只唯实，树正气，亲忠诚有识之士，远圆滑世故之人。（5）在汲取各成员企业文化建设养分并鼓励"百花齐放"的同时，更强调集团整体的统一，引导各成员单位把自己的文化纳入集团企业文化体系中，即要建设主流文化，打造公用统一的文化品牌。

（原载2005年04期《中山大学学报论丛》，2005年第24期《公用》）

国有企业财务管理的现实问题与出路

在国有企业中有相当部分忽视财务管理的核心地位，管理思想僵化落后，使企业管理局限于生产经营型或某种固定的管理格局之中，企业财务管理的作用没有得到充分发挥。另一方面，由于受宏观经济环境变化和体制的影响，企业在财务管理方面遇到各种现实因素的阻碍。例如：在一定程度和范围内的政府和行业管理部门的干预，可能使企业管理目标异化；企业领导者过于强调个人影响，尤其在重大决策方面缺乏民主、科学与稳健，也会给企业造成难以弥补的损失。

一、财务管理存在的现实问题

（一）财务管理中的风险理财

随着经济活动的网络化、虚拟化，信息的传播、处理和反馈速度将会大大加快，倘若企业内部和外部对信息的披露不充分、不及时，或者企业不能及时有效地选择利用内部和外部信息，会加大企业决策的风险；由于知识积累和更新速度的加快，倘若企业及其员工不能及时做出反应，就不能适应环境的发展变化，会进一步加大企业的风险。高新技术的发展和"媒体空间"的无限扩展，很多企业将目光移向一些所谓"将'烧钱'进行到底"的行业，由于产品周期、核心技术的掌握和人才的缺乏等问题，企业存在的不仅是存货的风险，更重要的是产品设计和开发的风险；在追求高收益的驱动下，企业往往不屑于经营某些传统行业，而将大量资金投放在资本市场和高新技术产业，使投资风险有所扩大。因此，如何有效防范、抵御各种风险，使企业更好地追求创新与发展，是企业财务管理需要研究和解决的重要问题。

（二）财务会计控制力度不足

首先，虽然许多企业建立了较为独立、渠道多元的融资体系，但现金管理不够到位，有些企业现金没有很好周转，有些企业资金使用缺少计划安排，有些企业潜伏资金风险、甚至濒临困境而不觉察。其次，应收账款没有建立严格的赊销政策，缺乏有力的催收措施，应收账款形成长期呆账、死账。再次，尽管许多企业推行全面预算管理，但由于目标的不一致导致预算编制缺少"科学性"，执行与考核的力度不够，效果差强人意。

（三）财务管理理论与实际的脱节

传统工业经济时代，经济增长很大程度上依赖厂房、机器等有形资产，在知识经济时代，企业资产结构中以知识为基础的无形资产、信息化管理、人才素质、产品创新等无形资产所占比重将大大提高。众所周知，财务管理教学和考试在现实工作中应用甚少，这一方面暴露了实际工作中财务管理水平的贫乏，同时也凸现了财务的理论与现实的脱节。比较典型的是，企业财务管理知识的积累不适应投资决策的需要，对资金的时间价格、机会成本以及无形资本关注较少，不善于用系统的发展的观点去预测和评价资本运营的绩效。

（四）机构设置与人员素质不适应信息化和知识化理财

知识经济的特点集中反映为一切经济活动都必须以快、准、全的信息为导向。企业财务机构的设置应是管理层次及中间管理人员少，并具有灵敏、高效、快速为特征，我国现有企业财务机构大多是金字塔型，中间层次多，效率低下，缺乏创新与灵活。同时，在机构设置中，财务管理的职能弱化、界限模糊。财务人员的理财观念滞后，理财知识欠缺，理财方式落后，习惯地一切听从长官意志，缺乏真正对企业法人负责的责任感和法规意识，缺乏掌握知识的主动性，缺乏创新精神、创造思维和创新能力。

二、解决财务管理问题的出路

（一）准确设定财务管理目标，人本化理财

目前，学术界普遍认为，现代企业财务管理目标是"股东财富最大化"，这一目标定位考虑的只是产权所有者——股东的利益。从"利益相关者合作产权"的观点出发，现代企业实际上是财务资本与知识资本这两种资本及所有权之间的"复合契约"。因此，企业财务管理目标应从两个方面重新定位。

1.财务目标多元化

随着知识资本的地位不断上升，人力资本将成为决定企业乃至整个社会和经济发展的最主要资源，是决定社会财富分配的最主要因素。企业的每一项活动都是由人发起、操作和管理的，甚至可以说，企业的成败得失归结到一点就是是否正确对待人的问题。因此，财务目标不仅要考虑财务资本所有者的资本增值最大化、债权者的偿债能力最大化、政府的社会经济贡献最大化和社会公众的经济责任和绩效最大化，更要考虑人力资本所有者（经营者与员工）薪金收入最大化和参与企业税后利润分配最大化的财务要求。

2.财务责任社会化

从利益相关者的角度出发，企业既要考虑资本投入者的财务要求，又要兼顾履行社会责任的财务要求。把企业的社会责任纳入财务目标体系是"利益相关者合作"逻辑下的必然选择。因此，企业必须履行社会责任，特别是关系国计民生的资源性、基础性产业，更要积极关注和维护社会公众利益，这既有助于企业实现其经营目标，也有助于其在社会大众中树立良好的形象，促进自身和社会的协同发展。

（二）强化风险管理，促进竞争与合作的统一

市场经济使任何一个企业都存在着蒙受损失的可能，这种可能性不会因为市场发育的成熟而缩小。因此，财务人员必须有正确的风险观，善于捕捉环境变化带来的不确定因素，有预见性地采取各种防范措施。强化风险管理，首先要强化财务管理人员的风险意识，及时调整财务人员适应新环境的

知识结构，使他们能够具有及时捕捉风险、衡量防范风险的能力；其次，要以务实的作风，加强调查研究，运用科学的方法（特别是定量分析）对投资项目进行预测、评估和跟踪，提高决策的科学性、可行性和应变性；再次，在资本市场与高新技术产业的投资风险远远大于固定资产投资，要量力而行，慎之又慎。

由于科学技术的迅猛发展，市场竞争的日趋激烈，信息网络化、科技综合化和经济一体化，企业必须要注重竞争与合作的统一，遵守既定的游戏规则。企业财务人员更要善于抓住机遇、直面竞争、趋利避害，灵活处理和协调企业间的合作伙伴关系，促进竞争与合作的统一。

（三）企业要苦练内功，加强财务控制

要把强化资金管理作为推行现代企业制度的重要内容，贯彻落实到企业内部各个职能部门；要努力提高资金的使用效率，使资金运用产生最佳效果，为此，一方面要使资金的来源和动用得以有效配合，另一方面要准确预测资金收回和支付的时间；要建立健全财产物资管理的内部控制制度，加强内部牵制，定期检查盘点；对应收账款，要定期核对、认真追收，严格控制账龄，对死账、呆账，在取得确凿证据后，及时、妥善进行会计处理。

（四）理论联系实际，发挥财务管理参与重要决策的能力

知识经济的到来，使无形资产成为企业主要的、也是非常重要的投资对象，我们应该运用新的财务管理理论，探索建立切实反映无形资产状况及其结果的决策指标体系，并以是否给企业带来人力资源积累、提高人力资源质量、增强企业创新能力及技术发展能力作为效益评价的标准。在实际工作中，在企业结构调整、投资、筹资等重大方面发挥财务管理决策能力，体现企业财务管理的核心作用。

（五）改革财务机构，提高财务人员素质

WTO和知识经济时代对财务机构提出高效灵活的要求，改革现有财务结构，培养具有复合与创新能力的高素质的财务人才是当务之急。单从国有企业的角度，其一，要改革现有的企业管理体制，分设财务与会计机构（至少在同一部门分清岗位，厘清职责），使现有的财务人员明确自己的职责，促

使他们"充电"并调整现有的知识结构。其二，集团型的企业应全面推行财务软件升级，实行会计信息的集中管理，为保障会计信息的真实提供物质前提。其三，加强财务人员的培训工作，不仅仅局限于会行从业人员的继续教育，依据财务人员的工作性质，集中的、封闭式的培训是一个实实在在能取得实际效果的做法。

（原载2004年第8期《中国西部科技》，2002年第9期《公用》）

关于新形势下国有企业团工作的思考

随着现代企业制度的推进和改革改制工作的进一步深入，公有企业共青团工作如何面对新形势、新情况、新问题，在改革和市场经济大潮中找准自己的位置，紧紧围绕企业中心工作，选准切入点和着力点，走一条与时代合拍共振的共青团工作新路子，是公有企业团组织和青年工作者需要深入探讨和研究的重要课题。

一、公有企业共青团工作面临的挑战

改革、改制和推行现代企业制度，与之相适应的系列政策法规也相继出台。但是一系列政策和法规的推出，对公有企业共青团工作并没有明确的定位，或者仅是从党群工作的整体上做了一些原则上的指导。因此，面对改革的不断深化，公有企业共青团工作不可避免地面临来自各方面的挑战。

（一）公有企业共青团工作淡化的趋势依然存在

就社会大环境而言，我国已经加入WTO，"海外势力"全面介入，市场竞争将日趋白热化。公有企业中尤其是基础性资源性的行业面临从未有过的严峻挑战。面对种种"接轨"的要求和国外先进的经营管理模式，企业在重市场、重效益的同时，抓经济工作和抓党群工作"一手硬，一手软"的现象势必会直接地影响共青团工作的开展。在这种情况下，如果团组织不能审时度势，开拓创新，就很难在企业改革和发展中"有为"，当然也不会"有位"。

从内部环境看，在深化公有企业改革过程中，减员增效是大势所趋，分流也好，下岗自谋生路也好，员工队伍的逐渐萎缩势必导致团的工作对象日趋减少。如果企业的团组织不能够根据形势的发展适时地做出改进措施，团的活力就会逐渐枯竭，团的工作也就很难有所建树。

（二）企业青工的价值取向、行为方式出现新的变化

随着社会各个阶层群众普遍的价值取向和行为方式的多元化，青年群体不能不受到影响并表现出典型的特征。追求物质利益、精神世界空虚；理想信念淡薄，敬业精神沦落；看重自我实现，漠视集体利益；寻求感官刺激，逃避集体活动等，这些现象和问题，用原有的教育方式和工作方式很难取得好的效果，团组织的宣传教育功能一定程度上受到很大的削弱。

（三）现代企业管理理念和模式使团组织的地位边缘化

在推行现代企业制度过程中，引进了国外先进的管理理念和模式。舶来的企业文化理念和传统的精神文明建设尚未找到很好的契合点。因此，在转换机制、机构改革中，撤并团组织、减少或不设专职团干等现象屡见不鲜。随着企业管理的不断组织化、程序化，团组织这一传统的"助手和后备军"很难再为青年搭建施展才干的舞台。

（四）团组织自身也存在着不容忽视的问题具体表现

一是部分团干部认识不到位，对团的工作缺乏自信心；二是团组织吸纳优秀人才的机制尚未建立，共青团人才培养的"政治优势"弱化，一些团干部不愿进入团干部行列，认为团的工作是"不务正业"，认为团的岗位是"小儿科"；三是工作方式单一，缺少热情和创造性，被动地跟着"形式主义"和"花架子"跑，工作效果不尽如人意。

二、公有企业共青团工作也面临发展的机遇

在困难和挑战的背后，也有令人鼓舞的一面。从共青团的长远发展来看，应该说是挑战也是机遇。

一方面，企业的改革给团的工作带来了全新的发展空间，从某种程度上来说，在改革的形势中，企业比以往任何时候更需要共青团组织发挥积极的推动作用；另一方面，青年群体发生了变化，他们的思想更为活跃，无禁锢，不盲从，更具开拓意识，如此等等，这给共青团组织发展提供了全新契机。

此外，值得一提的是，受长期的良好的思想政治教育氛围的熏陶，公有企业相当一部分团干部政治坚定，作风过硬；耐受力强，能面对困难和挑战，保持积极进取的精神状态；能发挥模范带头作用，与企业同呼吸、共命运，为团组织增添光彩。同时，绝大多数青年立足本职，爱岗敬业，为企业的发展、社会的稳定做出了应有的贡献。因此，公有企业团组织要与时俱进、不辱使命，在积极为提高企业经济效益的前提下，要认真履行教育和服务青年的工作职能。不论是对企业的经济工作，还是对企业的文化建设，共青团组织都有着其他经济组织和部门不可替代的作用。这就迫切要求团组织化被动为主动，适应企业改革和改制工作，把工作成果的终端显示转移到侧重企业改革与发展的思路上来，进行共青团工作企业行为化改革，在改革中求拓展。

三、加强和改进公有企业共青团工作的措施

企业的改革越是处于关键时期，团组织越要比任何时候勇敢地肩负起团结、带领广大团员青年投身经济建设主战场的重任。要把握大局，注重调研，围绕中心，服务青年，练好内功，使团的工作举措具有现实性、科学性、可操作性和前瞻性。

（一）把握大局，积极主动争取党政的重视和支持，是做好共青团工作的前提

"党有号召，团有行动"，企业团组织一定要正确领会党政领导的意图，服从全局需要，为企业中心工作服务。一方面，要积极主动地向党政领导请示工作，最大限度地求得"政策上"的支持。另一方面，要发挥桥梁和纽带作用，及时向领导和有关部门反映青年的合理要求，下大力气营造企业青年成长的环境，为青年成长和成才服务。

（二）围绕企业中心任务开展工作是团工作的永恒主题

企业共青团要有所作为，围绕企业中心任务开展工作是永恒的主题。有为才能有位。作为企业团组织，要把围绕经济工作，多为企业挖潜增效、增收节支出谋划策、出力流汗作为企业的主攻方向。紧紧围绕企业中心工作开

展青年喜爱、党政欢迎的多种形式的活动，在活动中贯穿企业文化导向，创建良好的企业文化氛围，并在青年身上得以体现。把青年成长和企业技能创新有机结合起来，既体现团组织的强大凝聚力和向心力，又能为企业创造良好的经济效益和社会效益，这是一个双赢结果。

（三）加强调研、注重反馈，及时了解掌握青年思想脉搏是企业团组织开展工作的基础

只有了解和掌握广大青年的思想动态和特点，适时地有针对性地组织和开展形式多样的活动，企业共青团工作才会充满生机和活力。当前团的组织行为与青年价值取向之间存在着一定的差距，加之传统国企相对封闭的管理模式和运行机制，难以满足青年的成长、成才的要求，如果企业团组织不能深入地了解和掌握这些变化，不能正确地分析这些变化的成因，企业共青团工作就会偏离青年的思想，甚至会出现无的放矢、误入歧途的结果。为此，团组织一定要结合公有企业青年群体不同阶段的思想状况认真调研，搜集整理就企业改革改制和企业生产经营管理方面的看法和建议，认真分析，主动沟通，增强信心，达成共识，形成合力。可以肯定地认为，企业共青团工作根在青年、源在青年、基在青年。了解青年、研究青年，是目前公有企业团组织的一项迫切的工作任务。

（四）加强团的自身建设，建设一支强有力的团干部队伍是企业团工作的坚实保障

共青团工作要有实效性、创造性和前瞻性，团干部队伍的素质是关键。扎实开展和推进企业团的工作，建立一支强有力团干部队伍是坚实的保障。重视和抓好团的组织建设是共青团的光荣传统，以党建带团建、以党建促团建是加强团的组织建设的有效途径。党建带团建是一项以党带团、双向互动、共同发展的系统工程。作为团组织自身，应通过创新的手段，在团建的发展方向、目标原则、创新要素、发展阶段和评估标准等方面有新的突破。要积极争取党政等有关方面的支持，在制度上、政策上、经费上保障企业团建工作向纵深发展。

事业的成败得失，关键在于人。培养朝气蓬勃，富有战斗力的团的干部

队伍，是企业团建工作的重要任务。应在企业人力资源规划体系内建立团干部培养、选拔和使用机制，塑造适合团干部施展才华的良好环境；真正把作风好、能力强的年轻干部作为企业党政管理人才的后备力量。要建立人才储备库，形成人才培养梯队结构，尤其要注意把业务干部的培养和团干部的培养结合起来，形成双向疏通机制，真正为每一位优秀青年提供一个广阔的发展空间。

（原载2003年12月《广西青年干部学院学报》，2003年第14期《公用》）

抬头看路：HR管理要以战略为导向

最近，与一位富士康的高管聊天，谈到了很多关于人力资源管理（简称：HR管理）的话题。这位高管在闲谈中多次提及，他们的老板非常强调管理者应该具备"三局"的能力，即有格局、能布局和重步局。我觉得，这所谓的"三局"，对HR管理很有启发，格局是战略管理的层次，布局是战略的分解和资源配置，而步局则是目标任务实施的步骤和方法。没有一定的格局，布局和步局未必有南辕北辙之虞，也有事倍功半之忧。现代人力资源管理强调科学、重视工具是正确的，但是，不能唯技术论和陷入工具主义。通俗一点说，就是既要埋头拉车，又要抬头看路。

今天研讨会的主题是战略性人力资源管理，我的演讲主要分三方面内容，或者说是三个逻辑层次的内容，包括企业为什么要高度重视战略、HR管理为什么要基于战略和HR管理在实践中如何以战略为导向。

第一个问题是企业为什么要高度重视战略？这听上去似乎与HR管理没有关联，其实不然，HR管理只是企业管理的一个职能模块，即便是企业战略管理也不过是企业生存发展的"格局"层面的手段。而企业是个微观经济主体，如同人的本质在于社会性一样，企业这个微观主体绝不是孤立的，其成功失败兴衰荣枯也不是偶然的。

据美国《财富》杂志报道，美国中小企业平均寿命不到7年，而中国，中小企业的平均寿命仅2.5年。美国每年倒闭的企业约10万家，而中国有100万家，是美国的10倍。中国企业短寿已经是不争的事实，这其中的原因也许是复杂的，但肯定与中国企业缺乏战略管理意识有关。从企业的角度出发，要从战略的层面时刻关注宏观经济环境的变化，行业发展和产业政策的调整。

国家为什么要看重GDP增长要超过8？因为只有这个数据才能应对新增的

就业和对资源的合理消耗；为什么高度关注CPI，又要防止通缩？CPI突破警戒线很可怕，而经济的滞胀比温和的通胀更麻烦。市场流动性和PMI指数直接会影响到企业的资金成本和景气指数。可以说，货币政策、财政政策和汇率政策无一不直接或间接地影响着企业的生存和发展，而行业政策和产业政策也决定了企业的周期走向。

劳动力因素既是宏观因素，也是微观因素。原来我以为只有珠三角碰到了民工荒，认为民工荒是个伪命题，是老板们孤寒，没有与时俱进。没想到我清明期间，回到家乡苏北，我们淮安这个原本农村劳动力极为丰富的地方不缺人，哪知道，现在也要由政府为企业组团到河南这样人口大省去招工了。因此，面对外部环境的不确定和不断变化，企业高度重视战略管理，从内外两个维度考虑资源的支持、匹配和合理配置。

第二个问题是企业HR管理为什么要基于战略？ 在我们国家，人力资源管理经历了人事管理到人力资源管理的变迁，现在又提人力资源向人力资本的过渡。至少有一个现象大家是会认可的，直到今天，很多企业没有从实质上建立科学的人力资源管理体系。企业老板口头上重视，但实际上对人力资源管理的科学性认识不足。人力资源管理缺乏战略的支持，整体工作找不着北，甚至频繁做无用功。

一个企业，如果战略管理缺失，那么人力资源管理就会完全听从长官意志，一些工作思路和定位因主要领导的改变而改变，因主要领导的注意力的改变而改变。因为战略缺失，HR部门比起销售、财务，甚至生产等业务部门显得弱化，很容易成为矛盾的焦点。也因为战略的缺失，HR管理中的模块管理也会捉襟见肘、漏洞百出。

企业若有系统的战略管理，HR管理不能游离和置身事外。HR管理本身也要有战略规划，其基本的依据就是组织战略。HR战略只是战略管理体系中的一个职能模块，既要以总体战略为前提并与之匹配，又要与其他职能战略和业务战略协同，最终目标是组织目标的达成和实现。这一点，企业的决策层和经营管理层要有高度的共识，上要充分尊重HR的科学性和专业性，下要发挥主观能动性，做好基于战略的HR自身体系建设和模块突破。

第三个问题是HR管理在实践中如何以战略管理为导向？ 我们通常知道

HR管理体系有规划、招聘与配置、培训与开发、绩效管理、薪酬管理以及员工关系管理等六大模块，也有不同版本的"五才管理"分为五个板块，基本是换汤不换药。下面，从六个方面共同探讨一下，HR管理的具体模块如何在实践中体现以战略管理为导向。

关于规划。 HR规划其实就是一个职能子战略，其前提和依据是公司战略。HR规划的制定要结合企业发展的阶段，逐步、渐进和留有余地，同时，要具有可行性，尤其考虑内部资源的匹配。涉及"人"的问题，很多是刚性的，特别是在国有或国有控股企业，"请神容易送神难"。规划的制定，还有一个重要的问题是要有高层共识，或者说有老板的明确支持，不然，你HR部门白忙活半天，后来发现一件事也做不成。

关于招聘与配置。 招聘与配置，要以公司战略为导向，同时基于HR子战略。招聘与配置，首先要处理好内外关系，善用存量资源是吸引增量资源的最好广告。其次，要注重过程的有效性和结果的实用性。人员的招聘，要充分运用专业手段，充分尊重专业判断。对人的判断，"阅人无数"的经验固然重要，但不能太相信主观。曾经听一位企业高管说，搞什么测评和面试啊，一个人到我眼里五分钟就能识别了。我很反感这样的言论和做法，这样的高管根本不懂HR管理，无知而无畏。当然，对人的判断也要重视工具之外的功夫，如果是内部选拔，则一定要参照之前的绩效考核结果，充分重视主管的评价和群众公论。因人设岗和萝卜招聘一定是体系出了问题，或者说是"长官意志"对科学性和制度化的强暴，应当摒弃。

关于培训与开发。 培训与开发同样要基于公司战略与HR子战略。培训与开发首先要明确目标，是什么性质的培训，锦上添花还是雪中送炭。比如说，属于重点关注和培养关键员工的培训可谓锦上添花，属于运用绩效考核结果培训后进员工的，可谓雪中送炭。当然，不管什么样的培训，都不能整成"准福利"，这在国企尤其要注意。培训开发的另一个重点和难点工作是，如何评价培训的绩效，如何衡量培训的投入产出关系。培训和开发作用于员工的效果是间接地，因此必须充分重视培训开发的效果，减少应知应会的知识性培训，加大挖掘潜能的开发性培训。

关于绩效管理。 绩效管理是HR管理的核心模块，但仍然要以公司战略和

HR子战略为前提和依据，这也是绩效管理注重目标导向的落脚点。目前，绩效考核管理的主要问题是简单的拿来主义和烦冗的工具主义。简单的拿来，是指照搬别的企业的做法，但很快出现水土不服。烦冗的工具主义，则是太过追求完美，考核过于烦琐，员工疲于奔命又怨声载道，反倒影响了工作效率。考核只是手段，如果当作目的就舍本逐末了，当然，如果过于简单草率，考不出子丑寅卯，同样不可取。绩效考核是个闭环的管理系统，结果运用既是最后环节，也是下一个重新开始的指挥棒，因此决不能荒废和弱化。如果考核结果得不到运用和及时运用，那么考核最终会流于形式，战略性的绩效考核没有最好，只有更好，如果没有高层共识和文化配合，也会失去最终的效力。好人主义、平均主义、上梁不正下梁歪和虎头蛇尾都是考核的大忌，考核需要环境、文化和整个管理体系的配合。

关于薪酬管理。人力资源是企业第一资源，人力成本也是企业重要的运营成本。薪酬管理看上去是企业员工劳动契约的核心反映，与绩效考核的结果运用休戚相关，因此，薪酬管理的政策同样要基于企业战略和HR子战略的通盘安排。薪酬管理要体现公平性和竞争性，这是保健和激励双因素理论的充分体现。薪酬管理要注重方案的合理性和兑现的及时性，"好日子先过"和"捞一把就走"都是极不健康的表现。由于薪酬本身具有的刚性，因此，薪酬改革一定要注意动态性，"小步快走"比大起大落的综合效应好。不要总是强调"重赏之下必有勇夫"，因为你下得起重金，别人也许比你更能。

关于员工管理。从资源的角度看，企业员工量和质、培训开发、配置使用以及整个人力资源成本预算等，都离不开通盘考虑和战略安排。从战略和文化的层面，企业员工的管理包括有形管理和无形管理，有形管理靠制度，无形管理靠使命和愿景。从手段上讲，员工管理包括刚性管理和柔性管理，刚性管理靠制度和法规，柔性管理靠人本意识和情怀，靠合作共赢的团队精神。我们非常反对企业"见物不见人"的唯利是图，反对缺乏平等和公平的"长官意志"，反对不是我赢就是你输的"零和博弈"。我经常对一些从事劳动监察的同志说，不管是企业，还是员工，一旦动用劳动仲裁法规，就没有真正的赢家了。当然，通过法律渠道捍卫正当的权益是对的，这是社会和谐善治的底线。

回顾一下我们探讨的三个问题，面对宏观经济环境和复杂多变，面对HR管理面临的新的挑战，企业一定要有适应外部环境和匹配内部资源的战略规划和安排，HR管理要基于企业的战略，参与战略制定并以战略为依据，围绕经营目标和业务发展，内外结合、上引下联、左右兼顾、刚柔并济、虚实结合、技术与艺术并用，抬头瞄准目标，低头踏实前行。

（原载2013年第11期《中山人力资源社会保障》）

创新孕育于过程推进之中

创新："始造之也"。根据公认的熊比特的创新理论及联合国经合组织 (OECD)的权威定义，当前创新战略应当重点突出过程推进。突出过程推进，实际上是实现一个过程，实现一个潜在的经济和社会价值的过程。

企业是整个社会肌体中最能产生创新原动力的组织。创新是企业生存发展的重要条件。创新激发活力，创新孕育发展。缺乏创新智力、创新动力和创新能力的企业，只能坐享其成，只能靠"天"吃饭，只能坐吃山空。创新是企业的钙，缺钙就会"软骨"，"软骨"便会成为社会的"包袱"，逃脱不了被重组、被改制、被淘汰出局的命运。所以美国著名企业家艾柯卡说："不创新，就死亡。"

如同改革和发展，创新也是一个观念问题。2004年《创新美国》提出："创新是把感悟和技术转化为能够创造新的市值、驱动经济增长和提高生活标准的新的产品、新的过程和新的服务"。因此，创新更强调具体过程和方法，是个实实在在的范畴。害怕"做得多错得多"是不敢，强调"无过便是功"是不愿，只会"按部就班走套路"是不能。很多事情不是"不能也"而是"不为也"。说白了，惧怕创新、回避创新和抵御创新的根源是既得和潜在利益的维持和保护。

创新与学习天然不可分割。创新的核心是知识创新，知识创新是创新的过程又是结果。组织的目标是打造学习型组织，学习型组织的学习自然重在"组织"而非个人。基于组织要求的员工培训是员工的义务，对于岗位胜任、对于绩效薪酬、对于生涯规划无不休戚相关；基于组织要求的员工培训，又是一种权利、一种"福利"、一种凝结个体创新能力的"长线投资"，何乐而不为！

资产重组的过程包含着无数个创新的思路和方法，对于提升企业的经营活力、竞争能力、持续发展力往往具有全局性、根本性的意义。国有资本的主导作用体现在"控制力"，资本的控制放大效应已产生许多快速扩张和倍速利润的"神话"，我们还能抱着国有股权不能稀释和不能给中小股东"埋单"的教条和短视以表对国有资本所谓"守土有责"的"愚忠"吗？持续的经济"牛市"使无数"卷起裤管上岸"的投资者都明白货币的时间价值、孳生理论和流动性过剩，我们还能一厢情愿地看待国有资产的静态价值吗？

整体上市符合国有资产经营的战略利益，是上下齐心、共谋发展的创新之举。过程是艰辛的，过程又是极富价值的。没有不景气的事业，只有不争气的人。突出推进和持续改进，才会达到一个众望所归的目标。

（原载2007年第36期《中山公用》）

把握改革的效益意义

改革是一个历史和普遍的范畴。作为微观经济组织，企业有着自身的生存铁律，如同自然规律，企业也有上升、高峰、平稳、低潮的生命周期。如何在停滞之时恢复生机，如何在绝境之处"凤凰涅槃"，改革（组织变革）是必然的选择。

国有企业首先是企业，企业本质是利润的追逐，或谓"价值最大化"。无论行业背景如何，概莫能外，否则，就没有活力、竞争力和生命力。国有企业改革是城市改革的滥觞，却又是最后的"坚垒"。从扩大企业自主权的试点到以承包制为主体多种经营方式推行，从转换企业经营机制到全面建立现代企业制度，国企改革经历了一个由表及里、由浅入深的过程，其间围绕的一个核心问题是如何激发微观经营主体的活力。挖潜增效，走向市场，直到找到一个真正的方向：建立现代企业制度。

制度的构建和安排是步履维艰的，其间包含着实施过程的成本预期。改革是一个经济、政治、社会、文化心理嬗变的过程。利益重组是改革的题中之义和必然结果，尽管是"帕累托改进"，而摩擦、冲突总是不可避免。因此，改革一定有成本，如同新生命诞生前的"阵痛"。改革的成本主要包括经济成本和社会成本，内生于个人理性与集体理性的冲突。"机会人策略行为"不断地使"改革"偏离经济效益提升和社会福利增进的目标函数。同时，放大的负效应使改革成本及其预期成为改革的掣肘。

普遍意义上说，衡量改革的价值绝不能只顾及改革成本，改革成本往往给"和事佬"及"不作为"假以"和谐""稳定"的借口。改革的终极评判标准是效益增长和福利增进，即效益意义。效益不仅是收益与成本的净值，还应包括持续的、未能预期的累积和放大效应。每一项改革都离不开先前改革因素的外在推动并又成为其后发者改革的诱因，其中效益意义是不言而喻的。国企改革经过二十多年风雨坎坷，国有资产比重虽有下降、但绝对数有所增长；国有企业数量虽有减少、但运营质量显著提高。最终是，结构得到调整和优化，总量不断增长，社会效率明显提升。"改"与"不改"如何取向？衡量总体效益便可得出结论。

应该强调的是，改革如何面对具体的个体利益损失？改革是"温水青蛙"的一条生路，效率优先规避了"大锅饭—共同贫穷"的逻辑结果。"和谐社会"并不意味维持、迁就和不解决问题，"以人为本"不能以"该干活能干活而不干活"的人为本。

改革是一个过程，一个常改常新的过程，没有一劳永逸。国企改革特别是产权改革，出现一些问题是必然的。综合比较成本与收益，洞悉改革的效益意义，勤勉尽责做该做的事，考验决策者的战略思维和经营者执行力。

（原载2007年9月2日《中山日报》——标题为《突破观念藩篱》，2007年第34期《中山公用》）

发展要突破观念藩篱

发展(Development)不仅是产出，还包括种类不同以及生产和分配所依赖的技术和制度上的合理安排。发展之如"逆水行舟，不进则退"，原地踏步非是停滞即为倒退。国有企业要脱离"襁褓"，做大做强，必须突破影响发展的一切制约因素。体制问题已是共识，而体制问题其实也是观念问题。

观念问题往往形成强大的惯性力量，这种力量通常让决策者举棋难定，让执行者举步维艰，让改革者心存悸惧。于是，圆滑世故之如"耍太极"，推诿塞责之如"踢皮球"，浑浑噩噩之如"磨洋工"，终于好日子先过，"过把瘾就死"。

"不经风雨，难成大树"。排除某些惯性因素，总是以"安全"的名义实施控制和约束，势必导致机制迟滞和低效运作。制度规范行为，也有规避风险之功能，而制度刚性和教条运用有时却会牺牲组织的效率和活力。

成本与收益相配比，收益又总与风险孪生。财务筹划和资本运作有时就是"舍不得孩子套不着狼"。从来不会有免费的午餐，发展需要以改革为手段并为改革支付必要的成本。守家业者终败家，小富即安是小气。发展不能瞻前顾后亦步亦趋如"小脚女人"，而应"看准了就要大胆地试，大胆地闯"。

自然垄断行业的准入障碍和定价难题使该行业对政府管制形成天然依赖。然而，企业的性质内在地规定了此类企业绝不能把自己看作"准事业单位"。兼顾社会责任不是该类行业的"特权"，大凡企业都存在社会伦理。无须整许多"花架子"强调"国有"标签，追求股东价值最大化是企业责无旁贷的终极目标。

国资监管应尽可能减少政府公共管理职能而专事履行"出资人责任"，

企业应居安思危，始终明晰自身的宗旨和使命。一旦生存目的不明确，其发展原动力必然缺乏。市场是"两军对垒勇者胜"。垄断行业似乎没有对手，而最可怕的"对手"恰恰是自己。观念是主观的产物，"生于忧患"须臾不能忘记。

"人员富余"和"储备不足"所形成的二元难题使企业HR陷于尴尬境地。人力资源开发与企业的发展本应是一个良性互动的循环，而一个缺乏内部效率性和外部竞争性的激励机制和"国有特色"的人事协调成本往往使企业无法通过培育一个有责任心有进取心的人才团队来进入这个"循环"。

发展不仅是组织与个人的福利增进，还包括以人为本、公平正义以及和谐发展等内容。发展的问题仍要靠发展解决。发展需要资源配置，发展呼唤开拓创新，发展依赖环境支持。不怕做不到，就怕想不到；不怕不去做，就怕不想做。一切都源于认识问题，观念的樊篱必须突破。

（原载2007年9月2日《中山日报》，2007年第35期《中山公用》）

对标：找到自己的"病根"

　　考察学习，"一不小心"就会作为一种"准福利"安排，请几个"上级领导"，一起拓展一下视野。其实，大家都明白怎么回事。过程之中也许会有所收获，若是不上心，不追求效果，不巩固成果，往往于实际工作无补，"星星还是那个星星，月亮还是那个月亮"。

　　此次不同寻常。出发之前先专题会议（不是简单的动员），要求准备好交流提纲，有备而去；过程中，既要有总体的交流，又要有对口深入沟通；学习结束后，要完成两份作业，一是有一篇学习心得，二是要"对标"后形成改进提升相关工作的意见和建议。

一、借他山之石

　　国元证券与中山公用的共性，都是国有控股的上市公司。不同点在于，国元证券属于证券类企业，直接面对市场竞争；中山公用属于公用事业类上市公司，带有某些"垄断"的特点。国元证券地处内陆省份的省会城市，中山公用则地处对外开放较早经济较为发达的珠三角地区。总体来说，国元证券至少有两点值得我们学习：一是制度，二是文化。

　　国元证券在公司治理层面强调"三会一层"（股东会、董事会、监事会与经营层），这与其他上市公司并无二异。国元证券建立"董事长办公会议"和"党政联席会议"制度，在经营层和董事会之间有一个联席会议，解决了国有控股企业的"老三会"和"新三会"的重大事项决策机制问题。

　　国元证券的制度建设以风控为中心，以规范为基础，以执行为关键。国元证券把风控作为企业生命线，以制度建设作为风控的落脚点。制度制定过程中强调"一个字一个字地读"，制度过了，大家也学透了。更重要的是，把制度的有效执行（即合规）纳入绩效考核的内容，一票否决。这些做法有效地解决了普遍存在的制度制定易、执行难，有制度不执行，以及"违规成本"缺失的问题。

国元证券的文化建设分为风控文化、人本文化、团队文化、创新文化和品牌文化等几个方面。风控文化，主要强调风控是企业的生命线；人本文化，倡扬员工与公司的共同成长；团队文化，着力于团队合作、协调和沟通，群体作战；创新文化，体现在始终把握证券行业的特点，在业务发展方面始终保持较强的忧患意识，成果是已经取得所有证券创新业务的牌照；品牌文化，传承"徽商"文化的精髓，在埋头苦干、默默无闻的基础上打造务实发展的品牌。

正如很多人认同的"企业文化就是老板文化"的理念，值得一提的是，国元证券当家人的个人影响力、高管团队的战斗力，管理者的率先垂范和身体力行，以及彼此亲密无间的渊源关系可能也是企业文化建设隐形的，但又是非常重要的因素。

二、匹配的才是最好的

此次去国元证券交流学习，原计划重点内容之一是看看国元证券怎么做绩效考核。但国元证券方面坚持认为该公司的绩效考核也不太理想，原本深入交流的想法没有达到预期效果。这其实在预料之中，"考核是个世界性难题"，尽管国元证券业务类型市场化程度较高，来自市场竞争的压力是考核最有效的外在推动力，但其国有控股的性质及团队组成的历史渊源同样也面临考核难题。

就制度建设和企业文化建设而言，国元证券的做法的确很有参考价值，但一切对标学习都不能简单地"拿来"。比如：证券行业将"风控"作为生命线是非常必要的，其他任何类型的企业也要强调风控，但风险与收益始终孪生，"零风险"有时等于没有作为。对于当前的中山公用而言，业务不能取得发展的风险才是最大的风险。

再如，国元证券虽也是国有控股上市公司，但其业务是市场化竞争的，而中山公用的市场化还需要一个过程，如果不顾现有的产业类型和企业的沿革而"急功近利"推市场化，结果一定是要"付出成本"的。但是，作为公众公司，市场化的方向须臾不能改变，推进市场化的脚步片刻不能停顿，否则，就会走回国企的老路（不是简单否定国企，没有产权多元基础上的资产证券化和现代公司治理，国企最终走不出"无责任心经济"的窠臼）。

由于是证券公司，国元证券的业务相对单纯和集中，相应地，团队成员的整体素质也会趋同。中山公用的企业文化建设还面临很多困难。"老板文化"，受多种因素的"干扰"，很难形成影响力，"一声叫不到底"，层级管理关系不清晰，存在"越级唯上"的所谓背景依赖；制度的权威难以确立，一些企业管理者用经验和惯性思维做事，比较随性和"散漫"；企业充斥着庸俗的人际关系哲学，保守的、不思进取的和好人主义的，业绩导向的考核文化尚未真正建立起来。

三、找到自己的"病根"

就类金融、准金融项目的开拓，国元证券高管的观点很有见地，"没有机制，根本做不了金融，包括准金融"。是的，没有机制、没有团队、缺乏对自身优势和劣势的清晰研判，与其"临渊羡鱼，不如退而结网"。中山公用已经交了学费，关键是要分析潜在原因，不要总是觉得招聘"外来和尚"就搞掂一切。没有机制和环境，谁也很难"念经"。中山公用的当务之急是发展，发展的重中之重还是沿着主业方向，"纵向深挖，横向拓展"，主业是根本，金融业务等于资本运作，资本运作只是一个手段。

中山公用面临的根本问题是发展问题，发展可以与团队建设，机制转换相互作用，历史的问题也需要通过发展来解决。而发展的根本问题又是什么呢？笔者个人一直认定产权结构问题是国有企业"长治久安"的根本，通过解决产权结构问题才可以解决系统的结构性问题、有效法人治理问题、激励机制问题和团队建设问题。强调产权多元化、推动集团整体上市，央企找准了方向，实践证明也是正确的。地方国企呢，为什么还找不着北？很多事情本身并不难，难在人……

（原载2011年第44期《中山公用》）

打造求真务实的企业文化

文化是企业竞争力的核心因素，成功的企业必定有成功的文化。中山公用事业集团自组建以来，一直十分重视企业文化工作。公司领导身体力行倡导和推行企业文化，广大员工共同实践和推进企业文化。与时俱进、不断创新、不断强化和发展形成了求真务实的企业文化。几年来，集团的企业文化取得了丰硕硕果：国有资本逐年实现保值增值，税后净利润年平均递增26%以上；各下属成员单位多次受到政府和有关部门的表彰；集团公司被广东省企业文化协会授予"1999—2000年度广东企业文化建设明星企业"荣誉称号等。

一、公用文化的倡导与推行

企业文化是建立在企业的产权关系管理体制的硬件基础上的，当一个企业已经确认了产权关系和管理体制，企业文化的建设就是关键。公用集团成立后，产权关系和管理架构初步理顺和确定后，就将企业文化建设放在战略的高度，企业战略与企业文化相结合，制度建设与文化建设并重。通过人性化管理，弘扬团队精神，发挥每个团队成员的优势，调动每个成员的创造性和积极性，企业文化的内涵和品质不断聚合和沉淀。在经过多次提炼和论证后，形成了"以人为本、团队合作、积极进取、卓越创新"的企业文化理念。

公用集团把人作为企业的第一要素，提倡人本观念，把员工的成长与企业的发展紧密结合起来。在用人机制上，不拘一格招聘和选用人才，并在制度上保障重才、爱才、容才工作的落实。努力为员工营造宽松、无偏见、富有人性味的工作环境，视员工为同仁。几年来，集团公司以其特有的人文特质和鲜明的文化氛围，吸引了一批来自全国各地具有高学历、经验丰富、年富力强的管理和技术人才加盟。

"火车跑得快，全靠车头带"，公用集团领导班子言传身教、以身作则，经常且公开地将个人与公司的学习行为的重要性联系在一起，要求员工相互启发、相互批评、相互学习共同提高，促进整个公司的知识共享，培育协调一致、和谐融洽、持续改善的团队精神和整体形象。认真创办《公用》期刊，作为集团传播企业文化的重要载体;集团公司及属下各公司积极开展精神文明建设活动，共同打造"公用品牌"。

物质文明是物化了的精神文明。广义地说，文化包涵了经济。追求文化建设的全面性和系统性，集团公司积极探索国有企业改革的新路子，追求卓越创新，建设一流的企业集团。自1998年11月正式挂牌以来，按高起点、高质量、高效益的要求，遵循"以产业经营为基础，以资本经营为导向，实现产业经营与资本经营良性互动发展"的战略方针，经过4年多的经营，在中山国有资产经营方面做出了示范效应。

二、公用文化的实践与发展

文化有一定的传承性，但关键在于建设和发展。集团公司领导层以奋发有为的精神和脚踏实地的作风，在调整中发展，在发展中提高。

（一）与时俱进的文化理念

尊重历史，正确对待公用集团已经形成的企业文化，实事求是地"扬弃"、倡导和推行一种求真务实的企业文化，是集团领导层形成一个共识。2002年7月初走马上任的总经理陈秀贤女士，对企业文化建设有独到的见解，"用历史的观点看待历史问题，用发展的眼光解决历史问题"。陈秀贤认为，集团组建已四年，无疑形成了一种具有自身特质的文化，文化是有渊源的，我们要对自身的文化进行重新梳理和确认，务虚的企业文化是经不住考验的，讲实话、办实事、做实在人，我们应该倡导一种务实的文化，使其在企业发展中产生无形的但又是巨大的推动力。

陈秀贤强调要培养高素质"公用人"，把人作为企业的第一要素，提倡让员工在合适的岗位上锻炼和提高，把员工的成长与企业发展紧密结合起来。陈秀贤认为，"学历只能代表你的过去，不能代表你的现在和将来"，每个人都要不断加强学习，不管是实践学习还是理论学习，都将提高我们的自身素质和综合能力。

公司董事长林眺寰先生认为，文化建设也要与时俱进，要用持续改善的态度加上实际行动推进企业文化建设。林眺寰表示，"以人为本、团队合作、积极进取、卓越创新"的理念要一贯地倡导，关键还要有真抓实干的作风。在用人标准上，要"任人唯贤、德才兼备"，德才兼备涵盖了"人品、气量和能力"三要素标准，任人唯贤还体现了公司选人用人的客观性、科学性和公正性。

推行企业文化要以发展为主题，以发展为第一要务，集团公司领导层在抓发展问题上有着这样的辨证共识:以经济效益为中心、物质文明与精神文明两手抓;以改革促进发展，通过发展解决改革中的问题，改革与发展相互促进;以传统产业为基础，在此基础上发展新兴产业，目标是把企业做大做强等，体现着实事求是、与时俱进、不断创新的文化理念。

（二）求真务实的文化实践

"不积跬步，无以至千里"，实践是检验理论的标准。正如林眺寰和陈秀贤多次强调的，企业要"内强素质、外树形象"，关键在改变工作作风，落实实际行动，实实在在地为下属企业办事，只有作风过硬，有良好业务水平和敬业精神，才能体现一个团队的集体战斗力。

集团公司按精简高效的原则，对公司的原有机构和人员进行改革和调整，部门精简50%，人员精简37%，有关下属公司也根据集团的意见，以规范运作，减员增效为目的，对公司的组织构架和人员进行了重大调整，通过"三定""减员增效"等措施，强化了危机意识，转变了工作作风，提高了营运效率，改善了公司面貌。

针对公司制度执行不严，纪律有所松懈的局面。公司领导班子强调一定要珍惜ISO质量管理体系认证的成果，按ISO精神做好制度的修订和实施工作。陈秀贤强调"有制度就要落实，否则等于没制度"，并亲自跟进制定和修订《薪酬管理制度》等公司重要管理制度近20项，促进公司的管理走向规范运作的轨道。

作为拥有7家一级全资子公司的大型国有企业集团，公司领导十分注重企业的规范运作，积极推行以公司治理为核心的现代企业制度。在推行公司治理的过程中，摒弃了以往过于依赖顾问公司脱离地区、行业和企业实际的做法，根据《公司法》及有关法规并结合企业的实际，推行《子公司法人治理规范》，并按《规范》和各公司章程对属下全资子公司的法人治理结构进行全面调整，使各项工作基本走上了科学治理的良性轨道。

"内强素质、外树形象"，把企业做大做强。这是全体公用人一直追求的公司目标。在内部管理方面，集团公司严格加强财务管理，控制成本费用；利用"财务活动日"等形式，认真开展内部审计工作，规范企业财务运作；发挥集团结算中心的作用，加强资金监控，发挥资金统筹效益；审时度势，对公司对外投资项目特别是跨地域投资项目进行了适时果断的战略调整。在外树形象和增强企业发展后劲方面，以适应中山经济发展的需要为大局，积极实施全市"路桥一盘棋"债务重组工作，同时规划全市"供水一盘棋"实施方案，夯实传统产业的发展后劲，为公用集团做大做强奠定坚实的基础。

在抓好经济建设的同时，公用集团公司大力加强精神文明建设，扎实开展党风廉政建设，以厂务公开为主要手段，加强企业民主管理。作为城市公用事业、关注国计民生，提高服务质量，树立良好的形象。通过"水杯子""放心菜"等"民心工程"，倾情关心市民日常生活，获得了广泛的社会好评。在集团范围内开展的各项群众性文化活动，丰富了职工业余文化生活。通过各项"争先创优"活动，创造了积极进取、朝气蓬勃的企业文化氛围。

（三）锻造品牌的文化战略

当今世界是一个品牌竞争的时代，企业要成长，必须创出自己的品牌。公用集团作为中山国有企业改革的试点企业，打造品牌是全体公用人一以贯之的目标。集团公司经过认真研究和反复商讨，及时将集团的战略进行了重新定位，将战略目标确定为"成为中山经济发展的核心公有资产集团并成为我省公用事业领域的品牌企业"。实现战略目标的步骤：首先是成为中山市核心公有资产集团，在中山推出"公用品牌"，在此基础上，努力成为全省公有企业的品牌企业。

在人力支持方面，根据现代企业用人制度，全员推行劳动合同制，不拘一格地招聘和选拔各类优秀人才。建立集团内部人才库，加大员工培训力度，建立人才梯队结构，大力培养和选拔复合型的管理核心人才，建立人才激励机制，为人才创业提供优越的环境和广阔的空间。

企业精神是企业的灵魂，是企业品牌的文化内核。公用集团的目标就是要形成一种求生存、求发展，求真务实，奋发进取，敬业奉献，团结协作，开拓创新的企业精神。陈秀贤提倡，要踏踏实实做事、老老实实做人，"静坐常思自己过，闲谈莫论他人非"，自律自省，坦荡做人，扎实工作，形成良好的文化氛围。林眺寰在谈到企业精神的培育时也说，公用集团要形成与人为善、实事求是、意气风发、心情舒畅、开诚布公的精神风貌。在工作上坚持质量与效率的统一，积极开展批评与自我批评，体现良好的民主气氛;同事之间互相尊重、互相学习、互相欣赏、互相帮助、互相关怀、形成融洽的"大家庭"气氛。通过全体公用人不断努力，不断创新、不断发展，使公用集团成为"一流的文化、一流的人才、一流的业绩、一流的收入"的一流企业。

（原载2003年第12期《公用》）

上市公司治理：制度安排和规范运作的标杆

上市公司治理是指上市公司一系列联结并规范公司股东会、董事会、监事会、经营层之间责、权、利关系的制度安排。广义上来讲，上市公司治理还包括公司与其他利益相关者之间的关系，以及相关法律、法规和上市规则。这种治理结构是基于所有者与治理者之间的委托代理关系而产生的，着重解决的权力机构、决策机构、执行机构及监督会机构之间的权责利划分的制度安排问题，决策、运营、监督能否协调健康运转，治理结构是个基础工程。

一、公众要求公平、公正、公开——
上市公司需要有一套完善的法人治理规范

上市公司是个公众公司，股权相对分散，股东众多。在"以资本实力说话"的商业氛围中，中小股东没有机会直接参与企业决策和经营，即便是累积投票制和网络参与平台也很难完全避免"用脚投票"。因此，证券监管部门会从公众利益出发，立法定规，要求上市公司完善公司治理和制度安排，以切实保护中小股东的合法权益。

制度是真正的老板。制度有规范约束的功能、也有促进组织健康发展和持久运行的保障功能。完善公司治理是深化现代企业制度建设的关键环节，是上市公司实现可持续发展的有效保障；上升一个层面，完善公司治理也是促进资本市场健康发展的基础。没有规矩不成方圆。大到一个国家，小到一个企业，只有"制度"的力量最有权威性、稳定性和持久。笔者认为，纵观世界各国企业发展的历史，公司治理的精神和框架体系是企业管理发展重要的成果，其授权委托代理的制衡机制和责权利对应的运行机理科学合理和现实可行。追求基业长青和打造"百年老店"，公司治理是一套成熟管用的机制构建和制度安排。

二、中国上市公司治理的实践——
公司治理水平整体呈上升态势

截至2013年第一季度，中国境内A股上市公司总数已达到2403家。据2012年11月26日中国经济网报道，2012中国公司治理指数研究发布：中国上市公司治理整体水平呈上升趋势，2012年中国上市公司治理指数的均值为60.6，创出历史最高水平。根据东北财经大学校长、南开大学中国公司治理研究院院长李维安教授的研究，中国公司治理围绕规则、合规和问责进行的公司治理结构、机制建设使得治理合规性明显改善，表现为上市公司治理水平整体呈上升态势。

李维安的研究报告显示，中国上市公司治理受控股股东性质、行业、地区等因素影响明显。从控股股东性质看，民营控股公司治理指数超过国有控股公司；从行业分类看，金融、保险业公司治理指数仍然位居首位；从市场板块看，创业板公司治理指数均值最高，主板上市公司的治理指数均值最低。

李维安认为，中国公司治理已在结构、机制建设上取得很大成绩，但治理的有效性问题值得引起重视。例如中小股东权益保护指数均值仅为50.93；独立董事制度指数均值仅为59.97；经理层激励约束指数均值仅为46.85。其中，中小股东权益保护指数下降主要体现在现金股利支付上，现金股利支付率均值由去年的16.73%下降到今年的13.75%，未实施现金分红的上市公司占总样本比例从53.79%上升到68.26%。

以2002年证监会发布《上市公司治理准则》为起点，经历10年整治、倡导和督导，当前上市企业公司治理取得了较大进步，但问题还存在很多，不断改善和创新公司治理结构仍是长期任务。

三、公司治理应有中国特色——
中国上市公司理还存在很多问题

《证券时报》调查问卷结果显示，超过90%的基金公司认为"股东大会空壳化"是目前上市公司治理存在的主要问题，其他主要问题包括：信息不对称（76%），外部发展过少（61%），国有股主导股权集中（37%），领导层激励不明显（37%），具体问题表现在以下几个方面。

一是上市公司在一定程度上缺乏独立人格。由于"一股独大"的普遍存在，上市公司与大股东在人员、资产、财务、机构和业务上仍然没有完全独立。比如，上市公司高管人员实质由控股股东任命或审批，其人事档案由控股股东代为保管。管理干部的任免要遵守股东干部管理权限的规定；上市公司与控股股东往往在场所租赁经营上"扯不清"，多在同一办公区甚至同一办公楼办公；上市公司与控股股东使用同一财务信息系统，存在资源"期间占用"的行为；上市公司战略管理等职能由控股股东代表行使，控股股东把上市公司作为"下级单位"直接发文要求执行相关制度；上市公司的重大投资项目和某些不必要的关联事项有控股股东审批同意后交由董事会"走程序"作出决议。

二是董事会在公司治理中的核心地位没有充分体现。上市公司与控股股东的董事长"一肩挑"，这在目前的国有控股上市公司中比较普遍。这样做的好处是，大股东与上市公司的关系比较好协调，上市公司的独立性取决于这位一把手的工作风格和偏好。但是，这样"一肩挑"的弊端往往更为突出，主要的问题是上市公司的"独立性"可能大打折扣。在董事会的决策过程中，"一言堂"比较明显，董事会集体决策功能失效，直接的后果是决策的民主性和科学性和有所减弱。由于"一言堂"的存在，在决策过程中就会出现重大事项缺少充分的集体讨论和集思广益，往往是"走程序"或"先实施后审批"。即使是上会表决，对表决议题也比较笼统，缺乏分项表决。同样由于"一言堂"的存在，董事会专业委员会也成了摆设，在实际工作中，专业委员会鲜有工作开展，其专业性和决策辅助作用远未发挥。

全流通时代的一个重要特征是股东利益趋同，原来指望独立董事发挥保护中小投资者权益的作用也似乎进一步削弱。独立董事基本上不会对公司的运营以及所决议事项进行深入研究和充分考察，很多是"看公司眼色表态"，必须出具的意见也大多由董秘做出，显得"不独立"。相应的，董秘的角色也会异化。不仅是为董事长和独董提供"秘书服务"，董秘在很多情况下充当的经营层主任秘书的角色。本来由副总兼任是提高地位的，但很多董秘变成了"副总兼董秘"而不是"董秘兼副总"，然难以保障职权和地位，其真正应发挥的作用没有发挥到位。

三是监事会形同虚设，监事长成为"摆设"。在相当多数的上市公司中，监事会在很大程度上被当作一种"陪衬"，监事会除召开会议审阅公司定期财务报告外，未能有效开展其他监督活动。监事会独立性不强，如果是监事会主席专设于公司，更难做到独立行使监督权，因为"拴在一根绳子上"，"吃人嘴短、拿人手软"。因为是陪衬，个别上市公司的监事会组成人员任职能力不足，让一些年龄较大、需要"照顾"的人员组成监事会，缺乏法律、会计和管理方面的专业人士，不利于监事会很好地履行监督职能。在多数上市公司，监事会的监督工作往往缺乏明确的指引和具体的工作要求，加之缺乏专职辅助人员和专门的工作条件，监事会有效开展工作的难度较大。

四是内控机制不健全，信息披露质量不高。虽然大多数上市公司已根据监管部门的要求，借助中介机构的力量建立了内部控制制度体系，但内控制度的执行和落实大多"挂在墙上、说在嘴上"，书面文案的工作也基本是应付年报要求和例行检查。在公司内部，内控制度和公司管理脱节，对内控制度中有关责任追究条款不够明确，责任追究措施难以落实。公司信息披露与公司内部控制和相关管理水平都是息息相关的。尽管证券监督部门对信息披露做了大量的理论探索和制度要求，实践上也强化了制度执行和违规惩戒，但很多上市公司对于信息披露的重要性仍然没有认识到位。普遍的现象是，认为信息披露基本只是董秘的事。董秘的工作缺少督促，大家重视不够，就会导致：信息披露的主动性不强，信息披露的全面性不够，公司治理信息尤其是信息披露的短板。

四、股权结构和内外因素制约——上市公司治理存在问题的原因

中国上市公司存在的若干问题都有产生的原因，既有历史的根源，也有现实的因素制约；既有外部资本市场发展环境的原因，也有微观主体自身的原因。简单地概括，主要是股权结构缺陷、机制制约和市场环境影响等几个

主要方面。

首先是股权结构的原因。股权的高度集中导致所有者缺位和越位现象并存，可以认为，上市公司治理问题的根本原因是股权结构问题。"一股独大"且缺乏有效制衡，一些控股股东仍然把上市公司作为自己的下属企业，而没有将其真正看作一级法人。一些国有控股上市公司"公心不改"，不愿"断奶"，上级行政管理惯性依然存在。最显著的特征，是在企业人事安排上，国资委直接决定国有控股上市公司的董事会构成与人选，甚至延伸到经营班子和中层管理者。

其次是机制制约的原因。影响上市公司治理的体制机制的因素，主要是经营层激励约束机制不健全、不到位。受国有管理体制的影响，大部分上市公司仍未实施有效的长期激励，个别施行股权激励的，方案也不够合理，执行过程中饱受诟病和质疑。激励与约束的脱节，追讨机制和问责机制的缺失，导致上市公司经营管理激励不足和约束不力，最终导致大面积长期激励的缺失。长期激励缺失的直接后果则是找不到高人、留不住能人，大家只能急功近利，或者不求有功、只求无过。

再次是市场环境的原因。影响上市公司治理的市场外部因素是治理环境。受制于中国社会诚信水平、法治水平和市场化程度，职业经理人市场不健全、不成熟，加之，中介机构自身治理水平也不高，辅导不到位和持续督导不力，上市公司治理只能是边干边学。全球范围的企业管理实践普遍证明，公司法人治理是企业授权委托经营的最好模式，中国的上市公司可以逐步学习完善，但不应过于强调体制因素和中国特色。

五、股东结构优化和大股东努力——
完善上市公司治理的对策与措施

上市公司治理对于上市公司乃至资本市场的重要性无须赘述，"公司治理是我国微观经济领域最重要的制度建设。"中国上市公司协会会长陈清泰曾做这样表示。陈清泰认为，改善公司治理应当从两个方向努力，一是加强和改善对公司高管的监督，防止出现内部人控制；二是控股股东应当尊重《公司法》，受《公司法》约束。陈清泰特别提醒，当前股权结构的显著特

点是"一股独大"，因此如何使大股东成为建立有效公司治理的积极力量至关重要。

如同资本市场的逐步完善需要一个过程，上市治理的规范和完善也是一个渐进的过程。结合上市公司治理存在的问题和原因分析，就如何完善上市公司法人治理，本文提出如下四个方面的对策和措施。

一是优化股权结构。要通过引进战略投资者，促进股权结构多元化，强化股东决策制衡。在股权结构优化的前提下，规范"三会"运作，强化对经营层的制衡和监督。要确保公司独立性，守住公众公司的股东权益平等的底线。

二是发挥董事会的核心作用。要完善董事会成员结构，保证外部董事、内部董事合力构成和权力制衡，防止"内部人控制"；要充分发挥董事会专业委员会的作用；要完善内审部门对董事会负责工作机制；要发挥独立董事的独立性、公正性、专业性功能；要加强对经营层的授权委托和监督；在国有控股上市公司中，要协调好"老三会"与"新三会"的关系，凝聚企业发展的智慧和合力。

三是搭建投资者关系管理平台。在股权全流通和股东利益趋同的环境下，仍然要把尊重和保护中小股东权利放在重要的位置；注重现金分红为主要方式的股东回报；建立累积投票制度和网络投票制度，完善股东分类表决制度，保障中小投资者决策参与权和知情权。

四是健全激励约束机制。完善公司绩效考核机制和中长期激励方案。积极推进股权激励，特别是要设计科学的激励制度和实施方案，结合内控体系建设，完善经营业绩考核，将激励与约束、奖励与问责有机结合起来。

（原载2013年第4期《南方企业家》）

地方金融控股公司发展壮大的定位与路径

党的十九大报告指出，深化金融体制改革，增强金融服务实体经济能力，提高直接融资比重，促进多层次资本市场健康发展。地方金融控股公司是地方政府金融服务与资本运营、科技产业、城市更新发展融合互促的平台，是推进金融服务实体经济的重要载体。地方金融控股公司对于发挥国有金融资产规模集聚效应、提高区域经济的活力和竞争力功不可没。如何做大做强本地金融控股公司，对于健全地方金融监管体系，增强实体经济发展能力，促进经济社会持续健康发展具有重要意义。

一、厘清属性和定位，明确地方金融控股公司的职责使命与担当，厚植发展壮大的实力基础

地方金融控股公司天然具有国有企业的基因，具有兼顾经济效益和社会效益的双重属性。其诞生和存在的理由，内在包含着秉承出资人的使命，要实现地方政府对公司设立的定位和要求。从产品（服务）属性看，地方金融控股公司的主业是金融和类金融，既不同于制造行业，又不同于一般性的服务行业。广东省国资委率先提出了将省属国企划分为"准公共类、竞争类、金控类"三类。如果以商业类和公益类划分，"金控类"应当接近于商业二类，与国有资本投资公司的主要区别在于金融主业特征。

据统计分析发现，全国有90多家地级市政府（本文以地级市为研究范围）成立了金融控股公司，约占30%。按省级区域分，主要集中在经济实力较强的省份，如江苏、山东两省实现了金融控股公司地级市全覆盖。按股权结构分，国有独资占63.33%、国有全资占31.11%。而具有标杆意义的金融

控股企业，都是母公司实现国有独资或全资，而在子公司大力发展混合所有制。可见，基于企业属性，股权结构的设计至关重要。发展混合所有制的方向是毋庸置疑的，但具体到实操层面一定要结合企业的分类，要明确"谁来混""与谁混"和"混到什么程度"，否则，很容易"混"入僵局，陷入一厢情愿的尴尬境地。

地方金融控股公司的设立有出资新设、重组合并和变更存续三类。其中，出资新设的接近50%，且为近年来的多数选择。就出资规模而言，90多家公司的平均注册资本为21.43亿元，典型标杆企业珠海金控的注册资本达68亿元。为什么要强调出资规模？因为，金融行业的门槛是高的，不谈大牌照，就是参控一般类金融企业，都会触发"权益性投资不超过净资产50%"等条款的刚性约束。"没有金刚钻，别揽瓷器活"，没有一定规模的资产规模和资源整合能力，地方金融控股公司想做大做强是寸步难行的。

二、争取金融牌照资源，抓大不放小。发挥规模效益和协同效应，在业务扩张上"一手抓整合，一手抓拓展"

牌照资源是金融控股公司的核心资源和生命线。没有牌照资源的金融控股企业，与一般国有资本投资公司并无本质上的差异。然而，牌照资源，特别金融大牌照资源是行业稀缺资源。金融大牌照是指银行、保险、信托、证券、期货、公募基金等六类，其他小牌照包括担保、租赁、保理、私募基金、小额贷款、典当、第三方支付、不良资产管理、互联网金融等九类。据统计，国内现有绝大部分大牌照都掌握在央企、大型民企、上市公司和省级金融控股集团手中。大牌照当然要争取，但可遇不可求。对于地市级金融控股公司，关键是布局小牌照资源，以形成链式整合和业务协同。据统计数据分析，在地市级金融控股公司中，80%企业参与了一般私募基金，70%企业参与了担保，50%企业参与了股权投资业务，而租赁、小额贷款、典当参与企业分别占了36.67%、25.56%、20%。

在市域范围内，金融类企业金融资源整合的必要性是无可争议的。应优先考虑重组合并的方式，能划拨的直接划拨，能用资产或股权注入的可以换取股权。至于现金注资再收购系统内资产和股权，等于"左口袋挪到右口袋"，会直接影响金融控股公司的开拓和发展能力。没有现有的资源整合，就很难有后续的快速发展。没有资源协同和专业化打理，就没有新平台的做大做强。当然，自我发展永远是第一位的。没有业务拓展（姑且不区分是否纯粹市场化业务），就没有企业的成长和未来。在整合和开拓的过程中，可以先整合、后开拓，也可以边整合、边开拓，但决不能只整合、不开拓。

三、立足本土，夯实主业，服务实体经济，在投资领域和具体的项目选择上，谋定而动，有所为，有所不为

2017年7月召开的全国金融工作会议围绕服务实体经济、防控金融风险、深化金融改革"三位一体"作出重大部署。地方金融控股公司作为规范发展地方金融产业，支持实体经济的重要载体和重要手段，要"回归本源"：利用金融手段扶持实体经济，开辟新的经济增长点，加强金融科技产业融合，推动创新驱动战略发展，整合国资系统金融资源，做大做强做优国有企业。地方金融控股公司的投资拓展，首先要立足于本土，逐步扩张。资本是逐利的，是没有地域边界的，项目投资的关键是专业判断和科学决策。但是，所有走出去的前提，都是先做好自己。将有限的投资能力率先聚焦于本土企业，不仅体现自身的使命要求，也有利于尽职调查和沟通协作。

从出资人的角度看，地方金融控股公司的主要任务是引进外部资金、集聚社会资金支持本地企业发展、产业发展和城市发展。其实现形式主要是引进战略投资者、发起设立引导基金、开展金融类金融服务等。因此，地方金融控股公司的主业范围主要包括金融类金融业务、政策性普惠性金融业务、基金集群业务、不良资产管理业务、直接股权投资业务和并购重组证券化业务等模块。根据wind行业数据统计，2016年，在沪深A股和新三板企业的金融行业领域中，信托、银行、保险三类大牌照企业ROE平均为21.81%、14.16%、11.23%，6家金融控股公司的平均ROE则为7.89%。没有大牌照业务，不开展股权投资和证券化业务，地方金融控股公司很难做大做强。但是，直接股权投资业务和并购重组业务又是挑战性和竞争性较强的业务，需要在行业、产业

和企业的具体选择甄别上下足功夫。有所不为，才能有所为，正确选择的前提通常是懂得如何放弃。

此外，综观地方金融控股公司的"来世今生"，人才问题仍然是一个较为突出和普遍的问题。地方金融控股公司如何构建符合金融类金融行业特点、兼具内部公平性和外部竞争性的人才机制和激励机制，培育创新创业担当进取的新时代企业家精神，是值得地方政府、出资人代表、企业决策者和经营者共同面对和深入探讨的又一项重要课题。

（原载2017年11月27日《中山日报》）

试论集团公司财务结算中心资金监管模式

资金作为企业的"血液"，突出表现为：一方面，资金渗透到企业的各个经济活动领域，同时一切经济运行又都以资金的运行得以表现；另一方面，资金运作的规模与企业的经营规模密切相关，资金运作的好坏反映了企业盈利能力的强弱，资金管理的有效性体现了企业综合管理水平的高低。作为财务结算中心，以往主要是为了利用集团内部各单位资金收支的时间差，使资金得到重新安排，充分发挥集聚优势，以达到优化资源配置的目的，但实际上由于历史和制度上的一些原因，财务结算中心在我国集团企业的资金管理中所起的作用受到了很多限制，因此，如何形成一套行之有效的管理模式，充分发挥资金统一监管、使用和虚拟银行的功能，是一个值得研究的重要课题。

一、财务结算中心的管理模式

目前，财务结算中心在集团型企业的资金管理中主要有以下四种模式。

（一）全面管理型

主要指对资金的运行进行全面统筹管理，从收到支全面系统介入，有效监督资金的使用情况，并对资金的支配有较大的决定权。目前运用效果较好的是"收支两条线管理"方式。

（二）监控管理型

主要指通过制定一系列管理制度，在框架内一般不介入具体的资金收支业务，资金的有效活动由各单位自行安排，它能在一定程度上发挥各经济主体的主观能动性，财务结算中心重点关注资金运行总量及构成，有较大的调查质询权和一定的否决权。

（三）局部管理型

指根据企业的需要，着重对资金运行的某一方面进行管理，比如定期编制现金收支计划监控现金出入，起到抓薄弱环节的作用。主要有总量管理、收入管理、支出管理以及专项管理等。

（四）复合管理型

主要是指结合集团公司的实际管理需要，对下属不同类型的企业采取两种以上不同的资金管理模式，以达到综合管理的目的。但也必须注意，对同类型企业一般不宜使用过多的管理模式，否则会增加协调和评价难度，降低政策的一致性和平等有效性。

二、财务结算中心的设立要件

（一）确定管理模式

集团公司应根据自身的管理要求和管理水平，结合各下属核算单位的特点来选择管理模式。在选择和设计资金管理模式时，一定要根据具体情况，充分考虑管理的成本和集团目前的各项管理水平。只有适时选择最适合企业的某种管理模式，资金管理效果才能达到最大化。

（二）建立组织结构

成立专职的财务结算中心，主要是履行资金管理功能，它可以隶属于集团公司财务部门，也可以是在总经理领导下的独立部门，后者一般多指成立财务公司形式。

（三）部门内部设置

可分结算区和管理区两个职能区，结算区由核算会计、分户结算会计和出纳组成，主要是核算财务结算中心的资金运行情况，进行试算平衡和编制报表，以及核算和审核结算账户的单位资金进出情况，并结算存款利息和罚没款。管理区主要由资金管理人员组成，它主要负责制定各项控制定额，进行执行情况监督检查，审核和办理内部贷款，监督和检查资金运行情况，收集和分析资金运行及占用情况资料，为决策提供资金运作的有关信息。

（四）开设结算账户

纳入资金管理的各下属单位必须到财务结算中心开设账户，用以核算与财务结算中心和关联企业（指同在财务结算中心开户的其他单位）的资金往来，同时财务结算中心一般也在各银行开设账户，以便与各单位在同一银行间资金的快速划转。

（五）制定管理制度

必要的结算制度，是财务结算中心正常运行的保证。主要有存款利率和内部贷款利率规定、延迟付款处罚和拒付条件规定、票据贴现率，以及其他管理规定。

（六）确定管理内容

依照确定的管理模式，结合集团公司的管理目的，决定管理内容。一般有货币资金、流动资金、在建工程、短期负债以及固定资产和长期负债等管理内容，主要通过控制货币资金的存、收和支，以达到控制其他各项资产和负债的目的，相对应的资金管理指标有银行存款限额、收款和付款限额、贷款限额等。

（七）制定资金控制指标

根据管理内容来制定资金控制指标，它主要通过三个步骤来完成。首先，根据会计报表进行测算。针对生产经营型、费用型和投资型等不同类型，对会计报表编制的侧重有所不同。其次，对初步的测算指标进行修订，先分析银行日记账和现金日记账的收支情况，再对照和参考被管理单位的自报计划，分析上年度计划完成情况，并听取相关部门意见，修正各项资金控制指标；最后，还需结合集团公司发展规划，在整个集团进行各项指标的综合平衡后，最终确定各单位的控制指标。同时对各单位的指标进行汇总得到集团公司的总量指标。

三、财务结算中心的功能发挥

财务结算中心在集团公司资金管理中的功能主要通过对收入和支出进行

监管、对票据及流动性进行监管，以及通过内部银行功能来实现。

（一）收入和支出的监管

在确定了资金调控指标和管理模式的前提下，通过财务结算中心这一纽带，可大大加强集团各项指令及政策的权威性和可执行性，一般主要通过对"收入"和"支出"的监管来完成，对收入进行源头监管，能有效集中整个集团公司的财力，使沉淀资金得到充分利用，同时有利于对销售环节进行监督，减少小金库发生。对支出环节进行监管，能使集团的各项资金管理得到有效实施，控制各项不合理支出，有利于降低成本，防止腐败。

不同的资金管理模式下的收支监管具体操作方法不同：如"全面管理型"要求监督单位对每一笔收入全部纳入财务结算中心的银行账户集中管理，再根据各单位的用款计划和申请按制度审核支出；"监控管理型"要求各单位在控制定额内可自行安排收支结算，当支出款项超过定额需划入款项时，需办理申请审核手续；"局部管理型"是只对某一环节进行专项监管，一般主要针对某些管理较薄弱或管理难度大的收支项目进行监管。

（二）票据及流动性的监管

如今的结算环节中，票据结算占据越来越重要的地位，由于其特殊的结算性质，使得财务结算中心的票据管理与正常的资金管理有所不同，由于票据一般都有较长的结算期，极易造成沉淀，受管理的单位也有可能从自身利益出发，进行压票操作，因此控制开票和加强流动性管理，是用好用活票据的主要监管内容。加强票据及其流动性监管也应该成为财务管理的重要内容。

（三）虚拟银行功能

财务结算中心不仅仅是提供结算服务，而且还可以进一步发挥集团公司内部金融中心的作用，拓展虚拟银行功能，强化信贷管理和挖掘资金潜力。其一，统一集团公司的信贷管理。控制信贷规模和各下属单位对外提供信贷担保的风险，起到加强信贷管理，防范信贷风险的作用；其二，模仿银行信贷资金管理模式，对内进行放贷及放大操作，发挥财务结算中心的资金杠杆效应；其三，集中大量的资金集团公司集中安排使用，以及时调整产业结构，有效优化资源配置，大力发展核心产业。特别是对一些投资大、周期长或风险大的项目，由集团公司统一集中财力、物力和人力，有利于项目的顺利完成，起到投资银行的作用。

四、与其他关联管理职能的结合和协调

财务结算中心在资金管理中的有效性，还有待于资金管理人员在管理上的不断创新，并与其他各项管理有效结合，使集团公司的资金管理全面而系统。目前主要有：

（一）与"全面预算管理"相结合

增强资金管理的计划性、合理性，如与ERP电脑管理系统结合，效果更佳。

（二）与"供销比价管理"相结合

起到加强收支监督管理作用，可进一步规范供销管理，有效降低采购成本，减少储备占用，提高销售收入。

（三）与企业改制相结合

有利于集团公司完善企业法人治理结构，通过财务结算中心的不断对外投资，以股权管理达到管理企业之目的。

（四）与各单位的微观资金管理相结合

通过横向监控，发现各单位在管理上的差异，敦促提高管理水平；通过纵向对比，结合现金流分析，能及时发现问题，搞好核算管理。

（五）与基建技改维修项目的监督相结合

通过对每笔支出进行审核和实时监控，能起到较好的"把关"作用。

五、应关注的几个问题

（一）财务结算中心与各单位在合并报表时的账户抵消问题

凡涉及与各开户单位的各项收支，在集团公司报表合并时一般以红字形式得以反映，以达到抵消关联的目的。

（二）母公司与上市公司、参股公司的关联性问题

集团公司有控股上市公司的，为遵循"三分离"原则，财务结算中心与其资金往来，应严格按照市场化运作；对参股公司还应在其拆借资金时增加担保内容，以确保拆借资金安全。

（三）集团成员企业的对外投资监管问题

财务结算中心的投资银行作用，要求其从资金安全性、收益性等方面，加强对外投资管理，并积极参与相关资本运作，使其渐成一个投资平台。

（四）将来发展模式和功能的延伸扩展问题

企业的不断发展变化、管理的多样性以及企业体制的多元化发展趋势，都促使财务结算中心不仅要在资金管理上不断创新，而且还需要在其功能定位上不断创新。这就要求财务结算中心积极参与市场竞争，结合各商业银行及其他金融机构的资金管理特点，寻求有效的管理模式，不仅要求有优质的结算服务，还必须提供更优惠、更便捷的融资服务，引导各成员单位主动参与集团资金管理。

综上所述，财务结算中心可看作是集团公司内部的金融中心，它将随着集团公司的壮大而发展，当条件成熟时可以发展成财务公司。也可以说，财务结算中心是财务公司的雏形，参股金融或准金融结构，或与之合作开展业务，如担保公司等，都能有利于财务结算中心开拓发展空间。总之，服务于企业集团的发展，不断创新管理，是财务结算中心的生存之本。

（原载2006年第22期《商场现代化》）

附 录

　　放眼中外的著名企业家和职业经理人，很多都是思想者和管理学家，如杰克·韦尔奇、彼得·德鲁克、任正非、柳传志、张瑞敏等，他们是真正意义上的学者型领导者或管理者。对于企业家和职业经理而言，"小胜靠术，中胜依道，大胜明德"。国有企业的发展要有战略管理理念、业绩导向意识、成本控制体系和人本关照情怀，而这一切都需要理论支撑和理性思考。

　　作为企业的高层管理者，多研究一些战略层面的问题和系统的方法会少走弯路。即便是与企业经营发展没有直接关系的研究，只要对社会具有正向效应也未尝不可，都应该得到社会各界应有的理解和尊敬。

最忌什么国企都"一混了之"

新一轮国企改革拉开大幕，与之同期上架的一本以中山国有控股上市公司中山公用的资本运营为蓝本的财经书籍《壳变》，再次引起了业界的广泛关注。2014年8月底，记者辗转联系到该书作者，广东省社科联委员、博士、研究员邵念荣。

记者看到，在新一轮国企改革背景下，中山公用在走过曾经的阴霾之后，再次迈出新步伐——该公司国有大股东中汇集团，通过协议减持与民企大鳄上海复星集团"联姻"，进一步优化了股权结构。

而当前混合所有制改革仍没有更多案例可循，更多国企面临的问题是，与谁混？什么时候混？混到什么程度？如何混？邵念荣在接受记者采访时，也表达了自己的观点。

邵念荣说，国企和民营的合作不仅仅是简单的合作，是要考虑企业长远的发展。不能"跟风"为了混而混，也不能被"逼混"。按照不同国企的性质和市场化特征，混的程度也不一样。因此，新一轮混合所有制改革，最忌什么国企都"一混了之"，应把分类改革放在前面。国企主要分为三类。第一类是公益性国企；第二类是垄断性国企；第三类是竞争性国企。

新一轮混合所有制改革，同样也有社会各界对"国有资产流失"的担忧。邵念荣说，这是怎样混的问题、混的过程和混的程序，特别是定价方法的选择问题。

（原载2014年9月1日《中山日报》，记者陈恒才）

企业变革是走大道，还是另辟蹊径

2014年8月2日下午，由中山市人力资源协会举办，中山市卓力企业管理咨询公司、中山市卓力人力资源服务公司承办的以"企业变革，我们可以做什么"为主题的论坛举行。参加论坛的专家学者和企业界人士认为，在"中国制造2025"和中山市互联网＋制造业等大环境下，企业变革是必然。重要的是，一个企业如何选择自己变革的目标、切入点、路径和操作技术，以降低变革的成本和风险，实现企业的效益增长和员工的福利增进。代表专家声音，市交通集团党委副书记、管理学博士、经济学研究员邵念荣认为：

变革成效的终极判断标准，是效益增长和福利增进。企业变革是"向死而生"。很多情况下，不是该不该变革的问题，而是如何变革的问题。所谓走大道还是走捷径，只是方法的问题。

应该特别关注企业变革的成本和收益问题。制度的构建和安排是步履维艰的，其间包含实施过程的成本。变革是一项系统工程，是一个经济、政治、文化、心理等因素的嬗变过程，利益格局的变化和重组是变革的题中之义和必然结果。随着变革向纵深推进，其实际运行过程中的摩擦、冲突是难免的。因此，变革需要付出成本，如同生命诞生前的阵痛。

变革的成本分为有形成本和无形成本两种。前者是指破与立之中涉及的机器、设备、技术和人员等方面的支出。这方面的成本是可以量化和预测的，企业完全可以根据变革的必要性和紧迫性，以及组织自身的接受和承受能力，来评估和决策，并合理安排变革的范围、节奏和步骤。

像因变革而发生的磨合、争议甚至劳动关系管理危机之类属于文化范畴的无形成本，虽然很难用一个数字来量化，但同样是影响甚至决定变革成败的风险成本。

衡量变革的价值不能只顾及成本，不能让成本和风险成为不变革的借口。变革成效的终极判断标准是效益增长和福利增进。效益不只是成本和收益的净值，而且还包括持续的、未能预期的累积和放大效应，最终以组织目标的实现和达成为标志。

不能因为变革需要成本就不计成本地推进变革，更要防止假变革之名满足个别管理者个人私欲。为了降低变革的成本和风险，应当在科学设定变革目标的前提下，明确重点领域和关键环节，区分步骤，把握节奏，可以采用试点——总结——再推广的方式，以点带面、综合权衡、系统推进。

（原载2015年8月5日《中山日报》，记者徐兵）

国企改革的前提是明晰企业分类

《南方日报》： 不论是在中央的十八届三中全会还是在全省的国企改革实施意见中，谈及国企改革时最为核心的关键词都是"混合所有制"，您觉得中山的国企在发展混合所有制过程中表现得如何，还需要注意哪些方面的问题？

邵念荣： 中山的国资国企在进行混合所有制改革上可以说是起步得比较早，如今也取得了不错的成绩，现在全市179家市属国有出资企业中混合所有制企业有90家，超过了一半，它所覆盖的行业包括供水、污水处理、能源电力、金融投资、物流运输等方方面面。不过，下一步再继续推进深化混合所有制改革的过程中，还有一些问题是需要注意的，包括国企和谁混合、混合的方向是什么、应该混合到什么程度以及混合的时机等。

国有企业与民营资本进行混合的目的是为了加强国企的控制力、竞争力，提高效率和效益。因此要选择优质的品牌企业合作，比如上市公司、百强企业等，混合的过程就像找对象，讲究"门当户对"，不可以来者不拒。

其次，国企"混改"也要考虑国资"进退"的问题。提升国有企业的控制力不是体现在数量上，而是体现在质量上。光有数量上的优势，可是它们在市场上没有竞争力，效益不好，这样也没用。应该有方向性地、有重点的，该进的进，该退的退。因此，改革要强调国有资本的战略方向和产业布局。

再有，混合的程度也很有考究，这个就涉及国企的分类，竞争性、垄断性、公益性，不同的企业有不同的对策。公益性的企业未必要改变"混改"，垄断性企业要控股，竞争性的企业可以参股甚至完全退出。引进战略投资不能跟风跟潮，可以有计划有步骤地进行，有时候好时机才能谈成好价格。

《南方日报》：中山在上一轮国企改革中完成了原有7家市属国企的合并重组成4家，如今时间已经过去大半年，您觉得重组对于国企发展有什么样的作用，改革的红利是否已经释放出来？

邵念荣：根据已经公开的数据，在重组之前个别市属国企亏损很严重。这有客观的原因，一些国企需要考虑社会责任，承接了政府的公共基础设施的建设，其本身的造血功能也不足以支撑大的项目。但也有主观因素，例如合并前国企的管理成本总体偏高，内部结构也不是很科学，行政化色彩浓厚，企业家精神缺乏。

重组之后，首先在一定程度控制了和降低了总成本，一些债务问题也理顺了。经过了新一轮组织结构调整，效率有所提高。企业经营业绩考核更加完善，考核指标更加贴近企业实际，竞争性企业的强调业绩，公益性企业注重目标任务完成，一企一策，针对性更强。

（原载2014年9月30日《南方日报》）

出良谋，献善策，协力"共同事业"

《中山社会科学》：您是管理学博士、经济学研究员、中山大学硕士生导师，也是中山市紧缺适用高层次人才。作为中山市首届"优秀社科专家"，请您谈谈自己对中山市社会科学发展的看法，您认为优秀社科专家在中山市社会科学发展进程中应该从哪些方面起到怎么样的作用？

邵念荣：我首先是企业高管，在企业经营管理方面可能更有发言权。应当说，近年来，中山市社会科学发展的形势是喜人的，成绩也十分显著。市社科理论界在学术研讨、社科普及、服务高层决策和建设社科队伍方面做了很多卓有成效的事情，"走、转、改"经验模式，也引起了社会各界普遍关注。中山市的社会科学发展能够把握大局、放眼长远，在贯彻党和国家重大方针政策和市委市政府中心任务方面，行动快，动手早，措施实。我市的社科理论界非常注重"接地气"，重视重大现实问题，不断发掘本土理论和学术资源，在全民修身行动、文明城市创建、慈善文化提升、社会工作创新、孙中山思想文化传承等方面做出了大力探索，形成了丰富的成果。

作为社科专家和社科工作者，要在推动哲学社会科学事业的发展和繁荣中体现使命和担当，要在推动我市经济社会发展中有所作为。社科专家应当率先垂范，秉承敢为人先的学术精神，立足实际，关照现实，坚持理论传承，提升人文素养，增进社会理性，促进社会科学俯身基层，走向大众；社科专家要积极宣传普及哲学社会科学的最新成果，宣传讲解十八大、十八届三中全会和中国梦的丰富内涵，为我市的经济社会发展献计献策；社科专家要紧跟时代步伐，适应互联网时代学术生产、传播、交流方式的变化，充分利用各类网络信息平台，广泛交流，取长补短，在社科联的召集和指导下，形成"众人划桨开大船"的社科发展合力。

《中山社会科学》： 作为资深企业高管人员，您亲历了中山公用借助资本市场推进改革和发展的许多事件。您在工作之余撰写了《壳变》一书，为国有企业的资本运营提供了一个完整的案例，书中的理性思辨和建设性的意见和建议，对国有企业的改革和发展应当具有现实的参考价值。请为我们介绍一下《壳变》的精华内容。

邵念荣： 谢谢对拙著《壳变》的关注，这是我的第四本专著，这本书倾注了我最多的心血和情感。本书以中国国有企业宏观层面的改革发展和中国证券市场的逐步规范为背景，以时间为经，回顾了国有企业改革求变的历史沿革；以重要事件为纬，剖析了国有控股上市公司资产重组的历程，试图让我的"老东家"——中山公用成为中国国有企业改革攻坚的基层标本和地方国有企业探索资本运营的典型案例。通过对历史事件的"还原"，进行必要的理性解读和延伸思考，总结和提炼一些值得借鉴的经验和做法，希望给"后来者"一些有益的警戒，引发一些更深层次的思考，对国资国有企业的改革发展和国有经济的健康运行有所裨益。

全书的脉络对应中山公用的四个发展阶段，第一阶段是公用产业捆绑、买壳佛山兴华、参股广发证券，第二阶段是战略意图调整、参与国资整合、上市公司股改，第三阶段是破解发展难题、实施整体上市、遭遇"公共危机"，第四阶段是高层再度变局、盘整投资"鸡肋"、聚焦产业经营。中山公用十几年的发展历程，最主要的事件是"买壳"和"借壳"，而重大危机事件也与"借壳"有关。最值得探讨和深思的问题是，为什么称为"壳变"、为什么仅是"壳变"和如何实现破茧成蝶的"蝶变"？

《壳变》付梓于党的十八大召开之前。十八届三中全会拉开了全面深化改革的大幕，国资国企改革是社会期望和关注的焦点之一，本书的理性分析和一些观点应该会有一些现实的参考价值。本书强调的一个重要观点是国企的体制问题的症结在于产权结构的改革，这与十八届三中全会"发展混合所有制经济、推进产权多元化改革"的方向是一致的。按照这个方向，地方国资国企改革的路径是分类改革，核心是监管体制的变化，关键是人的选择。

《中山社会科学》：我们知道，您远走故乡来到中山已经有13个年头了，曾担任公用集团董事、副总和监事会主席等职，现在是交通集团党委副书记、纪委书记。您善于将经济管理学理论运用到实践，又能通过企业的业务实践不断提升理论研究水平，像您这样的学者型企业管理者在中山市是非常难得的。请谈谈您在中山的职业发展之路，是怎么样的因素，促使您向学者型管理者的方向发展？

邵念荣：我本人非常"享受"学者型管理者的称谓，虽然觉得还有差距。放眼中外的著名企业家和职业经理，很多都是思想者和管理学家，他们是真正意义上的学者型领导者或管理者。中国的历史其实是一部文人治国的历史。现在从中央到地方，主要领导都是科班出身，教育背景厚实。对那些不学有术八面玲珑巧舌如簧于觥筹之间的仕途哲学，我个人一直不敢苟同。对于企业家而言，小胜靠术，中胜依道，大胜明德。企业赚钱是硬道理，但盈利不是企业存在的唯一理由。国有企业不是小商小贩，也不是个人的家天下，任何短期行为和急功近利都是不可取的。国有企业的发展要有战略管理理念、业绩导向意识、成本控制体系和人本关照情怀，而这一切都需要理论支撑和理性思考，要有一种相信科学和尊重规律的敬畏之心。

我刚来中山在企业集团财务部做财务分析，当时的领导很重视数字背后的逻辑和问题揭示。我也开始认为，开展任何工作都要沉下去思考，白天再多"走看讲"，晚上也要"读写想"。要保持自己的鲜活思维，一定要借脑，一定要走出去。所以，我利用所有的周末时间去广州读书、研讨。研究生阶段的学术训练有助于扩大专业视野，而参与各种课题研究和评审硕士论文更是重要历练机会。思维打开了，在对照实践中的案例，会发现很多问题会变得简单和通透。在中山工作十多年了，我经历了财务、行政、人事、企划、营运、党群、公司治理、战略管理、资本运营等几乎所有的管理岗位，尽管工作很忙，但总觉得"精力过剩"，我会用业余时间提炼和总结，写下了大量的理论文章和各类随笔，出了四本专著，已发表作品一百多万字。

也许有人会问，企业是有很大经营压力的，高管职位的工作一定不会轻松，开展理论研究和经营管理工作是否会存在一定的冲突？可以肯定地说，如果不是纯粹地做学问，在任何岗位结合实际工作多研究一些理论问题都没有坏处。在企业，核心竞争力有时就来源于研发。作为企业的高层管理者，多研究一些战略层面的问题和系统的方法会少走弯路。即便是与企业经营发展没有直接关系的研究，只要对社会有正效应也未尝不可，都应该得到理解和尊敬，各级组织恰恰应当注重培养和使用这样的人才。

《中山社会科学》：作为市社科联常务委员，结合党的十八届三中全会精神，您认为社科联应该如何进一步做好社科人才队伍工作？如何发挥社科人才的作用，为经济社会发展服务？

邵念荣：党的十六大报告指出，要"坚持社会科学与自然科学并重，充分发挥哲学社会科学在经济和社会发展中的作用"，努力造就包括哲学社会科学人才在内的"数以千万计的专门人才和一大批拔尖创新人才"。党的十八届三中全会吹响了全面深化改革的号角，在这个波澜壮阔的改革征程中，需要社科理论界出良谋，献善策，促进"共同事业"的发展。社科联是社科人才的家，应当努力营造好这个家。进一步加强社科人才队伍建设，市社科联应重点抓好拓宽视野、营造环境和科学引导三个方面的工作。拓宽视野就是要扩大社科人才识别的面，一方面是重视存量人才培养，另一方面是注重从不同行业和不同领域发掘人才。不仅社科联自身重视，还要引导党政领导关注和使用社科人才，以充分体现社科人才的地位和价值。营造环境就是要为社科人才营造软环境、创造硬条件。营造软环境就是努力为社科人才大胆进行科学探索营造民主和谐的学术氛围。允许学术上的争论和反复，避免"因言获罪"。创造硬条件就是为社科人才提供足够的政治待遇和物质条件。比如在课题研究、进修培训、学术交流等方面要舍得资助，努力改善社科工作者的工作、学习和生活条件。党委和政府不要怕在智力成果上花钱，在智力成果上所付出的投入，其产出一定都是有"溢出效应"的。科学引导首先包括加强和改善党对社科人才队伍建设方面的领导。加强引导，就是要根据社科人才队伍建设的特点和规律，因势利导，为形成社科人才辈出、人尽其才的良好局面创造条件，并保证其正确的发展方向。

中山市委常委、宣传部长唐颖曾寄语市社科界，"要在中国'学术梦'的大背景下，努力实现具有中山特色、中山风格、中山气派的'学术中山梦'"，并彰显理论特色、实践特色和人文特色。中山市的社科工作要在十八大和十八届三中全会精神的引领下，围绕市委市政府的中心工作和人民群众的重大关切，深入开展调查研究，以创新善为的精神和求真务实的作风，研究新问题、总结新经验、提出新思路、创获新成果、传播新知识、提供正能量。我市的社科工作者应当充分发挥自身的理论优势和智囊作用，学以致用，求真务实，创新善为，为各类科学决策提供有效的参考和有力的支持，为建设"三个适宜"和美中山贡献智慧的力量。

（原载2014年第2期《中山社会科学》）

铸党魂 抓改革 促发展
——谈如何加强国有企业党的建设

加强国有企业党的建设，对于保证国有企业改革发展的社会主义方向，提升国有企业的制度优势和竞争优势，促进国有企业做强做优做大，具有十分重要的战略意义和现实意义。做强做优做大国有企业，党建工作必须体现活力，产生动力。党建工作与生产经营、企业改革不是"两张皮"，而是紧密结合，"两手抓、两促进"，实现做强做优做大国有资本的共同目标。

国企抓党建，关键在班子

《中山国资》：2016年10月中旬，习近平总书记在全国国有企业党的建设工作会议上，对国企党建工作提出了新要求，您有什么学习体会？

邵念荣：习近平总书记指出，坚持党的领导、加强党的建设，是国有企业的光荣传统，是国有企业的"根"和"魂"，是我国国有企业的独特优势。

30多年来，国有企业为我国经济社会发展、科技进步、国防建设、民生改善做出了历史性贡献，其中根本的一条，就是坚持党的领导、加强党的建设。面向未来，习近平总书记围绕"三个有利于"，用"六个力量"对国有企业做出了新的历史定位。做强做优做大国有企业，党建工作必须体现活力，产生动力。

党建工作的活力和动力从哪里来？具体地说就是"四个坚持"：坚持党对国有企业的领导不动摇；坚持服务生产经营不偏离；坚持党组织对国

有企业选人用人的领导和把关作用不能变；坚持建强国有企业基层党组织不放松。

中央对国有企业的重视程度前所未有，对国有企业领导人员寄予的厚望前所未有。习总书记强调，国有企业领导人员是党的经济领域的执政骨干，是治国理政复合型人才的重要来源，肩负着经营管理国有资产、实现保值增值的重要责任。特别是习近平总书记对企业党员干部和管理者提出了"对党忠诚、勇于创新、治企有方、兴企有为、清正廉洁"二十字方针，作为企业主要负责人，我们感到责任重大，必须担当有为。

火车跑得快，全靠车头带。国有企业抓党建工作，关键是班子建设，而选好"一把手"，配好、配强班子往往是企业自身难以解决的，必须引起上级党组织高度重视，甚至作为头等大事及时妥善抓好。

把党的领导融入公司治理

《中山国资》：目前，国有企业改革已经进入深水区，面对企业并购重组和混合所有制改革，面对经济发展的新形势，如何处理党的领导和法人治理的关系？

邵念荣：针对"国民进退"之争，中央一锤定音提出了"两个毫不动摇"，即毫不动摇地巩固和发展公有制经济，毫不动摇地鼓励、支持和引导非公有制经济发展。习近平总书记提出两个"一以贯之"：坚持党对国有企业的领导是重大政治原则，必须一以贯之；建立现代企业制度是国有企业改革的方向，也必须一以贯之。这就彻底解决了国有企业党的领导和公司法人治理的"兼容"问题。

国有企业建立"中国特色现代国有企业制度"，其"特色"就在于把党的领导融入公司治理各环节，把党组织内嵌到公司治理结构之中，明确和落实党组织在公司法人治理结构中的法定地位，做到组织落实、干部到位、职责明确、监督严格。

这不是简单替代或取代，也不是凌驾或游离，要把党的领导与公司治理统一起来，科学处理党组织和其他治理主体的关系，明确权责边界，形成各司其职、各负其责、协调运转、有效制衡的公司治理机制，使党组织发挥作用组织化、制度化、具体化。

"把方向、管大局、保落实"，加强国有企业党建工作不是"就党建抓党建"，而是把党的政治优势、组织优势和群众工作优势，转化为企业的竞争优势、创新优势和科学发展优势。如何将"把方向、管大局、保落实"落实到位，习近平总书记指出党委集体研究重大事项要成为企业决策的前置条件，就是在实际决策程序上开展"先党内，后提交"，不能简单地合并开会和相互替代。

面对改革、重组和推进混合所有制所带来企业组织形态的变化，要坚持把建立党的组织、开展党的工作，作为国有企业全面深化改革的必要前提。要实现"四个同步"，即以党的建设同步谋划、党的组织及工作机构同步设置、党组织负责人及党务工作人员同步配备、党的工作同步开展；抓好"五项建设"，即全面加强党的思想建设、组织建设、作风建设、反腐倡廉建设；实现"四个对接"，即体制对接、机制对接、制度对接和工作对接。

党建工作纳入绩效管理"硬考核"

《中山国资》：抓国企党建工作必须要与企业中心工作紧密结合，不断创新方式方法。在这方面，您认为企业党组织应该采取什么举措？如何促进企业的改革发展？

邵念荣：党建工作与生产经营、企业改革不是两件事，而是紧密结合在一起的一件事，要"两手抓、两促进"，共同的目标是做强做优做大企业。做企业党建工作一定要有"中心意识"，紧密围绕企业中心工作，注重企业目标导向，决不能搞"两张皮"。要结合生产经营实际，深入开展"四强四优"创建活动，即争创以政治引领力强、推动发展力强、改革创新力强、凝聚保障力强为主要内容的"四强"党组织，争做以政治素质优、岗位技能优、工作业绩优、群众评价优为主要内容的"四优"共产党员，以活动为载体，充分调动和发挥基层党组织和党员的作用。

绩效考核是企业管理的关键工具和重要指挥棒，做好党建工作也不例外。如何改变以往走过场和流于形式，关键是建立和完善党建工作考核机制，变过去的党建工作软指标成了硬考核。在实践中，把党建工作要纳入年度综合业绩考核，并保证考核结果独立运用，效果已经有所体现。结合党建考核的要求，要推行痕迹管理，学习教育活动都要有记录、有记载。当前和今后一段时间，要结合"两学一做"学习教育，对党员进行民主评议，通过硬指标考核，包括参加党组织的活动次数、有无违反党员纪律规定的行为等，都应该纳入评议党员的内容，并进行信息化网络化管理。

《中山国资》：作为企业党组织负责人，您在加强和改进国有企业党的建设方面有哪些思路？

邵念荣：近年来，中山市国资委认真贯彻中央、省、市有关加强国有企业党建工作的文件精神，按照"四个同步"的要求，把党建作为重要内容、关键环节，纳入市属国企改革总方案，全面落实坚持党的领导、加强党的建设、从严治党责任，完善国有企业党组织充分发挥领导核心政治核心作用的体制机制，落实党管干部、党管人才原则，深入推进党风廉政建设和反腐败工作，推动国有企业基层党建工作规范化，对国有企业党建工作提出了目标任务、责任措施，保证了管党治党责任层层得到落实，压力层层得到传导。

具体到我所供职的企业，就是不折不扣地按照上级党组织部署的任务抓落实，抓成效。在完成"规定动作"的基础上，做实、做活、做新"自选动作"。从国企党组织弱化、淡化、虚化、边缘化"四化"的问题导向出发，把最终是否解决了问题作为企业党建工作的目标和目标完成的检验标准。

做强做优做大企业是最大动力

《中山国资》：您除了中山金控董事长之外，还是管理学博士、经济学研究员、中山大学硕士生导师，既是企业管理者，又是专家学者，您个人更看重哪个身份？

邵念荣：经济学、管理学是我的主业，知行合一，学习和研究的最高境界就是如何将所学所思应用在具体实践中，因此，我个人更看重的，还是如何做一个优秀的管理者和领导者。当然，利用业余时间读书写作，甚至玩一下书法和音乐，也是非常惬意的事情，不是强调全民修身吗？志趣高雅和工作绩效往往是相得益彰的。

无论国内还是国外，出色的管理学家大多都有管理企业的经历，优秀的企业管理者也是出色的管理学家。如国外的杜鲁克、韦尔奇，国内的陈春花，企业家中的任正非、张瑞敏、马云等都是管理大师。我个人认为，所谓经世致用，能将所学运用于实践是一件非常有意义的事情。坦率地说，在我们国企，有时奇缺理性审慎思考和科学"独立"决策，不是要去学书本，而是更多地求教于市场。

我长期在大型企业集团工作，在许多职能部门和上市公司担任过若干管理职位，无论在何种管理岗位，忠实勤勉，把工作做扎实，把企业做大做强都是我一贯的追求和最大的愿望。进入一间新的公司，必然会面临着很多困难，这需要智慧、执着、勇气和担当，更需要廉洁自律和以身作则。按照习总书记的"二十字"要求，我仍将忠诚勤勉尽责，努力成为一名优秀管理者和领导者。

（原载2017年第6期《中山国资》）

精耕细作，实现"跨越式"发展

2015年8月12日，作为地方法人金融机构改革重要载体的中山金融投资控股有限公司（简称"中山金控"）正式成立，首期注册资本20亿元。2017年，中山金控迎来省市均要发展壮大地方金控平台的"政策机遇期"，中山金控更是在抓好经营管理的同时主动研究制定公司的战略发展规划，自主制定了上百页符合企业实际的战略规划书。"通过制定战略发展规划，确定了公司的发展定位、股权结构、业务方向，特别对混合所有制主体进行了梳理和明确。"中山金控董事长邵念荣接受采访时表示，公司的发展方向清晰了，重点工作取得突破，团队士气受到鼓舞，各项工作开始快速推进。

一、把握"政策机遇"，战略发展"谋定而后动"

党的十九大报告明确指出，要深化金融体制改革，增强金融服务实体经济能力，提高直接融资比重，促进多层次资本市场健康发展。

2017年7月，第五次全国金融工作会议召开，党中央和国务院提出了三大任务：服务实体经济、防控金融风险、深化金融改革。随后召开的广东省金融工作会议提出，要发展壮大地方金融机构，加快实现金融大省向金融强省转变。

2017年9月，中山市委书记陈旭东在全市金融工作会议上明确要求，做大做强金控公司等发展平台。中山市市长焦兰生也明确提出，要发展壮大金融控股公司。

中山金控原由中山市国资委、中国中冶和华帝股份共同发起成立，定位为打造推动中山金融业发展与资本运作的创新平台、助力创新驱动与推动产业升级的战略平台、推动中山城市基础设施建设的高端金融平台。成立一年多时间，中国中冶就退出了持有的中山金控20%股权。截至2017年上半年，除融资专项资金业务（"过桥贷"业务）规模超过预期外，中山金控在金融领域的"攻城略地"几无战绩。这与公司被市政府赋予的"三个平台"定位有较大差距。

2017年3月，邵念荣履新中山金控董事长。上任伊始，在力推农商银行股权收购项目落地的同时，邵念荣着力推动的另一件重要事项，便是制定中山金控战略发展规划。很多企业通常会花钱请外部咨询机构做企业的战略规划，但"为了更契合实际，使规划更好落地"，深具实践与理论功底的邵念荣亲自挂帅，带领公司核心团队赴周边地市金控企业调研，全面梳理国内地方金控公司发展模式，征求市相关部委办局和中介机构意见，组织两轮外部专家研讨会和四轮修改，自主完成公司战略规划编制工作。

"战略规划的总体目标是打造具有核心竞争力和区域影响力的综合型地方金控集团。"据邵念荣介绍，中山金控将拓展牌照业务、打造"基金集群"、开展资产管理、证券化业务和股权投资业务，争取资产管理规模在2020年实现超100亿，到2025年实现核心资产整体上市。

企业有方向，员工有奔头，团队有力量。编制战略规划，确立公司的愿景、使命和价值观，也是企业文化建设的重要内容。结合制度建设规范员工的行为，以搬迁新的办公点为契机，加强公司企业文化宣传和形象塑造，"业务优先、业绩导向、兼容并蓄、人尽其才、协同成长的文化理念在公司生根发芽，团队的归属感、认同感大大增强"。

二、突破"重大项目"，公司发展能力和形象显著提升

"完成对中山农商银行股权的收购是2017年的一个重要突破。"之前，收购工作因为种种原因而停滞，邵念荣上任之后，积极争取相关部门的协调和支持，顺利突破了省市烟草部门和农信系统的沟通障碍，重启中山农商银行股权评估工作。经过提前报告和反复沟通，银监部门的审批也在最短时间内取得。别人一年多时间无法推动的项目，中山金控用了四个

半月便完成了。

积极承担政府普惠金融服务项目，实施15亿元"过桥贷"企业帮扶业务。该项业务两年期内就累计使用金额超过300亿元。在解决许多企业贷款难的同时，为企业节省融资成本近4亿多元。《南方日报》对此作了专题报道，被誉为暖企惠企的"中山模式"。"2017年粤商·省长面对面协商座谈会"公布了省政协调研组《关于优化我省实体经济营商环境的专题调研报告》，建议将佛山、中山等地的"过桥贷"做法推广至珠三角，进一步化解企业融资难问题。

中山金控成立后，一度在中山四路的一幢商务大厦办公，同楼的其他企业基本和金融没有多少业务关联性，"地利"上并不具有优势，且企业形象较差。2017年11月，中山金控正式迁入众创金融街办公，新环境，新气象，公司的影响力显著提升。

三、"两条腿走路"，实现公司"跨越式"发展

"为实现公司的'跨越式'发展，我们坚持'两条腿走路'，一是推动系统内资源整合，协同发展；二是通过发展混合所有制经济，导入市场化机制，重点开拓市场化业务。2018年，我们将着力推动八个方面的工作。"通过邵念荣的介绍，不难看出，每一项工作都紧扣着中山金控的战略规划。"在抓好市政府和市国资委工作要求落实的同时，重点做好公司战略规划的年度任务分解和落地工作。"

排在首位的工作是完成公司国有独资改造，推进子公司的混合所有制改革。在子公司引进战略投资者方面，资产管理公司作为中山金控的全资子公司，2017年10月，资管公司获得市国企系统获得的首个私募管理人牌照，为公司未来发起各类基金，打造中山金控"基金集群"奠定了基础。金裕公司是中山金控的核心子公司，拟积极引进战略投资者，打造市场化核心平台。母公司全资，子公司混改；一手抓政策性普惠业务，一手抓市场化拓展业务，相互协同促进，实现公司"跨越式"发展。

（原载2018年第9期《中山国资》，记者王云，有删节）

"国民共进"需要突破"三重门"

持续高速增长的国内经济，"出口导向型"经济模式导致产业结构不堪"重"负、"低效率高能耗"的增长代价和环境的严重污染。国企发展面临难题，民营企业压力重重，企业如何走出"不转等死，早转早死"的困境？周日，在新快报举办的"企业自主创新与战略转型"主题管理沙龙上，邵念荣博士为企业讲解如何推进混合所有制经济，民企如何突破"玻璃门""弹簧门"和"旋转门"、实现"国民共进"市场繁荣之道。

一、跟风随波，民企往往"活不久"

"我国的产业结构早已不堪'重'负。"邵念荣认为，长期以来，我国"出口导向型"和靠投资拉动的经济增长模式导致了产业过"重"，"计划投入"带来粗钢、煤炭、水泥等工业品过度发展，导致严重的产能过剩。

"以资源消耗为代价的经济增长，导致资源被逐步挖空，资源匮乏现象将会不可逆转地加剧。高能耗的经济增长代价换来的是更严重的代价——环境污染。"邵念荣表示，中国传统经济增长模式导致"三驾马车"失衡，资源、能源高消耗带来环境污染，以及纷繁多样的"特色"经济区所带来的更剧烈的资源争夺，多重因素叠加逼迫企业转型升级。

另外，长期处于产业链的低端，产业集群发展也到了瓶颈，这些都是企业必须进行转型升级的原因。"产业集群其实就是中小企业的抱团。"邵念荣说，民营企业缺乏战略规划，跟风现象严重，这种跟风式的产业跟进，只能导致民营企业短寿，死得快。"比如，前几年房地产赚钱，民企就都跑去做房地产；金融证券赚钱，很多企业都去搞类金融。"

邵念荣同时表示，国企发展目前也出现了地区国企不敌央企、国企增长难、地方国企拖后腿的现象。此外，国企的社会效益与经济效益二元难题、国企高管的激励制度难题等都困扰国企的发展与成长。

二、混合所有制，实现"国民共进"

邵念荣博士指出，"混合所有制经济是必然的选择。"他表示，国企、民企的转型都涉及战略管理。他认为，国企的战略管理不在战略规划的本身而在战略管理者本身，战略管理是个动态过程。而对于民营企业来说，往往没有战略意识，市场敏感是民企的最大优势同时也是最大劣势，因为民企的市场敏感往往来自于朴素的商业思考，而最致命的是这种商业思考缺少科学的论证，"商业直觉很可贵，有时候很准，但有时候也很可怕。"

而国企拥有民企所没有的规范制度和文化，因此"一个民企要做大，除了智慧之外，还要懂得整合各种资源。"邵念荣说。

此外，民企因一股独大很难做到"三权制衡"，而进入混合所有制就有效避免了这个问题。而对于国企来说，民企能够为其注入资金与活力。所以，"国民共进"的混合制经济就是必然选择与最佳途径。

而事实上，"现在，国企改革正在进行时。中石化油品销售率先对接民资，饮下混合所有制改革的'头啖汤'，珠海国资改革不甘落后，格力集团已转让49%股权引进战略投资者。"邵念荣表示。

三、与国企合作，民企不会吃亏

混合所有制经济"如何混"？邵念荣指出，民营企业不敢进入国企的原因往往是怕国企盘子太大，自己股权比例低，容易失去话语权。但其实，如果一个经济体系中同时具备国有、民营以及外资等多种资本成分的话，国企不会过于压迫民企话语权。其次，公司可以采用累积投票制，将零散的股份表决权集合在一起，达到与国有股权抗衡。很多专家都在宣称民企进入国企会被"压制"，但实际的情况是，民营资本很难进入国企。

"只要能进入，民企不会吃亏，难题是民营资本进不去。"邵念荣强调。因此"混合所有制经济就要实现股权多样化，打破制约民营资本进入国资的'三重门'。"邵念荣说。

邵念荣用一句话形容国企民企之间的关系："民企与国企要结婚，不能处于恋爱阶段。"混合程度可根据民企想要达到的控制程度决定。民营企业进入资本市场最有效的途径就是通过"举牌"进入国有控股上市公司，因为"现在民营企业想要IPO确实很难。"

"此外，民营企业还可以通过特许经营、增资扩股、要素入股等方式进入上市国企公司，实现借壳上市。"邵念荣表示，从投资组合、产业布局上来看，民营资本投资相对稳定的国企是很有利的，虽然收益率可能不高，但抗风险能力强，经济不景气时可以抵御通货膨胀，避免"大起大落"。

四、民营企业也要突破"体制"

"促进非公有经济发展36条颁布后，2010年国家再推出新36条，向民营企业抛出橄榄枝，但其实这些条例并没有想象中的那么美，横亘在民营资本前面的'玻璃门''弹簧门''旋转门'依然没有突破，一些诱人的行业仍然是可望而不可即。"邵念荣表示，民营企业可以另辟蹊径，从夹缝中寻求通路。进不了国有垄断大企业可以进地方国有企业，也可以进垄断行业的下游产业，再或是新型产业的股权合作。

民企也有"体制"问题，单一股权的家族式管理与现代企业制度也是格格不入的。民企的混合所有制改革可以回避很多问题，比如，打破家族企业"富不过三代"的魔咒，股份制和走向资本市场可以逃脱能力不足的危机，即使继承人经营能力不足，也还能持有股权保持财富的延续。

邵念荣也表示，企业发展，其实关键都在于人。首先，授权委托经营，需要职业经理人，而目前职业经理人市场还不完善，职业经理人的诚信问题值得关注。其次，"三权制衡"法人治理的建立，竞争性的激励机制都很重要。

此外，邵念荣认为，最重要的是企业家的精神，广东很多民营企业多为"长不大的小老树"，最重要的原因就是因为很多企业家缺少魄力和广阔的视野，企业家精神是企业进行不断创新、探索未来前进的动力之源。

五、精彩问答

问： 纯粹的民营企业在国企改革中是否具有公平的竞争环境？

答： 以前国企与民企的股权转让是在"桌下"进行的，缺乏透明和公允。但现在的国企产权转让都要通过产权交易平台，最好是通过公开竞拍的方式。建立产权交易平台，大家一起来按规则出牌。民企通过资本市场"举牌"方式，达到一定持股比例，上市公司就会信息披露。现在国企转让股权有一个规范的平台与操作方式，一般来说，纯粹的、没有任何所谓关系背景的民企也有一个公平竞争的机会。

（原载2014年4月1日《新快报》记者黎华联、实习生陈鹏丽，"金羊网"等转载）

白天"走看讲"，晚上"读写想"

在来到中山之前，邵念荣在江苏淮安的一所职业院校任教，从苏北到华南，说服他放弃"铁饭碗"而转做一名普通财务人员的是中山市属国企伸出的"橄榄枝"。一次旅行中，邵念荣偶遇了中山市一家知名国有企业集团的高管，总经理求贤若渴的姿态让他看到了这座城市对人才的诚意，他决定离开家乡到素未谋面的中山"寻梦"。

从2001年3月开始，邵念荣从一名基层员工做起，先后经历了财务、行政、人事、企划、营运、党群等若干岗位，主管过公司治理、战略管理、综合运营、审计监督等多个模块。13年的成长蜕变与他孜孜不倦的个人努力分不开，也与中山国资系统任人唯贤的良好氛围息息相关。从亲身经历基层工作到在管理和领导岗位历练，邵念荣渐渐悟出一个道理：简单的"拿来主义"会遭遇"水土不服"，而储备培养再使用才是真正靠谱的企业用人之道。

一、积淀：企业发展要有理论支撑和理性思考

邵念荣认为，开展任何工作都要沉下心思考，白天"走看讲"，晚上"读写想"。在忙碌的工作之余，邵念荣致力于工作实践的提炼和总结，他写下了大量的理论文章和各类随笔，公开出版了《珠三角农村饮水安全保障机制研究》《壳变——中山公用资本运营录》等多本专著，在《学术研究》《中国青年政治学院学报》等重要学术期刊发表论文20余篇。他的科研成果获得中山市哲学社会科学成果一等奖，其本人还获得中山市首届"优秀社会科学专家"称号。

在集团企业担任财务人员期间，他建立和完善了集团企业财务管理系统、全面预算管理系统；担任董秘兼总经办主任期间，他规范了现代公司治理架构，建立了科学的辅助决策系统；担任上市公司高管期间，他推动了产业经营和资本运营的双轮驱动，构建了现代企业文化建设体系和人力资源管理体系，管理创新的经验一度在市国资系统成为示范和标杆。据邵念荣介绍，他亲历了中山公用"买壳"和"借壳"等重大资产重组和资本运营项目，参与和推进了两次企业集团重大战略规划的制订、起草和实施。

如今，他是中山业界公认的学者型管理者，拥有管理学博士、经济学研究员、高级经济师等颇具实力的硬件，被聘为中山大学管理学院专业学位校外硕导、北京理工大学珠海学院兼职教授，拥有中山市考核评价专家组成员、市政府政务督查目标专家评审委员等诸多专家头衔。

邵念荣坦言："我本人非常'享受'学者型管理者的称谓，虽然觉得还有不小差距。对于企业家和职业经理而言，小胜靠术，中胜依道，大胜明德。国有企业的发展要有战略管理理念、业绩导向意识、成本控制体系和人本关照情怀，而这一切都需要理论支撑和理性思考。"

二、建言：人才政策应"抓两头带中间"

中山市委书记薛晓峰提出"既要重视儿子，又要重视女婿"的人才理念，这在邵念荣看来极富现实意义："重视存量人才的培养和开发，营造各尽其能、人尽其用的氛围，让人才政策和人才福利浸染到各类基层单位和微观经济社会单元，是改良人才生根成长土壤的重要方面。"

中山市优质的人才成长土壤是邵念荣选择中山并留在中山的理由，作为一名在中山扎根并成长起来的高层次人才，他认为市属国有企业对专业人才的厚爱和提携在客观上推动了他的成长蜕变，"这种储备培养再使用的方式很接地气，也非常值得肯定和推广。"

对于中山今后的人才发展机制，邵念荣提出了自己的建议："首先，人才的引进培养要结合中山本土实际，明确重点、点面结合、"抓两头带中间"。所谓两头，其一是核心高科技人才、领军性人才，其二是基层大面积的技能性人才。其次，在人才认定上应该做到"软硬结合"，即既重视人才的学历、专业技术资格等硬件，也要重视他们的工作履历和实际工作能力等软件。因为单纯看硬件就容易僵化和忽略技能型人才，单纯看软件又会缺乏标准或难以执行标准，陷入主观随意。

"人才也要动态评价，不能让他们吃老本"，在构建人才动态评价机制的前提下，邵念荣认为，在制定和执行人才评价标准的过程中，政府和企业都应该强化创新导向，鼓励科技创新、管理创新和文化创新。

（原载2014年6月13日《南方日报》，记者王子威）

混合所有制改革：是否可为与如何作为

哪些国企适合混合所有制改革？实行混合所有制改革的国企应该引入哪一类民企合作？转股过程中如何避免国有资产流失？这些都将是不可回避的问题。日前南方都市报记者邀请业内资深人士，对此话题进行了深入探讨。

话题1：哪些行业适合？

"涉及竞争性的行业都适合"——叶檀

"竞争性大国企的发展方向是股份制改造"——邵念荣

"投资领域都要全方位开放"——丁力

《南方都市报》： 此轮国企混合所有制改革正由上至下掀起，各地的改革方案细则也即将推出。实际上，是否有区分哪些类型国企适合进行混合所有制改革？

叶檀： 一般来说，公用事业不适合混合所有制改革。但涉及竞争性的行业，都合适于混合所有制。改革的目的是以盈利为目标，市场本来就是竞争性的，那就应该通过混合所有制改革来提升效率和效益。

邵念荣： 按照我的研究理解，国企主要分为三类。第一类是公益性国企。主要是提供公共产品（包括纯公共产品和准公共产品，纯公共产品如公安、路灯、公园等；准公共产品如公办学校、医院、邮政等）的企业，其发展方向是国有国营模式；第二类是垄断性国企。包括基础工业类国企，如能源、资源等；基础设施类国企，如交通、运输机场、港口、通讯等，水、电、汽等公用事业类也可归为此类，其发展方向是国有控股模式；第三类是竞争性国企。主要是从原材料到产成品完全面向市场的企业，其发展方向是完全市场化运营模式。其中竞争性大国企的发展方向是股份制改造，条件成熟的走向资本市场。竞争性小企业则应完全市场取向，完全由市场游戏规则决定进退去留。

丁力：国企改革的目的是，通过改革提升效率和效益，通过改革更好地促进国企承担社会公平的责任。我们先看看现在的混合所有制改革，非公经济为什么来购并国有企业？如果国企把不能赚钱的、低资本或不良资产拿出来，民营资本为什么还要进来？这说明，现在的引入民企本身就有问题。我认为，投资领域都要全方位开放，换句话说，国有企业能干的，其他非公经济都要来干。

话题2：应选择哪些民企合作？

"希望参股的是行业人士" ——叶檀
"最好找上市公司" ——邵念荣
"谁都可以混" ——丁力

《南方都市报》：在混合所有制改革中，国企应该选择哪类民企进行合作？对资本、资质以及行业等是否有要求？

叶檀：从选择层面来说，当然希望参股的是行业人士。行业人士才有专业管理能力。但资本就不一定，设定那么多的条条框框，比如选择多大的企业，是否有同行业经营经验等，这些都不太重要。具体的选择，最终还得交给市场。

邵念荣：国企和民营的合作不仅仅是简单的合作，是要考虑企业长远的发展和盈利。国有企业寻找民营资本，就类似于找对象。具体来说，真正的股权合作类似于建立婚姻关系，而建立婚姻关系最好门当户对。国有企业和民营企业合作也是这样，最好找上市公司，上市公司的运营总体上是规范的，监管也是立体和全方位的。

另外，要找有实力的和品牌美誉度高的大企业，尽量避开有政府背景的企业。民营企业有政府背景不一定是好事，有可能通过权力来干预合作。

丁力：关于混合所有制改革，是十八大对经济体制改革的一个新提法，至于谁和谁混，怎么样混？暂时还没有明确的说法，需要探索。然而，我们需要改革的核心是承认国有企业的制度低效率，承认私有的高效率。要进行混合所有制的目的，就是希望把国有企业的共有属性和民营企业的效率属性混合到一起，通过既有公平的机制，既把共有的属性充分发挥效应，又把私有制的效率移植到公有。这就意味着，谁都可以混，不存在谁可以混，谁不可能混的问题。

话题3：混合所有制改革能解决问题吗？

"取决于改革的力度到底怎么样" ——叶檀

"进入混合所有制民企可避免急功近利" ——邵念荣

"国企改革最重要的问题，就是要把国有企业和国有资产相分离" ——丁力

《南方都市报》： 从股权上进行转股，引入民间资本，进行混合所有制改革，能够解决当前国企低效益和低效率的问题吗？

叶檀： 混合所有制能不能成功取决于改革的力度到底怎么样，是真改革还是假改革？混合所有制改革只是一个形式，但是这个改革并不到位，甚至说没有触及央国企的任何一点利益。真正要进行混合所有制改革的话，它必须由统一的规则，让外部的职业经理人进入，在微观方面进行市场化，在董事会方面彻底按安全市场的原则来办事情。

邵念荣： 混合所有制经济是市场经济发展的必然选择。国企、民企的转型都涉及战略管理，而国企的战略管理不在战略规划的本身而在战略管理者本身，战略管理是个动态过程。

对于民营企业来说，往往没有战略意识，市场敏感是民企的最大优势同时也是最大劣势，但民企的市场敏感往往来自于朴素的商业思考，而最致命的是这种商业思考缺少科学的论证。而国企拥有民企所没有的规范制度、文化和资源。进入混合所有制，民企可有效避免急功近利，而国企也可以因为民企注入资金与活力而带来效率和效益的提升。

丁力： 国企改革最重要的问题，就是要把国有企业和国有资产相分离，两者不能混为一谈。现在由于企业的董事长和总经理都是董事会任命，所有国企盈亏都由政府和老百姓买单。即便是引入职业经理人，给予行政垄断更

多资源，那企业就挣点钱。放到竞争中去，真枪实弹地竞争就亏了。

实际上，政府和国家没有能力、也没有必要为所有的国有企业保证它盈利。市场经济总是有盈有亏的，政府如果是为企业兜底，那就相当于养了一批懒汉，企业就躺着睡大觉。如果政府是去给国企保值增值，而不确保国企的盈利，那改革就有意思了，那国企也要和其他企业一样要为盈亏承担最后责任，这样才能和其他非国企平等竞争。

当前，大家讨论比较多的是，国有企业和国有资产什么关系。我认为，国有企业是利用国有资产的占有使用，绑架权利和绑架权益。要实现国有资产和国有企业分离，最好的办法是租赁制。比如某个国企占有国有资产5个亿，竞争性的企业完全可以进行竞争性改制，把现在的企业和资产分离，改造为占有使用国有资产的私有企业。与其他企业相比较，占有国有资产，但是不能白占，按照市场价格，按照资本回报率，给予占有使用国有资产的租金。交了租之后，和国家政府的关系就理清楚了。

当然，市场是开放自由的，国有资产今年可以租给这个企业，明年可以租给另外一个企业，流动起来，谁出的租金高，就可以租给谁，那国有资产和国有企业就脱离了，国有企业真正可以和民营企业公平竞争了，这样才能实现真正的市场经济，通过竞争提升国有资产的价值。

(原载2014年8月11日《南方都市报》记者李洁琼、实习生梁雁玲、肖南屏，有删节)

后记

英国政治家温斯顿·丘吉尔曾经说过，你能看到多远的过去，就能看到多远的未来。这样带有诗意的铿锵表达，常常让我对所有可能涉及的历史充满敬畏之情。

国有企业改革发展已经走过了40个春秋，成绩是主要的，经验也是主要的，总体上是越来越好——顶层设计是清晰的，路线图和施工图都画好了。然而，作为地方国有企业的一名管理者，近20年的滚爬跌打，各种管理岗位的历练和不断的理论学习和思考，我还是觉得"有很多话要说"。特别是在基层，对国有企业改革发展沿革的关注借鉴、对顶层设计的理解把握，以及对国资国企自身规律的认识，还有很多不到位的地方。哪怕是个人的成长经历，有些都不能"好了伤疤忘了疼"。地方国有企业"分分合合"和"生生死死"似乎某种怪圈一样的循环往复。

曾经身兼两家世界500强企业的央企掌门人宋志平先生说，为了企业的战略发展，他愿意做一个"绑在桅杆上的人"。可是，在基层国有企业，缺乏宋先生这样有理想有情怀的国有企业家，这或许首先是缺乏土壤的缘故。根据彼得·德鲁克的说法，只要秉承改革创新精神，是可以有国有企业家的，甚至普通的经理和员工都可以成为企业家。党的十八大以来，国家层面全面深化国资国企改革巨擘谋划，系统推进，成效斐然。但是，到了地方国资系统，我还是觉得有点各项改革措施"雷声大雨点小"，不接地气，不解渴。

保持着某种激情和梦想，保持着基于实践理论探索的习惯，我还是愿意"顶着一些压力"，琢磨一些切实可行的主张，尽可能地为国资国企改革发展多一些鼓与呼。这一点，李锦先生是我学习的榜样，他一直被舆论界称为"国企改革舆论旗手"。自知人微言轻，自知自不量力，但"改革"需要勇气，这种勇气首先从突破观念藩篱开始，从敢于树正气、建诤言开始。

我曾经说过，我不是一个纯粹的理论研究者，我的兴趣偏好是更希望"经世致用"，在实践中"冲锋陷阵"和"开疆辟土"。我一开始入职的企业是城市公用事业类的公司，不是完全市场化的企业，后来供职的企业也基本是国有独资或控股企业，即便是上市公司，也带有浓厚的公益性、功能性特征。——"旱涝保收"似乎好，但也有深深的遗憾。

本书收入的文章涵盖了我在企业工作期间与经济管理、企业管理关联的大部分内容，包括了早期的一些杂论和随感。其中，主要的作品是党的十八大以后关于全面深化国企改革"1+N"政策体系的学习心得和现实解读。还有一部分，是围绕地方区域和城市经济发展的文章，这是作为"基层土专家"所必须完成的一些智力贡献。写这样的文章，要出"一碗水"，就得先准备"一桶水"。有些可能属于阶段性的认识，有些还是有一些前瞻考虑的。比如，我在2007年撰写的《发展要突破观念藩篱》一文中提出，国资监管应尽可能减少政府公共管理职能而专事履行"出资人责任"，这种观点至今仍然是改革关注的焦点。当然，改革已经有了方向和路径，信心是有的。如果再过十年，"星星还是那个星星"，那就真正无法向"历史"交代了。

有人不学无术，有人不学有术，有人无学无术，有人有学有术。感谢曾经肯定、鼓励、指导和包容过我的历任领导，你们的气量和胸襟弥足珍贵。收入本书的文章内容有长有短，风格有粗有细，都公开（有些在内部出版物）面世过。一些专业的问题，因个人水平原因可能有局限性；一些前期的观点和表述，可能有稚嫩和不完善之处；一些访谈类的观点，可能有不够严谨之处。为了尽量保持原汁原味，面目真实，不事修饰，故一定有不少粗糙和不当之处，还望读者批评指正。

邵念荣

2020年2月22日